LES CONGRÉGATIONS RELIGIEUSES

AU TEMPS DE NAPOLÉON

OUVRAGES DU MÊME AUTEUR

L'École Buissonnière. *Croquis et Silhouettes.* Couronné par l'Académie Française (Prix Montyon). Saint-Lô, Le Tréguilly.

(Épuisé.)

Un historien et une histoire du grand monde. *Octave Feuillet.* Saint-Lô, Le Tréguilly.

(Épuisé.)

Journal d'une Institutrice. Couronné par l'Académie des Sciences Morales et Politiques (Prix Audiffred). Paris, Armand Colin.

L'Éducation de la Démocratie. Couronné par l'Académie des Sciences Morales et Politiques (Prix Thorel). Paris, Henri Paulin.

Un Département en danger. *L'Alcool et l'Alcoolisme dans la Manche.* Saint-Lô, Barbaroux.

La Normandie. *Son état moral et intellectuel au début du XXe siècle.* Caen, Lanier.

La Terre qui ne meurt pas. Paris, Berger-Levrault.

Au Pays des Herbages. *Choses et Gens de Normandie.* Paris, Lemerre.

Le Jardin des Souvenirs. Saint-Lô, Jacqueline, 1928.

LES CONGRÉGATIONS RELIGIEUSES

AU TEMPS DE NAPOLÉON

PAR

Léon DERIES

Agrégé de l'Université.

———◆◆◆———

PARIS

LIBRAIRIE FÉLIX ALCAN

108, BOULEVARD SAINT-GERMAIN, 108

1929

AVANT-PROPOS

La Révolution avait supprimé les ordres monastiques et, au premier regard, cette suppression apparut comme engageant définitivement l'avenir. Les contemporains durent penser qu'on ne reverrait jamais en France ni religieux, ni religieuses, que tout ce qui avait été détruit par Quatre-vingt-neuf, ne renaîtrait ni sous une forme ni sous une autre.

Cependant, la nouvelle France postrévolutionnaire eut des congrégations comme l'ancienne France prérévolutionnaire. A l'intérieur de l'Église, à côté du prêtre qui est le ministre essentiel, le ministre nécessaire du culte, reprirent leur place le moine et la moniale qui sont seulement ses alliés et ses auxiliaires. Dès l'aurore du Consulat, à l'heure du Concordat et même un peu avant, on vit reparaître un peu partout, non pas en costume religieux mais en costume laïque, quelques hommes et avec eux un grand nombre de femmes appartenant à ces espèces que l'on croyait éteintes.

C'étaient les épaves échappées au naufrage. Les hommes avaient été presque tous engloutis à l'exception de ceux qui, à l'exemple des Trappistes, s'étaient transportés en corps dans des monastères étrangers ; mais les femmes, sans sortir du pays, avaient trouvé leur salut dans une existence obscure, clandestine. Elles avaient fait comme Siéyès, elles avaient vécu. Leur vie n'avait pas été exempte d'alarmes ni de dangers puisque bon nombre furent emprisonnées, et, certaines

même, guillotinées, mais elles étaient restées là, à l'ombre
de leurs monastères, les uns passés entre des mains étrangères ou affectés à des services publics, les autres demeurés
sans emploi et tombant en ruines.

Les révolutionnaires qui se flattent de tout détruire ne dé-
truisent que ce qui est susceptible d'être détruit. De la théorie à la pratique il y a loin, bien plus loin que de la coupe aux
lèvres. Devant les nécessités sociales, les principes les plus
absolus doivent fléchir et respecter les contingences sans lesquelles on mourrait. La loi même qui abolissait les ordres
monastiques dut prévoir pour certains de leurs membres un
ajournement à leur dispersion. Les religieux et les religieuses
affectés soit au service des malades dans les hôpitaux et hospices, soit au service de l'enseignement dans les établissements scolaires furent mis en demeure, sous peine de perdre
leur pension, de continuer leurs fonctions.

Malgré une seconde loi, le provisoire devint définitif, sinon
pour les religieux, du moins pour les religieuses. Si dans certains hôpitaux et hospices elles furent remplacées par des
infirmières mercenaires dont on n'eut aucunement à se louer,
dans un grand nombre d'autres elles demeurèrent. Elles changèrent de nom, de costume et l'on admit qu'elles étaient là à
titre individuel, non à titre collectif, et que par suite leur
agrégat n'avait rien d'une corporation. Ainsi survécurent les
sœurs hospitalières.

Les sœurs enseignantes et les sœurs contemplatives durent
se résigner à la séparation et reprendre la vie individuelle.
Mais elles n'allèrent pas bien loin les unes des autres. Elles
restèrent presque sur place et, là où la chose fut possible, se
répartirent en petits groupes. De leur foi elles ne perdirent
rien. Les épreuves trempèrent leurs âmes. Sous leur nouveau
costume battait toujours le même cœur.

Jusqu'à la fin de la Terreur, l'existence fut très dure et très
périlleuse pour les débris des anciennes congrégations ; mais
au lendemain de la réaction de Thermidor, elle devint beau-

coup plus douce. La confiance en des jours meilleurs revint et l'on s'enhardit progressivement. Les ci-devant religieuses qui avaient déjà enseigné ou qui se sentaient capables d'enseigner, ouvrirent de petites écoles, accueillirent des pensionnaires à la grande satisfaction des familles, car les écoles avaient à peu près disparu en une foule d'endroits et n'étaient pas en nombre suffisant. Des écoles privées elles passèrent dans les écoles communales. Fructidor ralentit ce mouvement, mais ce ne fut qu'une alerte passagère.

A mesure que l'on approche du 18 Brumaire, le sentiment religieux devient de plus en plus vif au milieu des populations. La déchristianisation a été seulement apparente. Elle a effleuré la surface sans atteindre les couches profondes de la nation. Il y a toujours des Jacobins et des Idéologues, mais le peuple n'est pas plus idéologue que jacobin. Les rentrées des religieuses dans les établissements hospitaliers et dans les établissements scolaires se multiplient.

Arrive le Consulat. L'œuvre consulaire s'ouvre par la restauration du culte sur les bases du Concordat. Les ordres monastiques dans l'ancienne France faisaient partie de l'Église et étaient considérés comme des organes indispensables à sa vie normale. On distinguait les ordres hospitaliers, les ordres enseignants et les ordres contemplatifs sans parler des ordres mixtes. Nullement idéaliste, réaliste autant qu'on peut l'être, le Premier Consul considère la religion comme la force sociale par excellence, et c'est à ce titre qu'il entreprend de la restaurer.

Il n'admettra que quelques représentants de l'espèce monastique en les exilant au sommet des Alpes et avec eux des missionnaires qui, sans être des moines, affectent une formation congréganiste. Il ressuscitera encore les Frères de la Doctrine Chrétienne qui ne sont pas davantage des moines, parce que l'éducation populaire doit être religieuse et que pour être vraiment religieuse, elle doit être donnée par d'autres que par des laïques. Sans son instinct et aussi, sans Fouché, il aurait peut-être, à la suggestion de son oncle le cardinal Fesch et de son ministre des cultes Portalis, permis aux Pères de la foi de prendre pied dans l'Université, mais son instinct veillait et Fouché était là pour l'empêcher de s'endormir. L'Empire qui connut quelques moines comme le Consulat finit par n'en plus connaître du tout en dehors de ceux des pays annexés, simplement tolérés à titre provisoire.

En revanche, les Congrégations féminines reparurent et se multiplièrent. Les sœurs de Saint-Vincent-de-Paul reçurent la reconnaissance légale avant même la promulgation de la loi concordataire. C'était la voie ouverte à d'autres reconnaissances qui suivirent, en effet, nombreuses et rapides. Elles s'adressent à la fois à des religieuses hospitalières et à des religieuses enseignantes. Les religieuses contemplatives en sont systématiquement privées car Napoléon n'admet pas ce que l'on appelle alors la « spéculation oisive ». Mais la contemplation ne disparaît pas pour cela. Elle se réfugie dans certaines maisons où elle prend une forme clandestine et où elle est tolérée. Elle se dissimule et se déguise en se couvrant du voile de l'hospitalisation et du voile de l'éducation.

Mais, autorisées soit à titre provisoire dans la période qui précède le grand chapitre général des religieuses hospitalières à la fin de 1807, soit à titre définitif dans la période qui suit ce chapitre, les congrégations sont toujours à la merci du Souverain, un décret pouvant toujours défaire ce qu'a fait un autre décret. Il y a une certaine sécurité de fait pour les Associations religieuses dont l'État ne saurait se passer parce que personne n'est à même de les remplacer, mais il n'y a pas de sécurité de droit.

Les lois des assemblées révolutionnaires n'ont pas été abrogées. Napoléon se flatte même de leur être fidèle avec sa distinction de l'ordre monastique et de la congrégation religieuse. Elles restent toujours suspendues comme une redoutable épée de Damoclès sur tout le monde congréganiste.

En réalité, le régime de l'autorisation par décret n'est qu'une sorte de tolérance légale si l'on peut ainsi s'exprimer.

Quoi qu'il en soit, les Congrégations ont ressuscité et l'essentiel pour elles comme pour le pays qui bénéficie de cette résurrection, c'est leur vie. Elles seront étroitement surveillées dans leurs moindres paroles et dans leurs moindres gestes par quatre ministres, les ministres de la Justice, de l'Intérieur, de la Police générale et des Cultes. Tout lien avec le Saint-Siège a été rompu pour elles et il leur a été interdit d'avoir à Rome des Supérieurs généraux. Leurs directeurs spirituels sont épiés et notés comme des fonctionnaires. Dans chaque diocèse elles sont placées sous la direction de l'évêque qui répond d'elles et de leurs actes. Leurs statuts visés par le Conseil d'État leur imposent une discipline dont le gouvernement est le contrôleur et l'arbitre. Leur liberté est donc très restreinte. Les hospitalières tendent à devenir de simples fonctionnaires et le deviennent en effet. Ainsi, la domination que Napoléon exerce sur les évêques, les curés, les prêtres de tout grade s'étend aux congrégations subordonnées à l'État qui, non seulement leur donne ou leur enlève l'existence, mais détermine leur genre même d'existence.

Tous les biens des ordres monastiques transformés en biens nationaux n'avaient pas été vendus. Ils seront restitués progressivement aux congrégations religieuses d'une façon partielle. Un grand nombre affectés à des services publics ne seront rendus que par la Restauration. Les Congrégations ne retrouveront pas leurs revenus d'antan, mais il leur sera donné de rentrer en jouissance de plus d'un de leurs anciens monastères. Certaines seront même subventionnées par le Gouvernement quand elles ne peuvent tout à fait subvenir elles-mêmes à leurs besoins.

La rechristianisation de la France, en dehors de la restauration générale du culte, s'opère à la fois dans le domaine de l'Assistance publique et dans le domaine de l'Instruction publique. Le passé renaît. C'est surtout l'éducation qui importe à Napoléon parce que par l'éducation on tient non seulement le présent mais l'avenir. Elle sera religieuse à tous les degrés, surtout au degré populaire. De là ces grands projets qui n'ont pas abouti mais qui n'en sont pas moins intéressants comme celui du monopole des maisons de demoiselles conféré aux Ursulines dans les Lycées de jeunes filles.

Sous le Consulat et l'Empire, les Congrégations d'hommes sont réduites à la plus simple expression, si bien qu'à un certain moment on pourra les considérer comme inexistantes, mais en revanche, les congrégations de femmes sont très nombreuses et très florissantes. La sève monastique n'est pas morte. Les racines de l'arbre n'ont pas été arrachées par la Révolution. Seules ont momentanément disparu les frondaisons. Tant qu'il y a des racines, il y a de la vie, ou tout au moins de la vie latente. Quant à la sève, au suc nourricier, il est dans le cœur humain, dans le besoin impérieux, invincible de mysticité que constateront de vieux légistes peu suspects comme Portalis et Bigot de Préameneu.

Les sources de cette histoire de la résurrection des congrégations sous le Consulat et l'Empire, où donc sont-elles ? Elles sont en deux endroits, d'une part sous une forme agglomérée aux Archives nationales dans la série F^{19} complétée pour la surveillance policière par la série F^7, d'autre part dans les archives privées des différentes congrégations sous une forme disséminée. Les archives des congrégations sont d'un accès matériellement difficile quoiqu'elles ne soient pas inaccessibles et qu'un accueil bienveillant soit toujours réservé au chercheur. Mais, telle est leur dispersion, qu'il m'a fallu renoncer à les consulter. J'aurais dû faire le tour de la France, et un demi-siècle m'eût été nécessaire pour accomplir un pareil voyage.

Heureusement, un grand nombre de monographies de communautés et de biographies de fondateurs et de fondatrices de congrégations ont été écrites par des ecclésiastiques, en particulier par des aumôniers, des chapelains ou des direc-

teurs spirituels de communauté. Ils ont eu entre les mains les
papiers des établissements. Ils écrivent d'après des documents authentiques, et ces documents, ils les reproduisent
souvent *in extenso* soit dans le corps de leur livre, soit à la
fin en appendice, à titre de pièces justificatives. C'est ainsi
qu'il m'a été possible de pénétrer à leur suite dans les archives
d'un nombre suffisant de communautés sans cependant en
avoir franchi le seuil.

Il est des questions qui ne doivent pas rester dans
l'ombre des archives. De ce nombre est la question des congrégations. Sur le présent ce passé napoléonien projettera
peut-être une utile lumière. Si ces rayons plus que séculaires
permettent de mieux résoudre le problème en permettant de
le mieux comprendre, ni mon temps, ni ma peine n'auront
été perdus.

    Hyères, janvier 1928.

Léon DERIES.

PREMIÈRE PARTIE

LES CONGRÉGATIONS D'HOMMES

CHAPITRE PREMIER

SOUS L'ANCIEN RÉGIME

I. — Situation des Ordres monastiques d'hommes à la fin de l'Ancien Régime et au début de la Révolution.
II. — Abolition des Ordres monastiques par les décrets révolutionnaires.
III. — La conduite des Religieux sous la Révolution.

I

En 1789, d'après les calculs des historiens, le nombre des religieux du royaume était approximativement de 27 000 répartis dans 3 000 maisons, prieurés et couvents[1]. Il avait été antérieurement plus élevé, mais la Commission des réguliers avait supprimé beaucoup de monastères. La foi s'était affaiblie au cours du siècle et le recrutement était devenu difficile.

Le chiffre très élevé des établissements monastiques, fait remarquer M. de la Gorce, ne doit pas donner d'illusions sur leur importance. Dans l'Ordre de Citeaux, par exemple, sur plus de 250. 5 seulement avaient 40 religieux, 5 plus de 20, 6 au plus 15, tandis que 60 en avaient seulement 5 ou même moins. La population moyenne n'était que de 6 à 8 moines par maison à la veille de la Révolution[2].

---

1. Léon Lecestre, *Abbayes, prieurés et couvents d'hommes en France :* 26 674 religieux dans 2 972 maisons.
2. Pierre de la Gorce, *Histoire religieuse de la Révolution française.*

II

Aux yeux des législateurs de la Révolution, l'état monastique est un état contraire à la nature. C'est en vertu de ce principe philosophique que dès la première heure elle supprima les congrégations masculines et féminines et, partout où passèrent ses armées, elle étendit sur leur passage cette suppression aux pays annexés.

Le décret du 28 octobre 1789 rendu par l'Assemblée Nationale n'était qu'une mesure préliminaire annonçant et préparant des mesures ultérieures. Elle ajournait la question des vœux monastiques, mais, par provision, elle décidait que l'émission de ces vœux serait suspendue dans tous les monastères. Et, en effet, à peine quatre mois plus tard, par son décret du 13 février 1790, elle abolissait les vœux et, du même coup, les ordres et congrégations dans lesquels il était fait des vœux de ce genre.

Les religieux et religieuses à ce moment dans les monastères avaient la faculté d'en sortir. Ceux d'entre eux qui ne voudraient pas profiter de cette disposition seraient mis à même de se réunir dans des maisons qui leur seraient indiquées.

En vertu des décrets des 19 et 30 février suivants, une pension était allouée à chaque religieux ayant fait la déclaration de quitter son monastère. Les différents taux de ces pensions étaient fixés selon l'âge et la qualité de profès ou de simple frère lai ou convers. La pension n'était pas non plus la même pour les mendiants et les non mendiants. Voilà pour les personnes.

Un décret antérieur du 2 novembre 1789 avait réglé la question des biens ecclésiastiques dans lesquels se trouvaient compris les biens monastiques. Ils étaient attribués à la nation et devaient comme biens nationaux être mis en vente.

Des décrets complémentaires du 19 mars et du 20 mars 1790 pour rendre possible l'exécution de ces décrets prescrivirent l'inventaire par des officiers municipaux des revenus de chaque monastère d'après les registres et comptes de régie. L'argenterie, l'argent monnayé, les livres et objets de toute nature seraient également inventoriés.

Le décret du 18 août 1792, le plus radical de tous, paracheva cette œuvre en prescrivant la dissolution de toutes les associations de charité aussi bien que de piété : « Néanmoins, est-il dit, dans les hôpitaux et maisons de charité, les mêmes personnes continueraient comme ci-devant le service des pauvres et le soin des malades sous la surveillance des corps municipaux et administratifs jusqu'à l'organisation définitive que le Comité des secours présenterait à l'Assemblée Nationale. Celles qui discontinueraient leurs services sous des raisons jugées valables par les directoires de département sur l'avis des districts et les observations des municipalités n'obtiendront que la moitié du traitement qui leur aurait été attribué. »

Pour rendre plus éclatante aux yeux de la nation la disparition des ordres monastiques, le décret supprimait le costume religieux.

« Considérant que le moment où le Corps Législatif achève d'anéantir les corporations religieuses est aussi celui où il doit faire disparaître à tout jamais tous les costumes qui leur étaient propres et dont l'effet nécessaire serait d'en rappeler le souvenir, d'en retenir l'image et de faire croire qu'elles existent encore,

« Il est décrété :

« 1° Que les Congrégations de tout genre, même celles qui sont vouées au service des hôpitaux, sont éteintes et supprimées ;

« 2° Que les costumes religieux sont abolis et prohibés pour les deux sexes. Les ministres des cultes pourront cependant conserver leur costume dans les arrondissements où ils exercent [1]. »

---

1. Cahen et Guyot, *Œuvre législative de la Révolution. Passim* pour les décrets cités.

III

Que devinrent ces religieux au nombre de 27 000 qu'expulsèrent de leurs monastères les décrets révolutionnaires? Certains ordres tels que l'ordre des Bénédictins de Saint-Maur ont rédigé des registres de leur personnel qui sont comme les grands livres de l'ordre. Y sont inscrits tous les religieux dont il a été possible de retrouver la trace et en regard du nom de chacun d'eux ont été consignés tous les renseignements biographiques les concernant. On sait ainsi à la fois ce qu'ils ont fait pendant la période révolutionnaire et ce qu'ils sont devenus après sous le Consulat, l'Empire et la Restauration. Si tous ces grands livres étaient entièrement achevés, il serait possible de suivre pas à pas chaque ordre en suivant les traces des membres qui le composent.

Mais l'entreprise est irréalisable parce que tous les ordres n'ont pas dressé leur bilan ni même songé à le faire. Il faut donc se contenter de quelques conclusions générales d'après les données incomplètes que l'on possède.

Les religieux peuvent être divisés en plusieurs catégories selon la conduite qu'ils tinrent. La majorité se sécularisa en rentrant dans la vie civile. Pour assurer leur existence, ils durent chercher des situations en rapport avec leurs aptitudes. L'armée en recueillit beaucoup et l'on en vit certains arriver dans ses rangs à des grades élevés. D'autres n'abandonnèrent pas le sacerdoce, mais quand fut votée et appliquée la Constitution civile, acceptèrent des postes dans le nouveau clergé constitutionnel. Il y eut aussi ceux qui à la suite d'un refus de serment se rangèrent parmi les prêtres insermentés ou réfractaires. On ne saurait donner le chiffre de chacune de ces catégories. Parmi les insermentés, il y eut les réguliers qui restèrent en France et ceux qui cherchèrent un asile à l'étranger. Là encore, on ne peut procéder à aucune évaluation numérique. Seuls les Trappistes de Soligny franchirent en corps la frontière pour s'installer en Suisse.

A la différences des religieuses qui avaient la faculté de se retirer dans leurs couvents, les religieux devaient se réunir pour chaque département dans un monastère qui leur serait désigné si leur désir était de continuer la vie conventuelle. Chaque congrégation a ses constitutions, ses traditions, son genre de vie, son esprit. Bénédictins, Dominicains, Capucins n'étaient pas faits pour vivre ensemble. Chacun aurait voulu suivre sa règle propre, et de ce mélange de règles, il serait résulté une véritable anarchie.

Pour ne parler que de la Normandie, d'après l'étude générale de M. l'abbé Sevestre sur cette province, « la plupart des religieux avaient hâte de secouer le joug odieux du despotisme monacal. Sur 592 religieux de la province ecclésiastique de Rouen pour lesquels nous avons des renseignements à peu près précis, 258 désiraient abandonner leurs communautés, 72 restaient indécis, 67 ne voulaient pas se prononcer et 195 auraient souhaité la vie commune. »

1. Abbé E. Sevestre, *Histoire de la Constitution civile du Clergé en Normandie,* p. 66.

CHAPITRE II

LA DOCTRINE ET LA PRATIQUE NAPOLÉONIENNES EN MATIÈRE DE CONGRÉGATIONS

I. — Les congrégations et la loi concordataire. Non abrogation des décrets de la Révolution.
II. — Les principes de l'Ancien Régime sur les ordres monastiques.
III. — Les principes de Napoléon. Distinction des anciens ordres et des congrégations nouvelles.
IV. — Le décret du 28 janvier 1809.
V. — Les rigueurs administratives.

I

A la faveur de cette paix religieuse qui avant de revêtir une forme légale, n'en était pas moins une paix réelle, effective, les congrégations resteraient-elles pour toujours enfermées dans la tombe que sur elles avait scellée la Révolution? La France du Consulat et de l'Empire connaîtrait-elle à nouveau ou continuerait-elle à ignorer ces associations? Si la Révolution était morte, l'esprit révolutionnaire était encore vivant, du moins dans certains milieux restreints mais puissants. Au moment où le Premier Consul rédigea son projet de Concordat, la question de savoir si les congrégations y figureraient ou n'y figureraient pas, ne pouvait ne pas se poser et elle se posa.

Bonaparte n'eut aucune hésitation. Il arrivait au pouvoir avec des principes réfléchis dont il ne devait à aucun moment se départir. Pour être un fils illégitime de la Révolution, il n'en était pas moins son fils. Les lois révolutionnaires relatives aux congrégations ne seront donc à aucune époque abrogées. Non seulement elles ne seront pas abrogées dans la France ancienne, mais toutes les fois qu'un pays sera annexé à l'Empire français, elles seront transportées dans ce pays jusque dans les moindres détails de leur réglementation.

L'article XI de la loi Concordataire qui supprime tous les établissements religieux à l'exception des séminaires et des chapitres reconnus nécessaires au fonctionnement du culte maintient par ses termes mêmes toute la législation des assemblées de la Révolution relative aux corporations ou associations religieuses. Au sujet de cet article, le pape aura beau faire cette observation : « A-t-on bien réfléchi sur cette suppression ? Plusieurs de ces établissements étaient d'une utilité reconnue. Le peuple les aimait. Ils le secouraient dans ses besoins. La piété les a fondés. L'Église les avait solennellement approuvés à la demande même des souverains. Elle seule pourrait donc en demander la suppression. » Il ne fut pas écouté[1].

Par la plume de Portalis le Premier Consul adressera au Saint-Siège la réponse suivante :

« Les ordres religieux ne sont pas de droit divin, ils ne sont que d'institution ecclésiastique. S'ils existent, il est nécessaire qu'ils répandent la bonne odeur de Jésus-Christ. Conséquemment les établissements religieux sont de la nature de ceux que le Souverain peut permettre ou refuser sans blesser ce qui est de nécessité de salut... Il n'était plus temps de donner un nouvel élan à des institutions qui ne sont pas adaptées à l'esprit du siècle. Dans les choses qui tiennent à l'opinion, on est bien plus gouverné par les mœurs que par les lois. Chaque siècle a ses idées dominantes. Le siècle des institutions monastiques est passé[2]. »

1. Archives du ministère des Affaires étrangères. Correspondance. Rome, n° 935, f° 370.
2. Portalis, *Discours, rapports et travaux inédits sur le Concordat de 1801*, 1ʳᵉ partie, p. 226.

Au cours des négociations relatives au Concordat, un projet de bulle rédigé en latin avait été soumis au nom du pape à une réunion de plénipotentiaires du Saint-Siège et du gouvernement français dans l'hôtel de Joseph Bonaparte. On y lisait : « Eorumdem ibidem archiepiscoporum et episcoporum pastoralem curam excitamus... Sedulam dent operam ut capitularia, seminaria, religiosorum coenobita et sancta monalium monasteria instaurentur. »

Cette mention relative aux établissements monastiques dont la restauration était recommandée au zèle des archevêques et évêques fut supprimée.

Quand il s'agira de la suppression des religieux en Italie, même jusqu'au pied du trône pontifical, Napoléon n'écoutera pas le Souverain Pontife qui, averti d'ailleurs par l'expérience, se montrera très timide et résigné à l'avance. Il essaiera seulement de sauvegarder sa dignité en concluant ainsi : « L'empereur est bien le maître de ne pas tolérer les ordres monastiques dans ses États d'Italie. Qu'il les renvoie. Je ne m'en apercevrai pas, mais, sans doute, Sa Majesté ne voudra pas que je contribue à supprimer des établissements que je dois paraître protéger[1]. »

Le Chargé d'affaires Alquier avait rédigé une dépêche impérative sous la forme brutale que lui avait donnée l'empereur. Cette dépêche ne sera pas envoyée, mais elle révèle le véritable esprit du maître qui l'avait dictée.

« Dans les affaires d'Italie, il y a trois points qui peuvent être des sujets de contestation. Les moines sont le premier. La volonté de l'Empereur à cet égard est tellement prononcée qu'il n'a rien à demander au pape. Il détruira les moines partout où il étendra sa domination. Il les supprimera par la force des lois, et si cela devient pour lui un objet de tracasserie, il fera disparaître les moines de Rome et de toute l'Espagne. Ce n'est pas sur les moines qu'est fondée la reli-

---

1. Boulay de la Meurthe, *Documents relatifs aux négociations du Concordat.*

gion qui a existé et fleuri longtemps avant leur institution[1]. »

« Pas de moines. Donnez-moi de bons évêques avec de bons curés. Il ne faut pas autre chose. »

Cette phrase de Napoléon est chez lui l'expression d'un principe. Il ne doit pas y avoir à l'intérieur de l'Église gallicane deux clergés, l'un séculier, l'autre régulier. Il ne doit en exister qu'un seul, le clergé séculier.

« Les évêques et les prêtres sont établis par Dieu pour instruire les peuples et prêcher la religion aux fidèles et aux infidèles. Les ordres religieux ne sont point de la hiérarchie; ce ne sont que des institutions étrangères au gouvernement fondamental de l'Église... Aujourd'hui, le grand intérêt de la religion est de protéger les pasteurs destinés à porter le poids du jour et de la chaleur au lieu de laisser établir à côté d'eux ou sur leurs têtes des hommes qui peuvent les opprimer. Le clergé séculier à peine rétabli est encore trop faible pour pouvoir diriger et contenir des établissements qui dès leur naissance seraient plus influents que les évêques. »

Ainsi s'exprimera Portalis se faisant le traducteur du « Pas de moines » napoléonien[2].

Il renouvellera souvent ces déclarations : « Il faut être très circonspect et très réservé, ajoutera-t-il plus tard, quand il s'agit de donner aux évêques et aux prêtres des auxiliaires et des coopérateurs qui n'appartiennent point à la hiérarchie de l'Église et qui l'ont si souvent compromise et défigurée par des exemptions abusives. On sait que les siècles passés au lieu de protéger les pasteurs ordinaires qui sont de droit divin, avaient élevé sur leur tête un clergé régulier qui les avait opprimés[3]. »

En dehors de la hiérarchie ecclésiastique, soumis à des supérieurs généraux résidant à Rome et dans la dépendance

1. Archives du ministère des Affaires étrangères. Correspondance. Rome, n° 940, f° 247ʳ et 248ᵛ.
2. Archives du ministère des Affaires étrangères. Correspondance. Rome, n° 940, f° 317ʳ.
3. Circulaire aux évêques de France du 23 janvier 1803.

du Saint-Siège, élisant eux-mêmes leurs abbés, prieurs ou supérieurs, les moines, quelle que soit la couleur de leur robe, sont tous comme des francs-tireurs dont l'indépendance est toujours à redouter. Ils sont une Église dans l'Église, et, par cela même, ils peuvent devenir un État dans l'État. Or, Napoléon n'admet point d'autre armée que l'armée normale, celle dont il nomme lui-même tous les officiers et qui, depuis le dernier des soldats jusqu'au premier des maréchaux, est toute entière dans ses mains.

Cependant, bien que les lois des assemblées révolutionnaires n'aient pas été abrogées, en dépit de toutes ces déclarations formelles et réitérées de principes, il y aura des congrégations dans l'Empire. Il y aura un grand nombre de religieuses, et à côté d'elles, il y aura même des religieux. Il y aura avec les multiples sœurs hospitalières, des Trappistes, des prêtres des Missions étrangères, des Lazaristes, des Pères du Saint-Esprit et des Frères de la Doctrine chrétienne. Ainsi aura été violée dans sa règle capitale la législation de la Révolution. La robe du disciple de Saint Bernard reparaîtra. Les cornettes des religieuses deviendront si nombreuses qu'il sera difficile de les compter. Dès le début du Consulat, après avoir reconnu les Filles de la Charité, Napoléon appellera au Mont-Cenis un ex-abbé d'une Trappe de Savoie, dom Gabet. Comment expliquer cette flagrante contradiction entre la théorie et la pratique?

II

Napoléon n'a jamais été un idéaliste. Il hait trop les idéologues pour devenir lui-même un idéologue. C'est un esprit positif, essentiellement réaliste qui ne connaît que les besoins de la vie sociale et les nécessités du gouvernement. Sa conception de la religion ainsi que toutes ses autres conceptions, est elle-même une conception toute pratique, profondément utilitaire, tirée à la fois de son expérience de l'humanité et

de sa connaissance des aspirations instinctives de la France
au sortir de la tourmente révolutionnaire. S'il veut rechris-
tianiser la France déchristianisée par la Révolution, c'est
parce qu'il sent que cette rechristianisation est nécessaire,
qu'elle répond à la fois aux sentiments du pays et aux conditions de tout gouvernement qui veut assurer l'ordre, faire
régner la paix parmi les citoyens et développer la prospérité
nationale en courbant les intérêts particuliers sous l'intérêt
général.

Si donc dès les premières heures du Consulat, avant la signature du Concordat, un moine s'est vu confier la direction de
l'hospice du Mont-Cenis, si les Sœurs de Saint-Vincent de
Paul ont été officiellement rétablies, si ces mesures hardies,
téméraires même à l'époque, ont été prises, c'est parce
qu'elles étaient réclamées par la nécessité. La nécessité fait
loi, pourrait-on dire en érigeant en maxime napoléonienne
une maxime populaire. Si une foule de congrégations sont
inutiles comme celles qui se livrent à la contemplation, à la
« spéculation oisive » ainsi que l'on dit dans la langue officielle du Consulat et de l'Empire, si certaines sont dangereuses, néfastes et doivent être impitoyablement proscrites,
certaines autres, en revanche, par la nature du but qu'elles
poursuivent, en raison des services qu'elles rendent et qui
ne peuvent être rendus que par elles doivent être admises,
encouragées par le gouvernement et même subventionnées
par lui.

Il est, par exemple, deux fonctions vitales qui ne sauraient
dans une nation être remplies non seulement par des individus isolés mais même par des associations laïques, ce sont les
deux fonctions de l'hospitalisation et de l'enseignement populaire. Une véritable infirmière capable de surmonter et de
vaincre tous les rebuts de ses rebutantes obligations pro-
fessionnelles, de soigner les pires maladies, le sourire aux
yeux et l'aménité sur les lèvres, ne peut être qu'une femme
puisant dans ses sentiments de foi une force incomparable,

ce ne peut être qu'une religieuse soumise à une règle, vivant dans le célibat, qu'aucune pensée étrangère ne détourne de sa mission. De même, l'instruction de l'enfance soit masculine, soit féminine, ne sera assurée avec dévouement que si elle l'est par des hommes et par des femmes qui précisément parce qu'ils n'ont pas dans un foyer personnel d'enfants à eux, sont à même de se donner sans restriction aux enfants des autres, par des Frères de la Doctrine chrétienne et par des religieuses enseignantes. Napoléon en est si convaincu que quand il fondera l'Université, il lui donnera autant qu'il lui sera possible de le faire, tous les caractères d'une congrégation, qu'il en fera une sorte de congrégation laïque. S'il n'avait été arrêté par l'appréhension de certains périls, il serait allé plus loin, il en aurait fait une véritable congrégation religieuse, ou il se serait adressé à des congrégations religieuses pour la constituer et lui en fournir les éléments.

Ce n'est donc nullement par respect de la liberté individuelle, par amour désintéressé de la religion que Napoléon consentira à accorder à un certain nombre de femmes et même à quelques hommes la faculté de vivre en communauté. De la liberté individuelle il n'a pas le respect parce qu'il n'en a pas la moindre notion. Les congrégations auxquelles il accordera le droit précaire de naître et de vivre, seront les congrégations estimées par lui indispensables à l'être et au bien-être de l'Empire.

Plus grande est la puissance conférée aux congrégations par le sentiment religieux quand elle est disciplinée, plus cette puissance doit être surveillée, réglée par le gouvernement, plus elle doit être contenue par des digues légales, plus ces digues doivent être nombreuses et résistantes. Si Napoléon ne connaît pas personnellement pour l'avoir étudiée la législation de l'Ancien Régime au sujet des ordres monastiques, les légistes éminents dont il s'est entouré en les empruntant à l'Ancien Régime lui-même connaissent cette législation jusque dans ses moindres détails. Il en est un en particulier qui n'ignore ni un édit, ni une ordonnance, ni une déclaration d'avant 1789, c'est le conseiller d'Etat Portalis chargé de toutes les affaires des cultes. Ce sera lui qui en extraira la substance et, mutatis mutandis, introduira cette substance dans la législation moderne.

Portalis n'a pas oublié que sous la vieille monarchie détruite par la Révolution, nulle association religieuse ne pouvait se fonder dans le royaume sans avoir fait connaître son intention de se fonder, et sans avoir reçu de l'autorité royale omnipotente l'autorisation de le faire en vertu de lettres patentes bien et dûment enregistrées par le Parlement. Il n'ignorait pas que pour obtenir ces lettres patentes, les congrégations devaient au préalable indiquer le but de leur institution et soumettre leurs statuts et constitutions. D'après l'édit du 21 novembre 1629, la création de nouveaux établissements par une congrégation autorisée était même soumise à la formalité de l'autorisation dans les mêmes formes. On ne voulait pas qu'il y eût sur certains points surabondance de communautés inutiles, et, sur certains autres points, pénurie de communautés nécessaires.

Portalis n'ignorait pas qu'en vertu de l'édit de 1666, les prescriptions antérieures ayant été oubliées et inappliquées à la faveur de la Fronde, pour prévenir l'éclosion de toute association ou de toute maison superflues, les archevêques et évêques devaient toujours formuler leur avis ainsi que les autorités locales.

Il n'ignorait pas la draconienne ordonnance du 27 août 1749 qui, pour rendre efficaces les ordonnances antérieures demeurées vaines, rappelait les dispositions suivantes : « Toutes les donations faites à des établissements non reconnus seront considérées comme nulles et non avenues. Les enfants ou héritiers présomptifs seront admis, même du vivant des donataires, à réclamer les biens par eux donnés ou aliénés. Dans le cas de non-réclamation par les intéressés, ces biens seront vendus aux enchères et le produit de la vente sera confisqué au profit du Trésor pour être employé à des œuvres de bienfaisance ou à des ouvrages publics. Les officiers ministériels qui auront prêté leur concours à des actes illicites seront frappés d'interdiction. Toute personne ayant servi de prête-nom à des gens de main-morte dans une affaire d'acquisition de biens, serait punie d'une amende de 3 000 livres. »

Il n'ignorait pas enfin les travaux de la célèbre Commission des Réguliers qui peu de temps avant la Révolution avait provoqué dans le monde monastique un véritable bouleversement en déterminant la suppression d'un grand nombre de congrégations ou d'établissements relevant d'une congrégation[1].

Successeur de Portalis au ministère des cultes à partir de 1809, Bigot de Préameneu sera l'héritier de la même doctrine dans l'accomplissement de la même œuvre.

III

Tout en laissant l'Empire se peupler d'une foule de religieuses auxquelles se mêleront temporairement quelques religieux, Napoléon ne cesse de proclamer hautement qu'il n'a point rétabli les ordres monastiques. Entre les ordres monastiques d'autrefois auxquels il refusera tout droit d'existence et les congrégations auxquelles il accordera le privilège de la vie, il y a une différence essentielle, irréductible. Les ordres monastiques étaient en effet reconnus par l'Etat dans des conditions telles que les engagements ou vœux perpétuels qui leur servaient de fondement étaient du fait même de cette reconnaissance placés sous la sauvegarde et la protection de l'Etat.

La puissance temporelle mettait au service de la puissance spirituelle toutes les forces civiles. Défense était faite au reli-

1. Isambert, *Recueil des anciennes lois françaises.* (*Passim.*)

gieux ou à la religieuse de sortir de la maison où ils étaient entrés, une fois que cette entrée avait revêtu un caractère définitif. Rien de tel dans les agrégations qu'acceptera ou même patronnera le gouvernement consulaire ou impérial. On entre comme l'on veut et on sort de même comme on veut. Sans doute l'Etat ne saurait pénétrer dans le for intérieur ni scruter les consciences. Il y a là un domaine inaccessible. Mais, matériellement, du dehors, en conformité avec les statuts qui font loi, les engagements contractés ne sont que des engagements temporaires toujours révocables. Très souvent ils sont simplement annuels. Tout se réduit à une promesse de stabilité. Le fait de ne pas révoquer la promesse originelle constitue une manière de confirmer son intention, de la prolonger par un consentement tacite.

« Tous les décrets signés par Sa Majesté, déclarera Portalis dans son rapport général sur les associations de Dames charitables existant dans l'Empire, loin de préparer le rétablissement du monachisme en France, en consacrent la destruction. Tous, en effet, rappellent la prohibition des vœux solennels et perpétuels, la soumission à l'évêque diocésain et le droit conservé à chaque sœur de disposer de ses propriétés et de sa liberté individuelle. Or, ce qui constituerait essentiellement la reconnaissance des ordres monastiques, serait la reconnaissance des vœux par l'autorité, l'exemption de toute surveillance épiscopale et l'obédience au pape, la renonciation absolue par les sœurs à tout droit civil et à tout retour dans la société, en un mot, cette sorte de mort civile qui suit partout la profession religieuse. »

Tout ce qui n'est pas engagement légal du moine ou de la moniale à son monastère, indépendance par rapport aux autorités ecclésiastiques responsables de l'ordre et de l'autorité dans un diocèse, dépendance et abdication entre les mains d'un souverain étranger, n'est qu'accessoire et sans véritable importance aux yeux du gouvernement : « La guimpe et le voile sont en eux-mêmes des objets de peu d'importance et un costume comme un autre. La clôture est purement volontaire lorsqu'elle n'est pas sous la sanction de la police et de l'administration. Les anciennes règles pratiquées dans ces maisons contiennent en général quelques prescriptions sur l'abstinence, le jeûne et les autres mortifications, sur la méthode de faire oraison, l'office qu'on doit réciter, la fréquentation des sacrements, la pratique de l'obéissance. Elles ne renferment rien qui se rapporte au gouvernement de l'Etat ou de l'Eglise [1].

Mais on doit confronter les statuts des associations religieuses 1° avec la loi naturelle qui est le modèle et l'exemple de toutes les lois ; 2° avec les lois positives divines et humaines et particulièrement avec les lois nationales. Tout ce qui blesse ces lois doit être proscrit.

« Pour se conformer à ces règles, on a besoin toutes les fois que se présente un établissement à autoriser, de vérifier s'il a quelque objet d'utilité réelle, s'il ne contrarie pas la morale, s'il n'apporte aucun danger à l'Etat, s'il n'offense aucune des lois et s'il ne choque en aucune manière le véritable esprit de la religion [2]. »

La volonté du souverain donne la vie à toute agrégation religieuse. De même, cette volonté la retire. Les congrégations naissent quand on leur permet de naître et meurent quand on les condamne à mort. Leur existence dépend d'une simple signature au bas d'un décret. Le souverain est ainsi comme un dieu qui, ayant le droit de créer, a également le droit de faire rentrer dans le néant ce qu'il a créé. Les deux droits n'en font qu'un.

Il n'y a plus de Parlements, et le rôle que jouaient dans l'ancienne France les Parlements, ce sera le Conseil d'Etat qui le jouera dans la France nouvelle du Consulat et de l'Empire [2]. Ce qui jadis appartenait à la puissance judiciaire appartiendra désormais à la puissance administrative. Mais le

1. Archives nationales, F19 6247.
2. Portalis, *Discours, rapports*, etc., pp. 529 et suiv.

Conseil d'Etat n'a rien d'un Parlement. Il en est à peine l'ombre. Ne résolvant pas personnellement les questions qui lui sont soumises, il ne donne que des avis. Il propose, il ne dispose pas. C'est le chef de l'Etat qui seul décide, qui dispose.

A l'intérieur du Conseil d'État, à côté des sections normales a été constitué un comité spécial auquel a été donné le nom de « Petit Conseil ». Le Petit Conseil se compose du Grand Juge, président, du ministre de la Police générale ; du ministre des Cultes et des conseillers d'État Régnaud de Saint-Jean d'Angély, Bigot et Treilhard. C'est lui qui est chargé d'examiner toutes les affaires relatives aux congrégations.

« L'objet général du Petit Conseil, lit-on dans la correspondance de Napoléon, est de bien connaître l'étendue de ces établissements (les établissements religieux), leur but, leurs avantages, leurs inconvénients, afin de pouvoir prendre à leur égard des déterminations en connaissance de cause. Quel est leur nombre ? De combien d'individus sont-ils composés ? Combien ont-ils de novices ? Combien y a-t-il de prises d'habit ? Combien y a-t-il de différentes natures de statuts ? Indépendamment des statuts passés en Conseil d'État, quels sont les règlements et statuts ecclésiastiques qui déterminent l'espèce et l'ordre des cérémonies intérieures et les offices auxquels les membres de l'association sont tenus ? Y a-t-il des affiliations entre elles ? Ont-elles des rapports avec un directeur supérieur ou directeur général et quels sont ces rapports ?[1] »

Mais ce n'est là qu'une besogne préparatoire qui porte sur des détails. C'est le Conseil d'État lui-même qui, une fois cette besogne accomplie, étudie les projets qui lui sont soumis par le Chef de l'État et, après discussion, rédige ses propositions.

Les archives du Conseil d'État ont disparu dans l'incendie du Quai d'Orsay par la Commune. Aucun de ses registres des

1. *Correspondance de Napoléon*, t. XVI, pp. 120 et 121.

délibérations n'a subsisté. Il est donc impossible de savoir ce qui s'est passé.

Ce n'est jamais que contraint et forcé que Napoléon a introduit dans l'Empire même sous la forme nouvelle qu'il oppose à la forme ancienne des congrégations. De là son obstination prolongée à reculer le plus longtemps possible un statut général. Ce statut ne paraîtra que le 28 janvier 1809.

A un autre point de vue, on peut distinguer deux périodes dans l'histoire de l'approbation des associations religieuses. Il y a, en effet, la période des approbations provisoires et la période des approbations définitives. Elles sont séparées l'une de l'autre par la tenue du Chapitre général des religieuses hospitalières le 30 novembre 1807. Leur distinction est d'ailleurs plus apparente que réelle. Avec Napoléon, le définitif n'est en effet qu'une variété du provisoire, puisque tout est toujours subordonné aux temps, aux lieux, aux personnes et, par-dessus tout, à sa seule volonté. La lutte avec le pape, en se prolongeant, rendra l'Empereur de plus en plus irritable et cette irritation se traduira à l'égard de certaines congrégations comme à l'égard du clergé en général par des mesures de rigueur.

IV

La législation napoléonienne en matière de congrégations se résume dans un unique décret, le décret du 28 janvier 1809. Avant d'être promulgué, au cours d'une longue étude, il fut l'objet de divers remaniements. Des projets qui l'ont précédé, il en a été conservé un ? Il porte la date du 18 juin 1808. Le corps de l'épiscopat fut consulté à son sujet sinon en entier, du moins en la personne de ses principaux représentants. Cette consultation ne fut pas inutile et il fut tenu compte dans la rédaction finale des observations recueillies. C'est ainsi qu'à la suite des critiques du cardinal Fesch disparut un article interdisant aux évêques et archevêques d'autoriser même à titre provisoire une réunion de femmes en vue de la vie religieuse.

Le décret du 28 janvier plaçait toutes les congrégations ou maisons hospitalières de femmes sous la protection de Madame (article 1er).

Il attribuait au gouvernement la fixation du nombre des maisons, du costume et des autres privilèges (article 4).

Les conditions dans lesquelles pourraient s'ouvrir les nouvelles maisons étaient déterminées par l'article 5. Aucune ouverture ne pourrait avoir lieu sans l'approbation officielle.

« Nulle élève ou novice ne pourrait contracter des vœux avant 16 ans révolus sans les consentements des parents requis pour le mariage par le code civil. Les vœux des novices âgées de moins de 21 ans ne seraient que d'un an. Ce serait seulement à partir de 25 ans que l'engagement pourrait être porté à 5 ans » (articles 7 et 8).

Chaque hospitalière garderait l'entière propriété de ses biens et revenus et le droit de les administrer (article 9). Elle ne pourrait par actes entre vifs ni y renoncer au profit de sa famille, ni en disposer soit au profit de la communauté, soit en faveur de qui que ce soit (article 10).

Tous les actes de donation ou legs ne seraient valables qu'après approbation gouvernementale (article 14).

Un compte rendu des revenus de chaque congrégation serait remis chaque année au ministre des Cultes.

Les donations, legs ou biens seraient possédés ou régis conformément au code napoléonien (article 14).

Plusieurs articles visaient la discipline. Chaque maison, même celle du chef-lieu, serait soumise au spirituel à l'évêque diocésain (article 17).

Les maires, préfets et officiers de justice exerceraient sur les maisons hospitalières les mêmes droits que sur les autres maisons de l'État (article 19).

Cette législation ne fait en grande partie que reproduire la législation d'avant la Révolution, mais elle ne s'applique qu'aux seules religieuses et laisse volontairement en dehors d'elle les congrégations masculines privées de tout statut et régies par des décrets qui leur sont propres. Si réduit d'ailleurs sera leur nombre, qu'on pourra les regarder comme une quantité d'abord négligeable et finalement nulle.

V

Aux rigueurs de la loi, il faut ajouter celles de l'administration. Trois ministres, le ministre des Cultes, le ministre de l'Intérieur, le ministre de la Police générale auxquels se joint le Grand Juge, sont chargés de surveiller de très près d'une manière constante les congrégations. Pour exercer cette surveillance, chacun de ces ministres mobilisera tous ses subordonnés, évêques, préfets, sous-préfets, commissaires généraux et commissaires spéciaux, procureurs généraux et procureurs impériaux.

De ces quatre ministres, le plus redoutable sera le ministre de la police générale, surtout quand il s'appellera Fouché. Fouché sait en général tout ce que ses collègues ignorent, ne veulent ou ne peuvent rechercher. C'est de lui presque autant que de Napoléon lui-même que dépend le sort des congrégations. Il devient l'arbitre de leurs destinées parce qu'il sait mieux que personne comment on agit sur l'âme mobile de l'Empereur, comment on fait mouvoir ses ressorts.

CHAPITRE III

LES TRAPPISTES

I

Pourquoi et comment Napoléon qui détestait les moines, qui à tout venant déclarait qu'il n'en voulait à aucun prix dans son Empire, a-t-il été amené à en appeler lui-même ? Pourquoi et comment les moines qu'il a ainsi appelés ont-ils été précisément les plus austères de tous, ceux dont la règle par la rigueur de ses prescriptions est comme une sorte de défi jeté à tous les instincts de la nature humaine ?

La règle des Trappistes est telle que sa seule lecture inspire une sorte de crainte insurmontable pour les privations qu'elle impose, et l'admiration pour le courage, l'empire sur soi-même, la patience qu'elle exige.

Ces religieux se couchent en été à 8 heures et en hiver à 7. Ils se lèvent à 2 heures pour aller à l'église où ils demeurent jusqu'à 4 heures et demie. De 4 heures et demie à 5 heures et demie ils s'occupent à lire. A 5 heures et demie, ils retournent au chœur. Une demi-heure après, leur prieur leur fait une courte exhortation d'une demi-heure. A 7 heures ils se livrent au travail manuel, soit en cultivant la terre, soit en participant au service intérieur de la maison, soit en pratiquant divers métiers. A 8 heures ils se rendent de nouveau à l'église. A l'issue de l'office, ils se retirent jusqu'à 11 heures et demie dans leurs cellules d'où ils sortent pour revenir à l'office. A midi ils déjeunent. Les tables sont mises sans nappes. Ils ne boivent que de l'eau et ne mangent que du pain bis. Leurs seuls mets sont des légumes cuits à l'eau sans beurre et sans huile. Après le repas ils vont à l'église et regagnent leurs cellules. A 1 heure ils se remettent au travail. A 4 heures, après un séjour d'une heure dans leur cellule, ils chantent les vêpres, soupent à 5 heures, disent les complies à 6 et finalement se couchent. Leur lit ne consiste qu'en une paillasse piquée, un oreiller plein de paille et une simple couverture. Ils ne se déshabillent jamais, même quand ils sont malades. C'est seulement en cas de maladie qu'il leur est accordé de manger des œufs et de la viande de boucherie [1].

II

Un pareil ascétisme, qui de tout temps a frappé vivement l'imagination populaire, dut attirer sans doute l'attention de Napoléon. Cet homme extraordinaire, si compétent, si exigeant en matière de volonté, a été peut-être séduit lui-même par cette forte discipline qui trempe vigoureusement les âmes aussi bien que les corps. Mais, plus sûrement, il a été attiré vers eux par le besoin qu'il avait de leur concours comme de celui de soldats d'un nouveau genre, capables de soutenir une lutte devant laquelle auraient reculé les plus endurants de ses grognards, la lutte quotidienne contre le froid, contre la mort à la cime des Alpes.

1. Archives nationales, F[19] 6283. Rapport sur les associations d'hommes existant dans l'Empire.

« La religion, lit-on dans un rapport de Portalis, peut seule produire les vertus nécessaires à ceux qui se consacrent à un service pour lequel il faut des encouragements d'un autre ordre que ceux qui peuvent venir de la main des hommes. Des laïques, des séculiers ne pourraient par des vues purement humaines se vouer à des fonctions qui n'appellent sur la terre que des tribulations et des dangers et qui ne peuvent être soutenus que par l'espérance d'une récompense impérissable dans le Ciel[1]. »

A un certain point de vue, il est des individualités anormales exceptionnelles, qu'ont frappées des malheurs inouïs ou qui ont commis des fautes particulièrement graves que n'atteint pas la loi, mais que réprouve leur propre conscience. Personne ne les condamne ; ils ne s'en condamnent pas moins eux-mêmes. Ils veulent à tout prix se racheter par des souffrances librement consenties, expier. Où expieraient-ils, s'il n'existe pas quelque part au moins un établissement anormal, exceptionnel comme eux, réservé à l'expiation ? Ce sont ces idées que l'on trouve développées dans une note relative à un projet de décret que Napoléon avait signé, mais dont il avait lui-même raturé la signature[2] :

« Veut-on des maisons comme celles de la Trappe où l'on ne recevrait pas de moines, mais des hommes qui, dégoûtés du monde, veulent finir leurs jours dans la vie contemplative ? Cette idée serait simple et le but évident. Mais ne voit-on pas à Paris un moine de la Trappe qui se mêle de toutes les coteries et qui fait de son état de moine un objet d'intrigues et de spéculation ? »

Les moines de la Thébaïde sont les seuls qui aient mené une vie vraiment contemplative. Les moines d'Europe, au contraire, menaient une vie tellement active qu'ils dominaient les nations chez lesquelles ils avaient été établis et que partout où ils n'ont pas cessé d'exister ils les dominent encore.

1. Archives nationales, F¹⁹ 6292.
2. Archives nationales, F¹⁹ 6246.

« On reconnaît cependant qu'il peut être de quelque utilité de rétablir le couvent de la Trappe, mais on ne croit pas qu'il soit besoin d'en avoir d'autre. Le couvent de Sénart, par exemple, ne doit pas être rétabli. C'est un lieu assez singulièrement choisi pour vivre dans l'oubli du monde qu'une maison située à quatre ou cinq lieues de la capitale. Sa Majesté n'est point allée à Sénart, mais elle est persuadée que si la chasse l'y conduisait, elle serait aussi désagréablement frappée qu'elle l'a été au Calvaire du Mont Valérien.

« S'il faut faire un essai dans cette matière, on peut le faire à la Trappe. Les bulles existent et il n'y a point de difficultés. En formant cet établissement de manière à ce qu'il puisse recevoir deux cents personnes, il sera au maximum ce que peuvent exiger les quarante millions d'hommes qui composent la population de l'Empire.

« Offrir dans la vie contemplative un refuge aux hommes qui veulent fuir la société, soit parce qu'elle leur est importune, soit parce qu'elle leur rappelle des fautes ou des pertes dont on ne se console pas, la Trappe est l'établissement le plus favorable pour cet objet. Le nom, le lieu, les souvenirs qui s'y rattachent, disent clairement ce que l'on veut faire. »

III

Au cours des guerres de la Révolution et de l'Empire, les Alpes acquirent une importance exceptionnelle parce que leurs passages ne cessèrent d'être traversés en tous sens par les armées françaises auxquelles s'ajoutaient de nombreux voyageurs. Aux soldats valides qui les franchissaient se mêlaient des blessés et des malades qui devaient faire halte en cours de route pour soigner leurs plaies et reprendre des forces. Quels laïques, quels séculiers consentiraient à demeurer toute l'année au milieu des hautes montagnes, dans le voisinage des neiges éternelles pour y vivre en pleine solitude de la vie la plus dure, la plus redoutable, la plus dangereuse ! Pas plus que pour les Filles de la Charité, le Premier Consul n'hésita. Sans se préoccuper de l'opinion publique, sans se demander s'il allait ou non en sens contraire de la Révolution, il s'adressa à des moines, à des Trappistes.

L'exemple lui avait été d'ailleurs donné par le Directoire. Alors qu'il était à la tête de l'armée d'Italie, les Directeurs ne lui avaient-ils pas écrit le 2 juillet 1796 : « Le monastère du Grand Saint-Bernard a attiré, citoyen général, l'attention du Directoire. Il a pensé qu'il devait concourir au maintien d'un établissement dirigé en faveur de l'humanité et dont les directeurs sont hospitaliers de toutes les nations. Il vous recommande de faire passer aux religieux la somme de 6 000 livres numéraires pour leur tenir lieu des secours qu'ils n'ont pu recevoir depuis longtemps [1]. »

« Il est évident qu'un ordre monastique n'est nullement incompatible ni avec l'esprit, ni avec la lettre de la Constitution française, et que si, sans la blesser, le gouvernement peut fonder des moines hospitaliers sur les Alpes, il peut par une conséquence directe, en fonder sur les Pyrénées, et que s'il a le droit de le faire sur les frontières, il a le droit de le faire pareillement dans l'intérieur. Et pourquoi ne reverrions-nous rétablir insensiblement une partie de ces milices monastiques que des mains aussi ineptes que barbares ont détruites au milieu de nous ? Pourquoi, par exemple, ne nous redonnerait-on pas quelques hospices de ces confréries de la Miséricorde destinées à visiter les prisonniers et à conduire les criminels au lieu du supplice, quelques hospices même de capucins ?

« Quoi donc ! Les voyageurs du Mont Saint-Bernard, du Mont-Cenis ou du Simplon, sont-ils plus dignes de pitié que nos malheureux insensés, nos malheureux prisonniers, nos malheureux esclaves ! »

---

1. A. Debidour, *Résumé des actes du Directoire exécutif*, tome II, p. 771.

C'est avec cette logique nuancée d'ironie que le futur évêque de Troyes, l'abbé de Boulogne, annonçait et commentait l'installation des Trappistes au Mont-Cenis[1].

Par un décret en date du 21 février 1801, le Premier Consul venait en effet selon un plan d'ensemble de réorganiser les établissements hospitaliers des Alpes. Il s'agissait du Grand Saint-Bernard, du Simplon et du Mont-Cenis. Les trois hospices formeraient un groupe et seraient soumis à une administration commune. Le Grand Saint-Bernard serait le chef-lieu et son supérieur le « Prévôt » nommé par le chef de la République française comme il l'était antérieurement par les princes de Savoie, aurait la haute main sur les deux autres maisons. Ce seraient des religieux du Grand Saint-Bernard qui desserviraient le Simplon et le Mont-Cenis considérés comme des annexes.

Le gouvernement Piémontais et le gouvernement Cisalpin apporteraient chacun une dotation en biens-fonds représentant un revenu de 20000 francs avec entrée en jouissance au 1er Germinal. Le général Turreau chargé d'ouvrir une communication entre le Simplon et la Cisalpine, les préfets du Mont-Blanc et du Léman, donneraient aux religieux toutes les facilités nécessaires pour la construction et l'organisation des deux établissements[2].

Mais un autre décret, celui du 16 août 1802, modifia ces dispositions. En vertu de ce décret, les couvents du Piémont étaient supprimés, et leur suppression devenait l'occasion d'une constitution plus large et plus complète du réseau des hospices de la région des Alpes. Ce réseau se composerait non seulement du Grand Saint-Bernard, du Simplon et du Mont-Cenis mais aussi du Mont Genèvre et du Mont Tende, et formerait ainsi un total de cinq établissements. Au lieu d'être fourni par un ordre unique, celui du Grand Saint-Bernard,

1. Abbé de Boulogne, *Mélanges de religion, de critique et de littérature,* tome II, p. 383.
2. Archives nationales, F19 6292.

leur personnel le serait par les différents couvents du Piémont supprimés.

Un troisième décret, celui du 19 septembre 1805, acheva cette organisation en donnant pour séminaire au Mont Genèvre le monastère de la Cervara dans le golfe de Rapallo près de Gênes.

Enfin, beaucoup plus tard, le décret du 26 décembre 1810 sur l'organisation du Valais annexé à l'Empire, rattacha l'abbaye de Saint-Maurice aux monastères du Saint-Bernard et du Simplon [1].

Une partie de ce plan d'ensemble ne fut pas exécutée. En attendant la confection des bâtiments nécessaires, l'hospice du Simplon fut établi à une certaine distance du sommet, dans une maison qui se trouva bientôt trop petite.

L'hospice du Petit-Saint-Bernard ne fut pas installé. Quand il fut question du col de Tende, on renonça à l'idée d'y créer un hospice. Enfin un décret du 11 septembre 1812 fit de l'hospice du Mont Genèvre une simple succursale du Mont Cenis et ce furent des moines de ce dernier établissement qui furent chargés d'en assurer le service [2].

IV

Des établissements hospitaliers alpins, le plus important était le Grand-Saint-Bernard. Fondé en 1026 avant la réformation du xve siècle, l'ordre religieux dont il était le chef-lieu, possédait 80 bénéfices en France, en Italie, en Suisse, en Piémont et en Angleterre. Il s'était perpétué dans le monastère.

Lors de la réunion du Valais, la congrégation des religieux du Grand-Saint-Bernard fut confirmée dans ses fonctions par

1. Archives nationales, F[19] 6292.
2. *Ibidem*, F[19] 6292.

un décret du 1er mars 1812 sous le titre de chanoines hospitaliers.

D'après les statuts tels qu'ils avaient été acceptés par le gouvernement, l'administration reposait en entier sur l'un des membres du Chapitre, le Prévôt, suppléé au besoin par un Prieur. Une simple promesse ainsi conçue : « Je vous promets ainsi qu'à vos successeurs obéissance suivant la règle de Saint-Augustin et la stabilité de la congrégation » tenait lieu d'engagement votif[1].

Tous les voyageurs et passagers seraient reçus durant tout le temps nécessaire et traités selon leur condition. Les militaires passant isolément seraient nourris et l'hospitalisation leur serait donnée selon leur grade.

Après l'annexion de l'abbaye de Saint-Maurice, les religieux du Grand-Saint-Bernard et de l'ex-abbaye Valaisienne ne formèrent plus qu'un corps unique sous les ordres du Prévôt du Grand-Saint-Bernard.

La surveillance au point de vue administratif fut confiée à un Conseil composé du préfet du département, de l'évêque de Sion et du président du Conseil général. Il était chargé de fixer le nombre des sujets à admettre, d'arrêter chaque année le compte des recettes et des dépenses des maisons de la congrégation et l'adresserait au préfet qui le remettrait avec son avis au ministre pour approbation.

Au point de vue spirituel, selon le principe appliqué à toutes les associations religieuses de l'Empire, chaque établissement relèverait de l'évêque diocésain.

L'hospice du Grand-Saint-Bernard était pourvu de 200 lits. Il pouvait loger de cinq à six cents personnes. Ses chanoines étaient au nombre de 12 avec une douzaine de novices ou postulants. Il y avait 12 domestiques en hiver et 24 en été.

Les revenus s'élevaient à 35 000 francs dont 15 000 provenant des propriétés immobilières et des rentes et 20 000 du

---

1. Archives nationales, F¹⁹ 6292.

produit des quêtes et oblations annuelles. Les dépenses étaient égales aux recettes.

Il passait environ de 30 à 40000 voyageurs qui étaient hospitalisés en général pour fort peu de temps. La dépense moyenne était de 0 fr. 90 par personne[1].

Bien que créé par décret du 21 février 1801, l'hospice du Simplon ne vit sa construction commencée qu'en 1811. En attendant l'achèvement des travaux, l'hospitalisation fut pratiquée dans une maison particulière louée par le gouvernement. Son fonctionnement était assuré par des chanoines du Grand-Saint-Bernard.

V

L'hospice du Mont-Cenis fut de tous les établissements Alpins celui qui préoccupa d'abord le gouvernement consulaire. Le Premier Consul en même temps qu'il le releva matériellement en l'agrandissant et le dotant des revenus nécessaires à son fonctionnement par son décret du 21 février 1801 mit à sa tête un abbé d'une trappe Savoisienne, l'ex-abbé de l'abbaye de Tamié, Dom Gabet qui lui avait été signalé par le préfet du Mont-Blanc. En dépit des lois révolutionnaires, la République eut ainsi un abbé et cet abbé se trouva être un Trappiste.

Entre Bonaparte et Dom Gabet, une rencontre eut lieu. Fortuite en apparence, elle avait été en réalité préparée. Ce fut à Lyon qu'ils se rencontrèrent.

« Général, j'ai quatorze enfants à nourrir ; je viens vous prier de m'aider à leur donner du pain, dit le moine en manière de préambule. » — « Citoyen, répondit le général, donnez-en quelques-uns à la République, elle les nourrira » — « Mes enfants, répliqua Dom Gabet, sont les anciens religieux de l'abbaye de Tamié ; je suis leur supérieur. Sachant vos

1. Archives nationales, F19 6292.

bonnes dispositions pour ceux qui se donnent au bien de l'humanité, je viens vous demander de nous rendre notre abbaye. C'est là que nous trouverons du pain par le travail et un peu de repos après la souffrance de l'exil. C'est là que nous désirons servir en attirant sur elle et sur le Premier Consul les bénédictions du Ciel par la pénitence et par la prière. — Ah ! c'est vous Dom Gabet ? On m'a fait de vous et de vos religieux un grand éloge. Je ne puis pas vous rendre votre ancienne abbaye de Tamié, mais à la place je vous donne le Mont Cenis[1]. »

Le restaurateur du Mont Cenis était un Savoyard. Tout jeune officier de l'armée du roi de Sardaigne, Victor Amédée III, il avait fréquenté quelque temps la cour de Turin. Elle ne l'avait pas séduit. Entré à la Trappe de Tamié, il avait été élu abbé en 1789. L'occupation du Piémont par les armées républicaines provoqua l'application immédiate du régime révolutionnaire. L'Assemblée nationale et souveraine des Allobroges supprima les ordres religieux et attribua leurs biens à la nation comme l'avait fait l'Assemblée nationale. En avril 1793, le général Kellermann fit occuper Tamié par un détachement. Dom Gabet se retira avec ses religieux d'abord à Turin chez les Camaldules, puis à Crassano près d'Asti. A l'approche des troupes françaises il lui fallut chercher une autre retraite. Ses Trappistes revêtirent des habits séculiers et se dispersèrent en Savoie sans perdre le contact avec lui. Pour lui, il rejoignit sa famille à Chambéry. Ce fut là que lui furent faites les premières ouvertures qui amenèrent la rencontre de Lyon. Ses enfants, c'étaient ses moines.

Le 12 octobre 1800, le sous-préfet de l'arrondissement de Saint-Jean-de-Maurienne se rendit au Mont Cenis. Après avoir donné lecture du décret des Consuls du 21 février précédent en présence du premier magistrat du département, le citoyen préfet Saurey, il mit le religieux Gabet en possession des

1. Marie-Louise Francoz, *Le Mont Cenis sous Dom Gabet. Histoire de Dom Gabet.*

bâtiments de l'hospice et le déclara investi des pouvoirs civils nécessaires pour la direction de l'établissement. Dom Gabet ayant fait cette réserve qu'il ne se considérait comme titulaire définitif qu'après la réception de l'investiture ecclésiastique, acte fut pris de cette restriction. Le 11 décembre 1802 le cardinal Caprara lui donna satisfaction au nom du Souverain Pontife.

Ce n'étaient encore là que des actes préliminaires. Dans le cours de 1803 ils reçurent un complément officiel. Le rapport de Portalis du 27 mai 1803 définit les conditions légales d'installation au Mont Cenis des Trappistes de Tamié. Ils changent de règle et ce sera la règle de Saint-Benoit qui, de leur propre consentement, deviendra la leur... Une simple promesse d'obéissance à leur supérieur, de conversion de leurs mœurs et de stabilité dans la congrégation remplacera les vœux d'autrefois.

« Si en France, dit Portalis, l'engagement des Bénédictins et des religieux vivant sous la règle de Saint-Benoît était réputé inviolable, c'était par la disposition des lois civiles et politiques qui pour la tranquillité des familles ne permettaient pas qu'après un certain âge un religieux pût quitter son ordre ou être renvoyé. Cela était peut-être utile dans un temps où les moines étaient très multipliés et où à chaque instant l'ordre des successions pouvait être troublé par la survenance d'un ex-religieux sur lequel on ne comptait plus.

« Aujourd'hui, il n'y a plus de monastères. On n'admet plus les vœux proprement dits. L'établissement du Mont Cenis sera unique de son espèce. On n'a donc plus à craindre les mêmes inconvénients ni les mêmes dangers. La promesse que l'on fait prêter n'est qu'un moyen légal d'agir sur la conscience et d'engager dans le for intérieur et aux yeux des hommes qui se vouent à un genre de vie trop pénible pour qu'on n'ait pas besoin de les fixer.. »

Les seules conditions imposées par le gouvernement sont les suivantes :

DEBIES.   3

Les moines ne devaient entretenir aucune correspondance ni directe ni indirecte avec un supérieur étranger ni avec aucun autre ordre régulier. Ils seraient soumis à la juridiction de l'évêque diocésain. Tout règlement de discipline intérieure serait soumis au préalable à la sanction gouvernementale. La promesse de stabilité faite à l'entrée ne serait jamais transformée en vœu solennel ou en vœu proprement dit.

Une disposition proposée par Dom Gabet et acceptée donnait pour costume aux religieux l'habit noir avec liséré blanc. L'abbé porterait la croix et les marques honorifiques traditionnelles [1].

L'hospice du Mont Cenis sous la direction de Dom Gabet hospitalisa en novembre 1804 le Pape quand il traversa les Alpes pour venir présider au Sacre de Napoléon et en 1805 l'Empereur lui-même.

En 1804, le Mont était couvert de neige. A l'arrivée du cortège au pied des Alpes, du côté de Suse, on démonta les voitures et l'on plaça le Saint-Père, les cardinaux et les plus notables personnages de sa suite sur des traîneaux décorés et garnis de coussins. Dom Gabet devait retrouver le Souverain Pontife à Paris aux solennités du Sacre, car il y parut en habit religieux, sur sa poitrine la croix abbatiale.

En 1805, ce fut le tour de Napoléon. Au printemps, il partit en effet pour Milan où il devait se voir poser sur la tête la couronne de fer des rois Lombards. Son cortège se composait d'un nombre énorme de voitures à six chevaux. Le 19 avril il arrivait à Lanslebourg et gagnait de suite l'hospice. Surpris par une tourmente de neige, il eut les pieds à demi gelés au point qu'il n'était possible ni de lui ôter ses bottes, ni de les ouvrir par une incision sans toucher aux chairs vives qui adhéraient. Ce fut Dom Gabet en personne qui réussit l'opération. Avant son départ, l'Empereur promit des travaux impor-

1. Archives nationales, F[19] 6292.

tants. Un décret du 1er mai 1805 donna à ces promesses un caractère légal.

L'hospice fut en particulier doté d'une chapelle qui fut décorée d'œuvres religieuses des grands maîtres de la peinture. En même temps que de chapelle pour les moines, l'édifice devait servir d'église paroissiale pour les bergers des environs.

En 1812, le Pape reparut au Mont Cenis. Cette fois, il n'était plus libre comme à l'heure du couronnement. Il était malade, si malade qu'il faillit en mourir au passage.

En novembre 1813 survint la mort de Dom Gabet. La crosse abbatiale passa entre les mains d'un de ses religieux, Dom Marietti qui la garda jusqu'en 1830.

L'hospice du Mont Genèvre fut restauré en 1806 par Napoléon. Ce furent encore des Trappistes qui furent chargés de l'occuper, des Trappistes émigrés, les anciens religieux de la Trappe de Soligny dans l'Orne.

CHAPITRE IV

LES TRAPPISTES

(Suite.)

I

Une des grandes Trappes de l'Ancien Régime était celle de Soligny. En 1790, elle ne comptait pas moins de 73 religieux de chœur, 40 frères convers, 8 novices et 6 frères donnés d'après les manuscrits de la Trappe de Sept Fons. La municipalité de Soligny à laquelle se joignirent les municipalités de Mortagne, de Laigle et de Verneuil tentèrent de la sauver en obtenant pour elle une exception à la loi sur les ordres monastiques. Elle échoua dans ses démarches. Les Trappistes durent donc quitter leur monastère. Mais, à la différence des autres religieux, au lieu de se disperser dans toutes les directions pour reprendre la vie individuelle, ils ne se séparèrent pas et se transportèrent à l'étranger pour y continuer dans un autre monastère la vie régulière qui leur était interdite en France. A leur tête, âme de cet exode audacieux, était le maître des novices Louis Henri de Lestrange du Bosc, en religion Dom Augustin.

Issu d'une vieille famille noble du Vivarais, Dom de Lestrange était né au château de Colombier le Vieux dans l'Ardèche. Entré dans les ordres en 1778, il avait d'abord été attaché à la paroisse de Saint-Sulpice. L'archevêque de Vienne Mgr de Pompignan se l'était adjoint presque aussitôt comme vicaire général. Mais dès 1780, il s'était fait Trappiste et la Révolution l'avait trouvé à Soligny.

C'était un homme hardi, entreprenant, plein d'initiative, soutenu et stimulé par une foi profonde et une ardeur mystique sans égale. Il était de ceux que rien n'arrête, qui foncent sur l'obstacle. On le représente comme très beau, d'une taille avantageuse, d'une figure agréable, doué d'un remarquable talent de parole.

II

Après s'être assuré par des démarches personnelles auprès du Sénat de Fribourg en Suisse de la concession d'une chartreuse abandonnée dans un vallon solitaire nommé « La Val-Sainte », Dom de Lestrange revint chercher ses compagnons au nombre de 25, car on ne lui avait pas permis d'en amener davantage. Ils traversèrent à pied toute la France. Un chariot recouvert d'une simple toile servait au transport des bagages. Pieux Bohémiens, les Trappistes observaient leur règle aussi exactement que dans le cloître, sans rien changer ni à leurs offices, ni à leurs lectures, ni à leurs oraisons ou méditations, ni à la pratique de leurs exercices conventuels. Partis de Soligny le 26 avril 1791, ils n'arrivèrent à la Val-Sainte que le 1er juin suivant.

Érigé en abbaye par une bulle pontificale, leur nouvel établissement devint aussitôt le foyer d'un mouvement monastique dont on a peine à se faire une idée. Il reçut un si grand nombre de recrues que ne pouvant les garder, il en arriva à fonder des filiales à l'étranger, en Espagne, en Piémont, en Belgique, en Angleterre et jusqu'en Amérique.

Des religieuses de différentes communautés avaient elles aussi cherché un asile en Suisse. Dom de Lestrange les réunit tout près de la Val-Sainte dans un couvent qui prit le nom de « La Sainte Volonté de Dieu » en septembre 1796.

Enfin, il groupa autour de lui de 150 à 200 enfants et en forma une sorte de tiers ordre juvénile[1].

« Le monastère de la Val-Sainte au milieu des montagnes et dans le lieu le plus solitaire, écrit l'auteur de la vie de Dom Urbain Guillet, possédait de bons pâturages entourés de bois et de pins au milieu desquels il fallait créer des vergers, un jardin. La maison, bien que d'un aspect convenable au dehors, était à l'intérieur dans le plus grand délabrement. Point de lieux réguliers, si ce n'est le chapitre et le cloître ; point de meubles. Une salle haute servait aux premiers mois de réfectoire. Les tables à manger étaient faites de simples planches dressées sur des troncs d'arbres et tout le reste se trouvait à l'avenant. Du pain de son mêlé d'un peu de farine, des cosses et des tiges de grosses fèves, des feuilles de navets et de raves composaient le plus ordinairement la portion de chacun. Dormant comme ils pouvaient dans les anciennes cellules des Chartreux, sans lits ni couvertures, ils n'avaient de linge et de vêtements que ce qu'ils portaient sur eux. Ils se mirent à fabriquer du pain d'orge et de seigle, mais ce pain de choix fut réservé pour les infirmes et les malades. Pendant dix à douze heures par jour, ils s'appliquaient à de rudes travaux, s'en allant sur la montagne et gravissant les rochers armés de haches, de bêches et de pioches. »

Au commencement de 1798, les armées françaises envahirent la Suisse. Trappistes, Trappistines et enfants du Tiers ordre durent fuir devant elles. Composée de 254 personnes, la petite troupe se partagea en trois groupes : « Les religieux cheminaient à pied devançant les religieuses et s'occupant de trouver un logement pour la nuit. Quand il était besoin de

___

1. *Vie de Dom Urbain Guillet, fondateur de la Trappe de Bellefontaine* par un Trappiste (*Passim*).

faire reposer les chevaux, on s'asseyait sur le bord d'un chemin ou dans un pré pour y entendre une lecture ou réciter l'office. Trouvait-on une source ou quelque fontaine, la caravane s'arrêtait tout près de là pour y allumer du feu, dresser la marmite et faire cuire les légumes. On trempait la soupe dans des écuelles de bois, vaisselle qui ne casse pas comme la porcelaine et qu'on pourrait empiler impunément dans les voitures. La même écuelle recevait ensuite la même portion de légumes.

« La communauté réunie pour la marche se divisait en trois parts : Les religieux en tête sur deux lignes ; après eux les frères convers dans le même ordre, puis, un peu en arrière, marchaient les enfants du Tiers ordre avec leurs professeurs. Les religieuses qui venaient en dernier lieu étaient rangées et marchaient à peu près de la même manière. Tous récitaient l'office aux heures canoniales avec trois chapelets par jour ; de temps en temps, un repos d'un quart d'heure. Quand le soir on arrivait au lieu où l'on devait passer la nuit dans une auberge, dans une grange ou dans une abbaye, on allait d'abord à l'église chanter le *Salve Regina*. »

C'est ainsi que furent traversées la Bavière, l'Autriche, la Pologne et qu'après d'indicibles souffrances fut atteinte la Russie. Là, grâce à l'influence d'une Trappistine, la princesse Louise de Condé, les émigrants reçurent du Tzar Paul Iᵉʳ un excellent accueil. Il les hospitalisa à Orcha dans des monastères abandonnés.

Dix-huit mois plus tard, tout le monde dut se remettre en route pour un nouvel exode en sens opposé. Le Tzar, changeant soudain de sentiments, mit en demeure de quitter ses États tous les émigrés auxquels il avait donné d'abord un généreux asile, sans faire d'exception ni pour les religieux, ni pour les religieuses.

Les Trappistes se divisèrent alors. Un certain nombre d'entre eux allèrent se joindre à leurs confrères du monastère de Darfeld fondé en 1795 près de Munster ; d'autres restaurèrent Westmale en Westphalie ; quelques-uns créèrent le monastère de Liboire ou de Velda. Lorsque plus tard les Prussiens supprimèrent les Trappes dans leur royaume, un certain nombre de religieux passèrent en Amérique. Le surplus revint au point de départ de cette extraordinaire émigration.

Quant aux Trappistines, réparties en deux groupes, elles créèrent en Angleterre le monastère de Stappe-Hill ou se réfugièrent près des religieux de Darfeld.

Une des religieuses qui participa à cette incroyable odyssée a rédigé un journal où sont consignés tous les incidents de route. Ce journal a été conservé.

De retour dans leur monastère de la Val-Sainte, les Trappistes de Dom de Lestrange étaient bien sur une terre étrangère, mais à la porte de l'Empire, ils n'échappaient pas à la surveillance de l'Empereur. La police impériale avait toujours les yeux fixés sur eux et les autorités helvétiques de Fribourg étaient souvent saisies par la voie diplomatique de récriminations à leur sujet. Presque toutes les plaintes formulées contre eux sont relatives à la Conscription. Ce sont en effet presque toujours les mêmes bruits qui circulent. Des jeunes gens s'expatrieraient pour ne pas porter les armes et les moines les accueilleraient. On les congédie, mais tous ne sont pas partis, paraît-il. Nouvelles instances auprès du Sénat Fribourgeois. L'ambassadeur de France intervient en personne. Mais Dom de Lestrange ne s'émeut pas et oppose une vigoureuse et habile résistance.

III

L'abbé de la Val-Sainte a cessé d'être un de ces moines proscrits, un de ces outlaws qui partout où pénètrent les Français doivent s'enfuir pour se soustraire à l'application des lois révolutionnaires. Il est devenu un personnage officiel, presque un fonctionnaire religieux. Ses moines s'étant en partie transportés en Ligurie pour ne pas être en surnombre près de Fribourg, Napoléon avait eu l'occasion de rencontrer à Gênes Dom de Lestrange. Les détails manquent sur cette entrevue. On sait seulement qu'ils se virent et qu'ils prirent en commun des arrangements. Une forte personnalité telle que celle de cet Ulysse aussi énergique qu'ingénieux n'était pas de nature à déplaire à l'Empereur. D'ailleurs, nécessité fait loi. Il fallait des moines au Mont Genèvre. L'abbé offrit ses moines. On les accepta. Dans quelles conditions furent-ils accueillis ? On ne sait trop. Quand il s'agit de moines, Napoléon hanté par sa phobie ne s'aventure jamais. Il ne va pas jusqu'aux arrêtés et aux décrets.

Il y a des relations officielles consécutives d'engagements positifs de part et d'autre, mais ces engagements demeurent en marge de la législation révolutionnaire toujours en vigueur en droit. Dom de Lestrange devient si bien un agent à la solde du gouvernement et par moments fort en cours auprès de lui, qu'il a ses grandes et petites entrées à Paris, en particulier auprès du ministre des Cultes et du ministre de la Guerre. Quand se produisent des difficultés malaisées à résoudre à distance, il va frapper à la porte de Portalis ou de Lacuée, le directeur de la conscription. Il s'aventure même à la police générale. Il négocie, obtient parfois des promesses, des faveurs. C'est quelqu'un que ce moine, ce Napoléon des Trappistes avec lequel a traité l'autre Napoléon.

Dans les ministères, on promet et l'on ne promet pas à la fois. En 1807, Dom de Lestrange en vue du recrutement de son noviciat a obtenu des mesures de faveur ou croit les avoir obtenues. « J'ai été hier, écrit-il au secrétaire de la légation de France, chez le ministre de la Guerre. Il m'a dit que notre maison ne saurait être compromise et que je pourrais obtenir l'exemption de quelques jeunes gens, du ministre des Cultes. J'ai passé une partie de la soirée chez M. Portalis. Il m'a dit qu'on écrirait à son Excellence l'ambassadeur en Suisse. Si j'avais pu donner la liste de ceux qui veulent embrasser la carrière ecclésiastique, elle aurait été envoyée demain à Sa Majesté [1] ».

Le gouvernement ne répudie pas tout à fait sa parole, mais il ne s'agit pas à ses yeux d'engagements fermes et surtout inconditionnels. Les moines de la Val Sainte ont à Gênes une maison autorisée par l'Empereur sous cette réserve qu'ils desserviront l'hospice du Mont Genèvre. « Lorsque cette construction sera établie, Sa Majesté pourra accorder quelques exemptions aux jeunes gens qui se voueraient à cet état à la condition de l'entretien exact de l'hospice. Mais le temps d'épreuve ne pourra se faire à l'étranger parce qu'il pourrait servir de prétexte aux jeunes gens qui tenteraient par ce moyen de se soustraire à la conscription. Les Trappistes de la Val Sainte paraissent de bonne foi et ils se conformeront probablement aux représentations faites [2]. »

Les jeunes gens suspects durent quitter la Val Sainte. On leur délivra des passeports pour regagner leurs foyers. La police surveilla à la fois leur départ et leur arrivée. Des visites opérées par les magistrats de Fribourg à la requête de l'ambassade de France établirent qu'il avait été obéi aux injonctions antérieures. Finalement, pour plus de garanties, il fut établi qu'à l'avenir aucun Français ne serait admis qu'en présentant le consentement authentique de ses parents et l'autorisation motivée du préfet du département [3].

La même tolérance s'étendit en Belgique à la Trappe de Westmale et en Wesphalie à celle de Darfeld. La première était d'ailleurs la plus peuplée. L'état de son personnel tel qu'il fut contrôlé en 1811 par le préfet des Deux-Nèthes lors de la suppression de l'établissement, ne signale que 21 membres dont seulement deux religieux de chœur. Les autres n'étaient que des frères convers ou des domestiques [4].

1. D'Hauterive, *La Police secrète du Premier Empire*, bulletin du 18 février 1807, n° 416, tome III, p. 159.
2. *Ibidem*, bulletin du 10 mars 1807, n° 470, tome III, p. 179.
3. *Ibidem*, bulletin du 5 mai 1807, tome III, p. 237.
4. Archives nationales, F¹⁹ 6294.

IV

A côté des Trappistes des Hautes Montagnes placés en
sentinelles aux sommets du Mont-Cenis, du Simplon, du
Mont Genèvre, de tous les passages des Alpes où il y avait à
exercer les grands offices de la charité, l'Empire conserva
quelques autres Trappistes dont la présence inexpliquée et
inexplicable pour qui connaît les principes Napoléoniens, est
un sujet d'étonnement. Ce sont les religieux de Valenton sur
la commune d'Yerres en Seine-et-Oise et les religieux du
Mont Valérien à la porte même de Paris. On se perd en con-
jectures sur les motifs de cette indulgence exceptionnelle.

Un rapport du maire d'Yerres du 18 mai 1811 retrace som-
mairement l'histoire de l'établissement dans cette commune.
Vers 1803, toute une colonie mixte de religieux Trappistes
et de religieuses Trappistines vint s'installer dans les bâtiments
laissés vacants par d'anciens ermites connus sous le nom de
Camaldules. Elle avait à sa tête un sieur Desnoyers qui se
livra à des dépenses excessives et eut des démêlés avec les
tribunaux. Il dut quitter le pays faute de considération et fut
remplacé par un moine du nom de Rodé originaire d'Alençon,
mais arrivant de Gênes. Avec lui tout changea. Les
hommes et les femmes primitivement réunis furent séparés.
Enfin arriva un dernier supérieur.

Tandis que les moines demeurèrent à Yerres, les moniales
s'établirent à Valenton.

Avant la Révolution, le Mont Valérien s'appelait aussi le
Mont Calvaire. Situé sur la paroisse de Nanterre, il apparte-
nait à une association de Trappistes connus sous le nom de
Frères du Mont Valérien. Cette association fut dispersée et le
Mont fut aliéné.

A la fin de 1806, le ministre des Cultes reçut du vicaire
général d'Astros une demande de rétablissement de l'ancienne

association religieuse. Elle était signée de ses ex-membres qui sollicitaient la faculté de racheter le Mont pour le rendre à sa destination première. Le monastère fut en effet acheté mais par un prête-nom. On rétablit la chapelle. Il n'y eut point d'autorisation de réunion d'accordée par le gouvernement aux religieux signataires, mais ils ne s'installèrent pas moins. Les pouvoirs publics fermèrent les yeux[1].

Les Parisiens du Premier Empire étaient sans nul doute fort indifférents à la présence ou à l'absence de Trappistes au Mont Valérien, mais ils étaient en revanche fort attachés au Mont lui-même. Il avait pour eux une valeur idéale. Sous l'Ancien Régime, dans les mois de mai et de septembre, ils s'y rendaient en foule en pèlerinage et cette dévotion d'après un rapport officiel du temps de Louis XVIII datait de l'époque de l'établissement du Christianisme en Gaule. Ce fut peut-être pour faire plaisir aux Parisiens que Napóléon donna à ses ministres l'ordre de se montrer aveugles. L'acquéreur véritable n'était autre que Dom de Lestrange. L'empereur ne l'ignorait peut-être pas. Les Trappistes lui rendaient dans les Alpes de réels services qu'il pouvait bien en retour tolérer la présence de quelques-uns d'entre eux à la porte de sa capitale.

La croix avait été enlevée. Une croix nouvelle fut plantée à la place de l'ancienne. Les chapelles de stations qui y conduisaient furent rétablies. Le 3 mai 1805, à la grande joie de la population parisienne, la fête de l'Invention de la croix fut célébrée au milieu d'un grand concours de fidèles avec tout l'éclat d'autrefois.

1. Archives nationales, F19 6291.

CHAPITRE V

LES TRAPPISTES

(*Fin.*)

I

La guerre entre l'Empereur et le Pape avec ses dramatiques péripéties dont la plus dramatique est l'enlèvement du chef de l'Eglise et son incarcération à Savone, répandit dans l'Empire une perturbation profonde. Si une partie du clergé se soumit ou feignit de se soumettre, une autre part se déclara ouvertement pour le Souverain Pontife contre Napoléon. Le Supérieur général des Trappistes Dom Augustin de Lestrange, avec l'énergie et la décision qui étaient dans sa nature, n'hésita pas à se lancer dans la mêlée. Il le fit avec éclat, par une sorte de défi public sans s'inquiéter des conséquences au point de vue de l'existence des Trappes, de la sécurité des Trappistes et de sa sauvegarde personnelle.

L'un des plus importants établissements soumis à sa juridiction était le monastère de la Cervara près de Gênes. C'était là qu'avait été installé le séminaire ou noviciat destiné à assurer le recrutement des moines du Mont Genèvre. A sa tête se trouvait un Prieur, Dom Burdel. Les religieux de la Cervara, par celà même qu'ils étaient devenus comme des fonctionnaires impériaux, avaient prêté le serment de fidélité traditionnel. Pour protester hautement contre l'attitude de l'Empereur à l'égard de Pie VII, Dom de Lestrange ordonna au prieur et à ses religieux de rétracter solennellement leur serment. L'ordre fut exécuté.

« Ne suffit-il pas, avait-il écrit, pour décider la question et vous faire sentir combien vous êtes coupables dans ce serment des Constitutions de l'Empire, de savoir que le fameux sénatusconsulte par lequel Rome est enlevée au Pape, et sans autre forme de procès, réunie à l'Empire, est une Constitution de l'Empire? Vous est-il permis de jurer une injustice comme celle-là et une usurpation semblable? Que pourrais-je vous dire encore? »

Suivaient des intructions précises sur la conduite à tenir.

Les sanctions ne se firent pas attendre. Un décret impérial du 28 juillet 1811 institua une commission militaire à l'effet de juger le Prieur de la Cervara, Dom Burdel et ses religieux. Elle se réunit le 1er août dans la salle de recrutement de la préfecture de Gênes.

Hugues Burdel, dit Frère François de Sales, né à Anse (Rhône), âgé de 42 ans, comparut devant les officiers chargés de le juger ainsi que ses subordonnés. Il était prévenu « d'avoir le 16 juillet précédent donné au public le signal de la rebellion et provoqué par ses discours à la sédition. » Il se présenta « libre et sans fers ». Un défenseur officieux l'assistait.

A l'unanimité les juges prononcèrent une condamnation à six années de bannissement[1].

Napoléon avait sans doute attendu plus et mieux de la Commission. Il ne lui fallut qu'une signature non pas pour

---

1. Archives nationales, F⁷ 6558, dossier 2358.

adoucir la peine, mais pour l'aggraver. Le bannissement, c'était la liberté hors de l'Empire et il y substitua l'incarcération dans l'Empire.

A la fin de 1811, les vingt-sept Trappistes de la Cervara furent transportés dans l'île de Caprara. Quant au Prieur, après une courte détention à Gênes, il fut déporté en Corse et incarcéré dans la prison de Corte où ses moines vinrent bientôt le rejoindre. Ils s'y trouvaient encore à l'heure de la Première Restauration.

Dans toute une série de lettres interceptées par la police qui ont été conservées, Dom Burdel donne à son Supérieur général les détails les plus précis sur la situation qui lui est faite ainsi qu'à ses co-détenus au Château de Corte. Le curé de Corte eut beau accompagner ces doléances du plus grand éloge des prisonniers, il eut beau déclarer « qu'ils professent les principes des libertés de l'Eglise gallicane, qu'ils sont dans la communion du clergé français et qu'ils ont donné au peuple l'exemple de la soumission aux lois, de la fidélité et du dévouement à notre auguste souverain ». Il ne fut pas apporté aucune amélioration à leur sort[1].

Une intervention plus haute n'eut pas plus de succès en 1812, celle du cardinal Spina. Dom Burdel soutint en vain qu'il n'avait été qu'un simple agent d'exécution, qu'il n'avait fait que se conformer à la prescription impérieuse de l'obéissance monastique : « On m'a condamné, écrivait-il au cardinal archevêque de Gênes, comme provocateur à la rébellion. Hélas ! Comment ai-je pu mériter une telle sentence ! Nous avons signé une rétractation telle qu'elle nous fut envoyée par notre Révérend Père Abbé. D'ailleurs, nous l'avons envoyée à M. le Préfet sans la publier en aucune façon. Ce que j'ai dit en public est entre les mains de votre grand vicaire... Tout en obéissant aux ordres reçus, j'y parle avec respect de Sa Majesté Impériale et Royale... Toutes les

____

1. Archives nationales, F7 6558, dossier 2358.

calomnies dont on m'avait d'ailleurs chargé sont tombées d'elles-mêmes, et je puis dire avec Saint-Paul : « Nihil mihi « conscius sum. [1] »

L'auteur responsable de la rétractation des moines de la Cervara n'était en effet autre que Dom de Lestrange leur abbé. Napoléon ne l'ignorait pas, et c'était faute de pouvoir atteindre le chef en personne qu'il avait fait frapper son subordonné immédiat. Les ordres les plus sévères avaient été donnés à la police en vue de son arrestation. On le tenait même à la veille de la manifestation de la Cervara. Il était alors à Bordeaux en train de préparer le départ pour l'Amérique de quelques religieux et religieuses, et le maire de Bordeaux l'avait retenu en surveillance. Mais si l'acte de rébellion des Trappistes était en train de s'accomplir, il n'était pas encore accompli. On le relâcha donc tout en continuant de le surveiller.

Qu'aurait fait l'Empereur s'il l'avait tenu ? Le premier mouvement de Napoléon, comme en témoigne une lettre au ministre de la Police Savary en juillet 1811, avait été de faire passer par les armes le prieur de la Cervara et ce fut seulement après réflexion qu'il se contenta de le traduire devant une commission militaire dont il attendait autre chose qu'un simple verdict de bannissement. Dom de Lestrange aurait donc couru le risque d'être fusillé avec ou sans comparution devant des juges militaires. On pensait qu'il se dirigerait vers la Suisse pour rentrer à Fribourg. Il ne commit pas cette imprudence escomptée par le duc de Rovigo. A la fin de 1812, sans que l'on sût ce qu'il était devenu dans l'intervalle, il avait fait une apparition à Lyon. Sans un ami officieux qui pour lui faire comprendre sans se compromettre la nécessité de s'enfuir au plus vite, lui avait envoyé un éperon, il eût été arrêté [2]. Il revêtit un uniforme d'officier, passa la frontière sans encombre et se rendit en Russie ou fit croire

1. Archives nationales, F⁷ 6558, dossier, n° 2358.
2. Léon Lecestre, *Lettres inédites de Napoléon*, tome II, p. 249 et 250.

qu'il s'y était rendu. Il ira jusqu'en Amérique. On n'en persistait pas moins à le chercher à Paris. Les meilleurs limiers
ne parvinrent pas à s'emparer de cette proie de choix.

II

Cette fois entre l'Empereur et les Trappistes ce n'était plus
la paix, c'était la guerre. Dès le 28 juillet 1811, à la première nouvelle des événements de la Cervara, Napoléon avait
rendu un décret prescrivant la fermeture des Trappes dans
toute l'étendue de l'Empire y compris le Mont Genèvre.
Toutes les concessions antérieurement faites aux Trappistes
étaient rapportées [1].

Les mesures de rigueur suivirent immédiatement. Dès les
premiers jours d'août 1811, la Trappe de Westmalle dans le
département des Deux-Nèthes fut fermée. Les moines furent
expulsés et obligés de se disperser. Par bienveillance, le préfet avait maintenu dans l'établissement sous l'habit séculier
quelques religieux infirmes ou très âgés ainsi que les domestiques chargés du défrichement des terres environnantes. Il
lui fut enjoint de revenir sur ces dispositions. « Il n'est point
en mon pouvoir, lui écrivit le ministre de l'Intérieur, de mo-
difier en aucune façon les injonctions du décret ; son exécution
doit être pleine et entière [2] ».

Le préfet d'Argenson avait en vain plaidé la cause des
Trappistes, alléguant « qu'il n'y avait parmi eux aucun homme
remarquable par ses talents ou par son fanatisme », qu'il n'y
avait là que « des ignorants, des esprits faibles ou frappés
qui sont devenus un fardeau pour la société et pour les
familles », que « réduits à 15 ou 20, par exemple, avec défense
de recevoir des novices, ils ne feraient de mal à personne et

1. Archives nationales, F7 6558, dossier, n° 2358.
2. *Ibidem*, F19 6291.

seraient utiles au canton dont ils commençaient à défricher utilement les terres [1] ».

La Trappe de Darfeld n'obtint pas non plus plus de sursis et le gouvernement se montra particulièrement rigoureux à l'égard de son supérieur, Dom Eugène de la Prade. Ordre lui avait été signifié de se rendre à Carcassonne, sa ville natale où il resterait en surveillance, et un itinéraire précis lui avait été assigné. Il s'était attardé à Arras, avait dit sans autorisation la messe dans une maison amie. En mars 1813, il n'était pas encore arrivé à destination et le ministre se préoccupait toujours de sa personne.

Les Trappistes de la Val-Sainte furent dispersés sans disposer de la faculté de choisir eux-mêmes leur résidence. Chacun d'eux fut mis en demeure de regagner de suite son lieu de naissance. Les préfets des départements où ils devaient se fixer sous les yeux des autorités locales, furent chargés de prévenir le gouvernement de leur arrivée [2].

Le 9 août 1811, par une dépêche au ministre des Cultes, le préfet de Seine-et-Oise fit connaître que le décret du 28 juillet était entièrement exécuté dans son département. Le sous-préfet de Corbeil avait opéré la fermeture du monastère des Trappistes d'Yerres et de celui des Trappistines de Valenton [3].

Enfin, dès le 6 août, la police avait opéré au Mont Valérien. Les trois croix plantées sur le Mont avaient été enlevées et placées dans la cour. En parcourant en tous sens le monastère, on n'y avait découvert que deux occupants. L'un était un ancien ermite nommé Frère Arsène qui était resté là même au plus fort de la Révolution. L'autre était un sieur Dedienne, ancien commandeur de l'ordre de Malte. Il était venu depuis peu en qualité de régisseur des biens ruraux. Quant aux moines, ils n'avaient pas attendu la descente de

1. Archives nationales, F[19] 6291.
2. *Ibidem*, F[7] 6558, dossier, n° 2358.
3. *Ibidem*, F[19] 6291.

l'inspecteur général de la police et du commissaire de Nanterre. Ils étaient partis depuis trois mois dans les directions
les plus diverses. D'aucuns avec des passeports avant le
décret du 28 juillet avaient même pris le chemin de l'Amérique [1].

Le gouvernement lui-même avait favorisé cet exode. Déses-
pérant d'avoir raison de ces moines tant qu'ils resteraient sur
le territoire de l'Empire, le ministre de la police générale dans
un rapport du 9 juillet 1811 écrivait à Napoléon : « Je prie
Votre Majesté d'examiner s'il ne conviendrait pas de tolérer
l'embarquement des prêtres et religieux. Ce serait peut-être
le moyen d'éloigner des hommes dont le fanatisme ultramon-
tain pourrait être plus dangereux en France et même dans
les États voisins que dans le Nouveau Monde. » Et Napoléon
griffonnait en marge le 19 juillet : « L'encourager (le départ
pour l'Amérique) tant que l'on pourra. Y envoyer les prêtres
les plus fanatiques [2]. »

Les Trappistes devaient reparaître environ trois ans plus
tard, mais c'était alors l'Empereur qui s'embarquait d'abord
pour l'île d'Elbe, puis pour Sainte-Hélène.

1. Archives nationales, F⁷ 6558, dossier, n° 2358.
2. *Ibidem*, F⁷ 6558, dossier n° 2358.

CHAPITRE VI

LES PÈRES DE LA FOI

I

En 1791, une demi-douzaine de jeunes nobles émigrés, officiers de l'armée de Condé, se retirèrent chez le curé d'Osterat dans le duché de Luxembourg qui leur donna asile, et là, sous la direction de l'un d'entre eux, celui qui les avait entraînés, Léonor de Tournely, commencèrent à mener une vie mystique qui était celle d'une sorte de congrégation religieuse. L'association n'avait encore ni nom, ni règle, ni but déterminé. Elle était seulement destinée à satisfaire la ferveur de ceux qui la composaient. Le principal de ses membres avec le fondateur était Charles de Broglie. Plus tard vint se joindre à eux un compagnon destiné à jouer un grand rôle puisqu'il allait devenir leur chef. Il s'appelait Varin de Solmon.

La Belgique fut envahie en 1793 et l'avance des armées françaises était telle que la petite colonie dut se replier en toute hâte devant elles et se retirer à Anvers. Ce fut là que se précisa le dessein des associés. Que voulaient-ils être ? Quelle congrégation se proposaient-ils de faire revivre ? Ils ne prirent aucun nom d'une congrégation ancienne, et à leur société donnèrent un nom nouveau, celui de Société du Sacré-Cœur de Jésus.

Les fondateurs, quoi qu'on ait pu dire, n'étaient nullement des Jésuites. Aucun d'entre eux non plus qu'aucun de ceux qui à des dates diverses vinrent grossir leurs rangs, n'avait jamais appartenu à la Compagnie de Loyola. La liste officielle des adhérents telle qu'elle a été dressée par le P. Varin et remise par lui au ministre de la Police générale Fouché en fait foi et apporte à cet égard une preuve décisive. Mais tous, dès l'origine, furent inspirés par l'esprit, par les traditions, par la règle même des Jésuites et tous, après la chute de Napoléon, dès que la chose devint possible, se firent Jésuites. En réalité, leur petite congrégation était une congrégation d'attente. Suivant la marche des événements, elle prendrait plus tard telle ou telle forme.

II

D'Anvers, les Pères du Sacré-Cœur s'étaient transportés à Louvain presque aussitôt après avoir quitté le Luxembourg. Ils s'installèrent dans une maison de campagne qui leur fut donnée par un banquier. C'était un ancien immeuble des Jésuites. Louvain devint ainsi le berceau de l'association et ce fut l'abbé Léonor de Tournely qui fut désigné comme supérieur. Les membres n'étaient pas alors plus de sept et sur les sept, cinq avaient été militaires.

Louvain comme Osterat, comme Anvers, ne devait être qu'une étape passagère, car la destinée des jeunes congréganistes qui avaient troqué l'épée contre la croix était d'être toute leur vie des errants. La Belgique étant devenue Française, il leur fallut la quitter en toute hâte. En 1794, à pied, un sac sur le dos, partageant leurs journées entre la messe, le bréviaire, le chapelet et de pieuses conversations, ils se rendirent en Bavière. Au bout de cinq semaines ils arrivèrent à Augsbourg. L'évêque d'Augsbourg, électeur de Trèves, leur

fit un bon accueil et au mois d'août ils s'établirent à Leuterhofen à la porte même d'Augsbourg. Là ils reçurent quelques
recrues et leur effectif se trouva porté à dix ou douze. Ils
avaient recueilli des frères lais et dès lors, ils n'eurent plus
tout à faire comme au début.

A Leuterhofen eut lieu l'organisation proprement dite de la
société. A leurs vœux de la première heure ils en ajoutèrent
un autre, celui d'obéissance au Souverain Pontife, et par là ils
firent un pas de plus dans le sens de la Compagnie de Jésus.

En 1795, sans s'éloigner d'Augsbourg, ils se transportèrent
dans une autre maison à peu près à la même distance de la
ville que la première, à Goggingen.

Les armées françaises qui les avaient déjà chassés de la
Belgique les chassèrent de même de l'Allemagne. Le général
Moreau approchait en vainqueur avec le général Jourdan. Ils
durent s'enfuir. Alors, au nombre de seize, après un séjour de
six semaines à Passau, ils arrivèrent à Neudorf près de
Vienne le 9 septembre 1796. L'empereur d'Autriche consentit
à faire mettre à leur disposition un monastère abandonné, à
Hagenbrunn, à trois lieues de Vienne et ils s'y fixèrent à
Pâques 1797. Ce fut là que quelques mois plus tard, le 9 juillet, mourut le Père Léonor de Tournely. Le Père Varin fut
choisi pour le remplacer.

A partir de ce moment, toute la vie de la congrégation est
dominée par la personnalité de son nouveau et définitif supérieur, le P. Varin. Ce sera lui qui, installé au gouvernail, le
tenant d'une main à la fois ferme, habile et expérimentée,
dirigera la barque à travers les écueils les plus divers. « Flu-
tuat nec mergitur », telle est la devise qu'il aurait pu donner
à sa société.

III

Le P. Varin était Bisontin. Il était né à Besançon le 7 février 1769. Son père Varin d'Ainville était conseiller au Par-

lement de Franche-Comté. Poussé de bonne heure par une
ardente foi religieuse, il était entré au séminaire de Saint-
Sulpice dirigé par l'abbé Emery et s'y était rencontré avec les
jeunes Charles et Maurice de Broglie, de Villèle, depuis archevêque de Bourges, de Tournely, de Sambucy, de Grivel. Les
trois derniers devaient être ses associés dans l'œuvre des Pères
du Sacré-Cœur. La Révolution interrompit ses études et il
émigra. Enrôlé dans l'armée de Condé, il fit les deux campagnes de 1793 et de 1794.

On ne saurait mieux retracer la biographie de cet intrépide
et souple militant qu'en l'empruntant à une lettre du 24 janvier 1808 où il retrace lui-même au ministre de la police générale son existence. Les débuts de sa vie se confondent avec
ceux de l'association [1].

« Né dans le diocèse de Besançon, dit-il, et appelé dès ma
jeunesse à l'état ecclésiastique, je fus envoyé à l'âge de dix-
sept ans par M. l'archevêque de Besançon au séminaire de
Saint-Sulpice à Paris. J'y restai quatre ans et en sortis en
1789 dans le moment où les troubles qui commencèrent la
Révolution firent craindre la dissolution prochaine du séminaire. Je passai deux ans dans ma famille et j'émigrai en
1791, ecclésiastique, clerc minoré, mais non pas engagé dans
les ordres sacrés. Entraîné par l'exemple des jeunes gens de
ma province, j'entrai dans un des corps que commençaient à
former en Allemagne les princes français.

Ayant rencontré en 1794 par une des circonstances les plus
heureuses de ma vie, M. de Tournely, mon ami et mon con-
temporain du séminaire de Saint-Sulpice, il m'ouvrit les yeux
sur le changement de ma vocation et me décida à reprendre
sur-le-champ l'état ecclésiastique. Ce ne fut qu'après ma décision qu'il me fit connaître le projet qu'il avait de former sous
le nom du Sacré-Cœur de Jésus une association de jeunes
ecclésiastiques français qui se prépareraient dans la solitude à

1. Archives nationales, F¹⁹ 6287.

se rendre utiles à leur patrie lorsque des temps plus heureux leur permettraient d'y rentrer.

« Nous nous trouvâmes d'abord au nombre de six : l'abbé de Tournely qui se trouvait à notre tête, son frère plus jeune que lui et depuis quelques années officier d'infanterie ; M. l'abbé Charles de Broglie qui plusieurs années avant la Révolution avait quitté le militaire et le monde pour entrer au séminaire de Saint-Sulpice ; M. Chalopin âgé d'environ seize ans qui sortait des corps militaires nouvellement formés, M. le Blanc âgé de 16 à 17 ans qui sortait également de l'état militaire où il était engagé depuis peu ; et enfin je complétai le nombre de six ayant été reçu le quatrième. »

Du caractère, de la nature du P. Varin, on ne sait rien et il est seulement possible d'évoquer son image d'après ses actes. De son existence tout entière il ressort qu'il fut tout à la fois un homme d'action et un homme de contemplation. Ces deux dons paraissent souvent être opposés l'un à l'autre et s'exclure. En réalité chez certains ils s'appellent l'un l'autre, s'allient et se complètent. C'est à la source de la foi que de grands mystiques vont puiser les forces qui les soutiennent, qui les dirigent dans leurs entreprises. Dès qu'il fut à la tête de la société du Sacré-Cœur de Jésus, le P. Varin eut comme première et principale pensée de lui faire acquérir par l'approbation pontificale le caractère essentiel qui lui avait manqué jusqu'alors pour la transformer aux yeux de l'Eglise en une véritable congrégation régulièrement constituée. A cet effet il se rendit à Constance où s'étaient réfugiés le cardinal de Juigné, archevêque de Paris et un certain nombre d'évêques émigrés et leur soumit un mémoire en faveur de son association. Trente évêques y compris l'archevêque le signèrent. Le mémoire fut envoyé au pape le 1er août 1798 et le mois suivant le Saint-Siège fit connaître qu'il « applaudissait à la fondation de la société et approuvait son objet[1] ».

1. P. Achille Guidée, *Vie du R. P. Varin* (*Passim*).

CHAPITRE VII

LES PÈRES DE LA FOI

(Suite.)

I

Au moment même où en Autriche avec le P. Varin s'affermissait et se développait la société des Pères du Sacré-Cœur, qui grossie par des recrues avait dû créer à Prague une maison annexe, filiale de celle d'Hagenbrunn et s'était enrichie d'un pensionnat bientôt très fréquenté et très renommé, se fondait parallèlement une société similaire. Son fondateur s'appelait Pacanari.

Nicolas Pacanari originaire du diocèse de Tarente tenait à la fois de l'aventurier et du moine, tantôt l'un, tantôt l'autre, parfois même les deux en même temps. Sa vie était pleine de contrastes. Après s'être destiné au commerce, il était devenu militaire et avait ensuite quitté l'armée pour retourner au commerce. Finalement, pour subsister, il en avait été réduit à exhiber de ville en ville des curiosités. Cette versatilité se conciliait d'ailleurs chez lui avec une certaine persistance d'instinct religieux. Pacanari se crut un jour appelé à faire revivre la Compagnie de Jésus. Pour cette entreprise, il s'adjoignit quelques prêtres dont deux Français, Halnat du diocèse de Rennes et Epinette du diocèse de Sens. Ses associés et lui après avoir été quelque temps séparés les uns des autres, adoptèrent l'existence en commun et s'organisèrent en congrégation. Après avoir fait des vœux de chasteté, d'obéissance et de soumission au Souverain Pontife, ils s'installèrent en communauté à Spolète en janvier 1798. L'approbation pontificale suivit. La société prit le nom de Compagnie de la Foi de Jésus. Pacanari qui sur ces entrefaites avait été arrêté par ordre du gouvernement républicain fut relâché.

C'est alors qu'à la suite d'entretiens avec les Pères du Sacré-Cœur d'Hagenbrunn et les Pères de la Foi de Jésus de Spolète eut lieu une fusion entre les deux sociétés. Pacanari fut reconnu comme supérieur général et les profès du Sacré-Cœur renouvelèrent leurs vœux entre ses mains. On était en 1799. Cette fusion s'accompagna d'une colonisation. Les Pères de la Foi sous leur titre nouveau essaimèrent à la fois en Allemagne où ils eurent des établissements à Dillingen, à Augsbourg et à Paderborn, en Hollande où ils s'installèrent à Amsterdam, en Angleterre, en Suisse, jusqu'en Moravie. Par là ils prenaient un air de plus en plus complet de ressemblance avec la cosmopolite compagnie de Jésus.

II

La France n'avait pas été oubliée et ce fut le P. Varin qui fut désigné comme chef du groupe destiné à son pays d'origine. Pour rentrer il fit tout le voyage à pied accompagné d'un seul compagnon, le P. Roger. C'était l'époque où les prêtres émigrés revenaient en masse par toutes les frontières de terre et de mer. Malgré l'absence de passeports les deux voyageurs ne furent pas inquiétés. Le P. Varin au passage alla même rendre visite à sa famille à Besançon. Le préfet du Doubs, Jean Debry, auquel il expliqua sa situation ferma les yeux sur son séjour.

Qu'allaient faire à eux deux ces représentants d'une congrégation née à l'étranger dans des conditions alors comme aujourd'hui obscures et soumis à un supérieur général appartenant à une autre nation ? Leurs débuts dans la capitale furent, volontairement sans doute, humbles et sans éclat. Sur le conseil de l'abbé Emery et des vicaires généraux du diocèse ils résolurent de commencer modestement leur apostolat par les hopitaux de Paris. Justement l'hôpital de la Salpêtrière venait depuis peu d'être rouvert officiellement aux ministres du culte. Il n'y avait pas moins de 6 000 malades dans cet hôpital. Le P. Varin et le P. Roger s'offrirent comme auxiliaires et furent agréés. Ils se donnèrent à ce travail évangélique.

D'ailleurs, ils étaient soutenus matériellement et moralement. Venus sans aucunes ressources, installés rue du Pot-de-Fer dans un petit appartement, ils trouvèrent des protectrices, entre autres la nièce de l'archevêque d'Aix, Champion de Cicé. Compromise dans l'affaire de la Machine infernale, M^llo de Cicé avait été à cette occasion l'objet d'une descente de police. En perquisitionnant chez elle on y découvrit une bourse avec cette suscription : « Bourse de ces Messieurs ». Ces Messieurs, c'étaient les deux Pères de la Foi, mais les policiers étaient plutôt portés à penser qu'il s'agissait des auteurs du complot. Mlle de Cicé, par crainte de découvrir le P. Varin et le P. Roger, refusa de s'expliquer et ce furent eux qui pour ne pas l'exposer à des poursuites révélèrent la véritable destination de la bourse en se faisant connaître eux-mêmes. Ils ne furent pas inquiétés et l'affaire en resta là[1].

L'œuvre des malades de la Salpêtrière n'absorbait pas à elle seule toute l'activité du P. Varin, de son premier auxi-

---

1. P. Achille Guidée, *Vie du R. P. Varin* (*Passim*).

liaire et de quelques recrues qui étaient venus se réunir à lui. L'évangélisation de la Salpêtrière c'était l'œuvre du dehors destinée à rassurer les pouvoirs publics tout en faisant au point de vue religieux le plus grand bien ; mais il y avait à côté une autre œuvre d'un tout autre genre, une œuvre du dedans, œuvre mystique que le supérieur des Pères de la Foi avait grandement à cœur et à laquelle allait toute sa prédilection.

L'un des plus dévoués collaborateurs du P. Varin était le P. Barat. Le P. Barat avait une jeune sœur dont la première pensée avait été d'entrer au Carmel mais dont la vocation prit bientôt une autre direction. Ce fut sa rencontre avec les Pères de la Foi par l'intermédiaire de son frère qui l'amena à devenir elle-même la fondatrice d'une congrégation nouvelle. Cette congrégation qui prit le nom de Dames du Sacré-Cœur avait placé son berceau à l'ombre de la société des Pères de la Foi qui veillaient sur ses premiers pas[1].

Un autre dessein, un dessein très important remplissait en outre l'esprit du P. Varin : « Pendant ce temps, écrit-il dans son mémoire de janvier 1808 remis au ministre de la police générale, quelques jeunes ecclésiastiques s'étaient réunis à nous. Nous crûmes pouvoir faire un essai pour l'éducation de la jeunesse. Nous commençâmes à peu près en même temps à Amiens et à Lyon. Un défaut de formalités omises par ignorance ayant fait dissoudre dans cette dernière ville notre petit établissement dès sa naissance, nous le transférâmes quelque temps après à Belley après nous être mis en règle. Celui de Roanne fut formé un an après comme école secondaire, toutes les formes remplies. »

Le P. Varin dans son mémoire à Fouché se montre à dessein très bref parce qu'il doit se montrer très prudent. Ce qu'il passe sous silence est autrement important que ce qu'il dit à mots couverts. Il s'agissait en réalité d'une grande

1. Mgr Baunard, *Vie de la Vénérable Mère Sophie Barat.*

entreprise qui sans nul doute résultait d'une étude sérieuse, supposait des concours, de hauts appuis et constituait après la Révolution une innovation des plus graves parce qu'elle était un hardi retour au passé.

III

Avant la Révolution, l'enseignement qui porte aujourd'hui le nom d'enseignement secondaire était donné dans les collèges par diverses congrégations. Les congrégations ayant été supprimées, par le fait même de leur disparition, cet enseignement disparut avec elles. Les collèges furent remplacés par les Écoles centrales ainsi appelées parce qu'elles étaient comme des centres de toutes les connaissances humaines. Par leur partie inférieure, ces écoles représentaient l'enseignement secondaire et par leur partie la plus élevée l'enseignement supérieur. Elles tenaient ainsi d'une part des collèges, d'autre part des Universités emportées elles aussi par la destruction des ordres religieux. Leur succès n'avait pas répondu à ce que l'on attendait d'elles. Dépourvues d'internats, elles avaient été pour cette raison peu goûtées des familles préoccupées pour leurs enfants des dangers de la vie libre. La culture qu'elles étaient chargées de distribuer était plutôt scientifique que littéraire. Elle s'opposait par là à la culture antérieure qui reposait sur les lettres anciennes. Enfin, à l'heure du Consulat, heure du retour général de l'opinion publique en faveur des idées religieuses, heure de désir de rechristianisation à la suite de la déchristianisation antérieure, ces établissements étaient peu estimés et peu fréquentés parce que s'ils n'étaient pas antireligieux, ils étaient areligieux, laïques comme nous dirions à présent, la religion ne tenant aucune place dans leurs programmes.

Dans l'enquête de l'an IX, la plupart des Conseils généraux et des Conseils d'arrondissement de la France entière se plaignent vivement de la disparition des écoles secondaires et en reclament la restauration. Très peu manifestent un certain attachement aux Écoles centrales [1].

Il y avait donc une place à prendre en France. L'État ne l'occupait pas encore et c'était un problème de savoir par qui et comment elle serait prise. Il semblait difficile de songer à la seule initiative individuelle et le concours d'associations paraissait s'imposer. L'entreprise de l'organisation de l'enseignement secondaire devait tenter tout naturellement une association religieuse. Les Jésuites avaient disparu depuis 1762 et leurs collèges avaient été fermés. Mais l'éducation donnée par eux avait laissé de bons souvenirs dans la mémoire d'un grand nombre de familles. Des maîtres qui sans appartenir à la Compagnie de Jésus se présenteraient comme des représentants d'une corporation enseignant selon les programmes, les méthodes, l'esprit même de cette compagnie, qui en même temps réintroduirait dans l'éducation ses principes et usages, ses traditions, aurait donc toutes chances de remporter partout un rapide et complet succès. Ainsi naquit assurément chez les Pères de la Foi le projet de s'adonner à l'instruction de la jeunesse. La chose était dans l'air. L'opinion publique allait même plus loin. Puisque les prêtres émigrés revenaient, pourquoi les Jésuites ne reviendraient-ils pas à leur tour ? La police recueillait tous ces propos et le 5 juillet 1801, elle les résumait dans un rapport [2].

« Les prêtres, lisait-on dans ce rapport, ont conçu l'espérance que le gouvernement remettrait entre leurs mains l'instruction publique. Les Jésuites, dit-on, ont imaginé qu'il leur serait possible d'obtenir la préférence s'ils trouvaient le moyen de s'assurer d'un certain nombre d'ecclésiastiques les moins âgés et les plus propres à l'enseignement. Ils voudraient donc se mettre en mesure d'offrir au gouvernement un nombre de célibataires qui débarrassés des soins domestiques,

1. Abbé Allain, *L'œuvre scolaire de la Révolution*, notes et documents.
2. A. Aulard, *Paris sous le Consulat*, tome II, pp. 387-388.

pussent se livrer sans réserve et sans relâche aux travaux de l'instruction, ce que l'on appelait autrefois la Compagnie de Jésus. Tel est, rapporte-t-on, le motif du moins connu des recrues que les anciens Jésuites qui sont en France, cherchent à faire en ce moment. Ils croient que le gouvernement ayant en quelque sorte rétabli les sœurs de la Charité et les Filles dites de Saint-Thomas de Villeneuve à raison de leur utilité pour les malades, ils peuvent espérer le même succès. Les politiques qui prétendent bien connaître l'esprit de la corporation des Jésuites leur prêtent d'autres vues et disent qu'ils sont loin d'avoir abandonné leur ancien système de domination chez toutes les puissances qu'ils veulent encore influencer à leur gré. »

Une autre place également à prendre dans un autre genre, également laissée vacante par l'abolition des ordres monastiques, c'était celle des prédicateurs. Avant 1789, cette prédication spéciale qu'on appelle la prédication des missions était un monopole congréganiste. C'étaient partout les Jésuites, les Eudistes, les Oratoriens, les Dominicains, les Franciscains qui d'une extrémité du royaume à l'autre allaient prêcher les Carêmes, les Avents ou bien encore des stations extraordinaires, se substituant aux curés et aux desservants, d'autant plus recherchés et goûtés et exerçant d'autant plus d'influence qu'ils avaient souvent un genre à part, qu'ils possédaient une grande expérience professionnelle avec une pointe d'originalité chez certains d'entre eux.

IV

En avril 1801, dans un rapport d'enquête sur les départements de la 14e division militaire, le conseiller d'État Fourcroy poussa ce cri d'alarme : « Un institut particulier dont le principe et le but peuvent paraître d'autant plus dangereux qu'ils sont couverts d'un voile mystérieux, s'est formé depuis quelque temps dans le sein de la République. C'est celui des Jésuites reformés sous le nom de Pères de la Foi.

« Le moyen qu'ils ont adopté pour se fortifier et jeter de profondes racines est le plus puissant de tous. Il consiste à s'emparer de l'éducation de la jeunesse. Ils cherchent par des menées sourdes à discréditer les institutions du gouvernement et quelques lycées, entre autres celui de Lyon, ont déjà ressenti les funestes effets de leur influence.

« On assure que les membres de cette société sont établis à Belley, à Roanne, à Amiens... Je vous prie de vouloir bien faire surveiller ces établissements et de me faire part des renseignements qui pourraient vous parvenir sur leur compte [1]. »

Comment les Pères de la Foi étaient-ils venus à Lyon ? L'auteur de leur installation dans cette ville n'est autre que l'archevêque de Lyon, le cardinal Fesch. Le cardinal avait de grands desseins qui étaient peut-être de lui, et qui peut-être aussi lui étaient suggérés par son directeur de conscience au temporel après l'avoir été au spirituel, l'ex-supérieur de Saint-Sulpice, l'abbé Emery. Plusieurs Pères de la Foi, les plus notables avaient été, y compris leur supérieur le Père Varin, des élèves de Saint-Sulpice. Leur ancien maître devait tout naturellement les recommander. Le cardinal se proposait de réorganiser non seulement dans sa circonscription métropolitaine, mais dans la France entière l'enseignement secondaire et de provoquer dans les âmes un réveil de la foi religieuse par la prédication sous la forme de missions. Et pour réaliser ce projet, il avait songé à s'adresser à une seule et même société qui lui fournirait en même temps des missionnaires pour l'évangélisation des villes et des campagnes et des maîtres pour l'instruction de la jeunesse. Cette société devait être celle des Pères de la Foi.

Peut-être portés à venir d'eux-mêmes dans cette grande

---

1. Félix Rocquain, *État de la France au 18 Brumaire*, p. 187.

ville de Lyon, au centre d'une région où l'on pourrait essaimer dans toutes les directions, les Pères de la Foi y vinrent
donc à l'appel de l'oncle du Premier Consul en 1801. Ils y
vinrent sans bruit, et s'y installèrent très modestement dans
une maison Rondot, Montée des Capucins qu'ils avaient louée.
Au bout de quelques semaines, ils avaient déjà de 28 à 30 pensionnaires.

Ce n'était pas le Père Varin qui s'était placé à la tête de ce
premier établissement destiné à frayer à la jeune association
le chemin de l'enseignement. C'étaient deux de ses Pères qui
le dirigeaient, le Père Roger et le Père Barat ? D'autres collaborateurs ne tardèrent pas à se joindre à eux en partie pour
l'instruction, en partie pour la prédication. Au commencement de l'année 1802 ils étaient déjà au nombre de onze.
Tout semblait devoir réussir quand soudain la foudre vint les
frapper. En août 1802 la maison de la rue Rondot fut fermée
par ordre du gouvernement.

L'opinion publique n'était vraisemblablement pas étrangère à cette mesure de rigueur. Les Pères de la Foi n'étaient
nulle part désignés sous le nom qu'ils s'étaient donné. Pour
tous c'étaient des Jésuites, des Jésuites ressuscités avec un
masque sur le visage. Or, l'aversion du Premier Consul pour
les Jésuites était profonde et comme instinctive. Lorsqu'en
1804 le *Journal des Débats* et le *Mercure de France* annon-
ceront dans une simple note que l'ordre des Jésuites vient
d'être rétabli à Naples au milieu d'une joie universelle dans
cette capitale et dans les provinces, Napoléon alors à Luxembourg se hâtera d'écrire à Fouché : « Vous préviendrez les
rédacteurs du *Mercure* et du *Journal des Débats* que je n'entends point que le nom des Jésuites soit même prononcé et
que tout ce qui pourrait amener à parler de cette société soit
évité dans les journaux. Je ne permettrai jamais son rétablissement en France. L'Espagne n'en veut pas ; l'Italie n'en
veut pas non plus. Tenez-y donc la main et faites connaître
aux différents préfets qu'ils veillent à ce que le mouvement

qu'on voudrait donner pour le rétablissement des Jésuites n'ait même pas de commencement[1]. »

Sans protester contre la fermeture de leur établissement les Pères de la Foi se soumirent avec docilité en affirmant bien haut la pureté de leurs intentions. Le préfet du Rhône, le maire de Lyon avaient été mis par eux-mêmes au courant de leur projet et de sa réalisation. S'ils n'avaient pas prévenu en même temps le commissaire général de police, c'était par ignorance. Rien chez eux ne se passait autrement qu'au grand jour. Ils n'avaient rien à se reprocher et on n'avait rien à reprendre ni dans leur conduite personnelle, ni dans leurs principes, ni dans leurs programmes d'instruction, ni dans leurs méthodes d'éducation et ils adressaient en vue de la réouverture de leur école la déclaration qu'ils avaient omise pour en régulariser la fondation[2].

« Les sous-signés, lit-on dans leur pétition justificative du 26 août 1802, exposent qu'animés du désir de se rendre utiles à leurs concitoyens, ils se sont réunis pour ouvrir à Lyon une maison d'éducation publique.

« Ils se proposent d'enseigner la langue latine, la langue française, les mathématiques et la philosophie. Leurs cours sont ouverts gratuitement et sous la surveillance de l'autorité légitime à toutes les classes de citoyens.

« Ils vivront de leurs biens de famille et du produit des pensionnaires payants. Ils sont onze, la plupart prêtres anciens. Ceux d'entre eux qui sont prêtres ont formé leur promesse de fidélité au gouvernement établi par les lois. Les principes de cette soumission sont dans leurs consciences et dans leurs cœurs. Ils la renouvellent ici autant que de besoin, n'ayant rien de plus à cœur comme Français que de donner des preuves de leur dévouement.

« Ils n'ont d'autre costume que l'habit noir qui a été fixé par le Concordat aux simples ecclésiastiques. »

1. *Correspondance de Napoléon*, tome X, p. 29.
2. Archives nationales, F¹⁹ 6287.

La pétition se terminait par une demande de réouverture.

L'archevêché prit en mains la défense des Pères. L'ordre de fermeture ne fut pas rapporté cependant. Tout révélait là la main de Fouché.

V

Un mois s'était à peine écoulé que des propositions furent faites aux Pères de la Foi à Lyon même par le maire de Belley. En novembre 1802, il leur offrit au nom de la municipalité la direction de l'ancien collège des Jésuites de la ville. L'immeuble était en mauvais état. Il fallut y faire des réparations et ce fut seulement à la fin de janvier qu'il put ouvrir ses portes aux élèves.

La municipalité de Roanne ayant fait au même moment une démarche analogue pour son école secondaire ainsi que celle d'Amiens pour la sienne, la société des Pères de la Foi se trouva à la tête de trois maisons d'éducation.

On peut se demander avec étonnement pourquoi ce qui était illicite à Lyon devint licite à Belley, à Roanne et à Amiens.

Le succès des Pères de la Foi fut partout aussi rapide et aussi complet. Le rapport du préfet de l'Ain Bossi au sujet du collège de Belley est des plus élogieux [1].

L'enseignement, écrira-t-il en 1807, est aussi soigné que florissant dans cet établissement qui est peuplé de 140 pensionnaires dont un grand nombre envoyés des départements environnants, même ceux au delà des Alpes. Il serait encore plus considérable si le local le permettait, quoique la pension soit par elle-même assez forte et qu'elle le devienne encore plus par les honoraires de maîtres d'agrément qui se paient séparément.

« Les familles les plus distinguées de ce département

1. Archives nationales, F¹⁹ 6287.

et de ceux environnants s'empressent d'y envoyer leurs enfants.

« Un air extrêmement pur, un local heureusement situé et bien entretenu, une table sainement et abondamment servie concourent encore à donner de la réputation au collège.

« Si les avantages de cet établissement sont sensibles sous le rapport de l'instruction publique, ils ne le sont pas moins quant à la prospérité de la petite ville où il est situé.

« L'influence de cette société au dehors est peu considérable. Les membres qui la composent sortent rarement et ne se répandent pas. Ils sont néanmoins aimés et respectés en raison de la régularité de leur conduite et de l'harmonie parfaite qui existe entre eux.

« Enfants, les élèves aiment beaucoup leurs professeurs parce qu'ils les trouvent indulgents et caressants ; plus grands, ils les estiment et s'y attachent parce qu'ils sont frappés du ton de confiance qu'ils prennent avec eux. »

Lamartine dans ses *Confidences* évoquant ses souvenirs d'enfance portera sur ses anciens maîtres le même témoignage que le préfet Bossi d'après l'opinion publique[1].

« Je fis, dit-il, des adieux reconnaissants aux excellents maîtres qui avaient su vivifier en moi mon intelligence. Les PP. Debrosses, Varlet, Bequet, Wrintz surtout, mes amis plutôt que mes professeurs, resteront dans ma mémoire comme des modèles de sainteté, de vigilance, de paternité, de tendresse et de grâce pour leurs élèves. Leurs noms feront toujours partie pour moi de cette famille de l'âme à laquelle on ne doit pas le sang et la chair, mais l'intelligence, le goût, les mœurs et le sentiment. »

Le collège d'Amiens dès les premiers jours de son ouverture se peupla d'élèves. Dès 1803, il comptait près de cent pensionnaires et la place manquait pour ceux qui se présentaient encore. Le Premier Consul put se rendre compte par lui-même

---

1. Lamartine, *Confidences*, livre VI, notes 2, 3 et 4.

de sa prospérité. En 1803 il vint en effet à Amiens. Le collège n'était séparé que par un mur d'une manufacture qui se trouvait comprise dans le programme de sa visite. On pratiqua une brèche dans ce mur de séparation. Sans même s'en apercevoir Bonaparte passa de la manufacture au collège et tout à coup fut en présence non pas d'ouvriers mais de deux cents écoliers rangés en demi-cercle. Il les passa en revue. Avant son départ un élève se détacha des autres, s'avança et lut ces vers :

> Que de héros je vois
> Aujourd'hui revivre à la fois!
> Nouveau César, tu domptes et l'Europe et l'Asie,
> Nouveau Cyrus, tu romps du peuple saint les fers,
> Nouvel Auguste, enfin tu rends à l'univers
> La plus heureuse paix. Au sein de la patrie
> Déjà règnent les arts, le commerce, les lois ;
> Tout se ranime et s'élève à ta voix.
> Poursuis ta brillante carrière,
> Jeune et vaillant Héros,
> Et que la France entière
> Malgré les vains efforts d'un peuple de rivaux,
> Longtemps jouisse en paix du fruit de tes travaux.
> Ah! Quand donc pourrons-nous au temple de mémoire,
> Par des chants immortels éterniser ta gloire ?
> Mais, daigne seulement sourire à nos efforts ;
> Et de nos jeunes cœurs seconder les transports ;
> Et bientôt tu verras, en beaux esprits fertiles,
> Ces lieux pour te chanter enfanter des Virgiles.

Quel est l'auteur ? demanda le Premier Consul à l'orateur. Et l'auteur se fit présenter par son disciple. C'était un des professeurs de la maison, un grammairien, le P. Loriquet [1].

En 1806, au moment de la création de l'Université, quand il fut question de fonder un lycée impérial à Amiens, les Pères de la Foi craignant de se voir obligés d'envoyer leurs élèves aux classes de l'Etat, se transportèrent à Montdidier dans une ancienne abbaye de Bénédictins et cet établissement subsista jusqu'à la dissolution des Pères en 1807.

1. Anonyme, *Vie du P. Loriquet de la Compagnie de Jésus d'après sa correspondance et ses ouvrages inédits*, pp. 68 et 69.

L'école secondaire de Roanne dès qu'elle fut entre les mains des Pères de la Foi acquit une grande renommée dans le pays et se remplit promptement. « Les pères de famille, écrira le préfet de la Loire en 1807, se sont empressés d'y envoyer leurs enfants. On en compte au pensionnat 100. Le nombre des externes s'élève à 50. Il est hors de doute que leur caractère d'ecclésiastiques n'ait contribué pour beaucoup à ce succès tant ils jouissent de la faveur de l'opinion. « On doit applaudir à la sévérité de leur surveillance. Ils ne négligent aucun soin pour éloigner des jeunes gens tout ce qui pourrait leur offrir un sujet de désordres ou de corruption. En un mot, les prêtres qui dirigent le collège de Roanne ont parfaitement rempli les espérances qu'avaient conçues les magistrats de cette cité. »

Se plaçant à un autre point de vue le préfet terminait son rapport par ces observations :

On ne dit pas que ces Messieurs recherchent cette sorte d'influence qui pourrait donner de l'ombrage au gouvernement. Peu répandus dans la société, s'ils en exercent, elle se borne à leurs élèves dans l'intérieur de la maison ; mais alors elle deviendrait le résultat d'un système particulier d'éducation qui paraît impraticable dans les circonstances présentes. Cependant, en même temps qu'on doit convenir que leur enseignement ne s'écarte point de la loi, que la morale qu'ils prêchent n'a rien de repréhensible, que leur conduite s'y rapporte entièrement, on ne peut se défendre d'un sentiment d'inquiétude sur les ressorts cachés qu'imprime à l'opinion une direction telle que cette société est prête à s'emparer exclusivement de l'instruction partout où on cherche à l'établir. »

CHAPITRE VIII

LES PÈRES DE LA FOI

(*Suite.*)

I

A la tête de trois maisons d'éducation aussi importantes et aussi en vue que celles de Belley, de Roanne et d'Amiens, les Pères de la Foi en raison même de leurs succès ne pouvaient échapper à l'attention du gouvernement, surtout à l'heure où l'organisation de l'Instruction secondaire était une des grandes préoccupations du Premier Consul.

Au ministère de la police générale Fouché veillait. Ses agents les commissaires généraux comme aussi les préfets avaient ordre de ne pas les perdre de vue. Le ministre des Cultes est entraîné lui-même dans la voie des mesures d'inquisition qui annoncent et préparent des mesures prochaines de coercition.

Dans une circulaire aux évêques du 23 janvier 1803 Portalis après leur avoir rappelé qu'aucune corporation ni séculière, ni régulière ne saurait aux termes des lois françaises exister sans l'assentiment du gouvernement, les invite à le renseigner exactement sur toutes les formations de ce genre en vue de l'enseignement qui se seraient produites ou pourraient se produire dans leurs diocèses [1].

« L'éducation publique, dit-il, appartient à l'Etat, car les familles particulières doivent être dirigées d'après le plan de la grande famille qui les comprend toutes. » « Il ne faut pas qu'à l'insu de l'Etat une multitude d'instituteurs qui ne seraient pas suffisamment connus et dont l'enseignement ne serait pas avoué, viennent joindre au danger d'occasionner de mauvaises études, le danger plus grand encore de préparer de mauvais citoyens... Aucun établissement religieux ne doit être un mystère pour l'Etat et ne peut exister sans une autorisation formelle et sans une vérification préalable à toute autorisation. »

Dès juillet 1802, le supérieur de la maison des Pères de la Foi à Paris, le P. Leblanc avait été invité à comparaître devant un commissaire de police du quartier qui lui avait réclamé les statuts de la société. Ne sachant comment parer à ce péril immédiat en l'absence du P. Varin, il était allé frapper à la porte du ministère des cultes. Enclin à la bienveillance et disposé à la tolérance, Portalis qui connaissait d'ailleurs le P. Varin et entretenait avec lui d'amicales relations ne voulut rien brusquer en pleine aurore concordataire. L'affaire s'arrangea..... Quelques pièces furent mises sous les yeux du Premier Consul qui n'insista pas pour en savoir davantage : « Laissons-les faire, dit-il d'une façon un peu énigmatique. Nous verrons plus tard à quoi ils pourront servir [2]. »

En 1803 le préfet de la Loire fait expulser de la petite ville de Saint-Galmier trois ecclésiastiques qui s'y livraient à l'instruction publique parce qu'ils lui ont été dénoncés comme des Pères de la Foi [3].

---

1. *Circulaires, instructions et autres actes du ministère de l'Intérieur,* tome II, p. 252.
2. P. Achille Guidée, *Vie du R. P. Varin,* p. 147.
3. Archives nationales, F19 6289.

A Amiens, le préfet de la Somme, Quinette, manifeste ses alarmes par une discrète enquête personnelle. Tout autour de lui le bruit s'est répandu que les maîtres du collège d'Amiens sous leur titre de Pères de la Foi ne sont que des Jésuites déguisés. Il mande à son cabinet le supérieur de l'établissement le P. Bruson et le soumet à un interrogatoire en règle. Le P. Bruson avait préparé toutes ses réponses. Le préfet eut beau le retourner dans tous les sens pour savoir ce qu'étaient effectivement les professeurs de la maison, il ne put jamais tirer de lui que des réponses évasives, vagues et équivoques. Mais le résultat fut absolument contraire à celui que le Père avait espéré de sa prudence. Quinette regardant les Pères de la Foi comme des hommes faux, dissimulés et par là même dangereux pour l'Etat, se prononça nettement contre eux en haut lieu. Averti le P. Varin n'eut que le temps d'accourir pour réparer la maladresse de son subordonné. Il alla droit à la préfecture, et sans détours dit à la fois ce qu'il était et ce qu'il n'était pas. « Maintenant que je sais qui vous êtes, conclut le préfet, mon intention n'est pas de gêner votre ministère. Continuez à vous en occuper. Ne vous mêlez pas de politique et soyez sans inquiétude[1]. »

Ce ne furent là que des alertes sans lendemain. L'avenir semblait même si favorable aux Pères de la Foi grâce à la protection du cardinal Fesch qui les avait fait venir à Lyon dans le double but de faire d'eux des missionnaires évangéliques et des éducateurs, qu'un mémoire fut rédigé à cet effet en leur faveur au ministère des cultes. Il s'agissait de les transformer en un corps qui prêterait son concours officiel à l'Université projetée pour instruire la jeunesse et au clergé concordataire pour éclairer les fidèles.

« Trois écoles secondaires ou trois collèges, lit-on dans ce mémoire, sont régis par des ecclésiastiques associés sous le nom de Pères de la Foi. Ces trois collèges sont sans contre-

---

1. P. Achille Guidée, *Vie du R. P. Varin*, pp. 145 et 146.

dit les mieux tenus de toute la République soit pour l'instruc
tion des enfants, soit pour leurs principes et leur moralité.
L'on peut en conclure qu'on n'aura d'institution bien dirigée
que par des congrégations. Mais il importe que ces congrégations soient sous la main du gouvernement. La France
serait bien organisée sous ce rapport s'il existait un corps
d'instituteurs religieux dont les statuts et règlements approuvés par l'Empereur pussent introduire dans l'éducation les
mêmes principes religieux, civils et politiques, le même dévouement pour la personne de l'Empereur et son auguste famille.
Les Pères de la Foi voudraient-ils, pourraient-ils être cette
congrégation ? J'oserais le croire ; du moins il me semble que
M. Portalis devrait leur proposer, car s'il pouvait les attacher
à l'éducation publique et aux missions en rassurant entièrement le gouvernement sur leur existence sociale, M. Portalis
rendrait un service signalé à la France et à l'Empereur. »

De qui est ce projet présenté dans un mémoire intitulé
« Brief Mémoire » Ecoles secondaires de Belley, de Roanne et
d'Amiens »? On l'ignore, car de même qu'il ne porte pas de
date, il ne porte pas de signature. Tout permet cependant de
l'attribuer soit au cardinal Fesch lui-même, soit à l'abbé
Emery son conseiller habituel très écouté. Quant aux Pères
de la Foi, ils étaient très certainement au courant de cette
proposition. Leur concours qu'on laisse seulement entrevoir
était sans aucun doute promis. Il n'y avait là pour leur ambition un tel avenir que, consultés ou non, ils auraient sans
aucune hésitation accepté l'offre d'entrer dans l'Université
comme partie intégrante, sinon de voir leur congrégation
érigée en Université impériale. La question reste obscure.

II

Les missions des Pères de la Foi eurent le même succès
que leurs maisons d'éducation. Un seul incident se produisit

à l'occasion de l'une d'elles à Saint-Galmier dans la Loire. Sans en référer ni au ministre de l'Intérieur, ni au ministre des Cultes, le préfet du département avait pris sur lui d'en interdire la continuation. Le cardinal Fesch s'éleva avec énergie contre ces empiétements de l'autorité temporelle sur l'autorité spirituelle.

« S'il importe, écrivit-il à Portalis à ce sujet en avril 1803, que la puissance spirituelle n'entreprenne pas sur la puissance temporelle, d'un autre côté, celle-ci doit avoir des limites sans lesquelles notre ministère épiscopal demeurerait sans autorité comme sans moyen pour opérer le bien... C'est à moi seul que le préfet devait adresser ses plaintes. Je les aurais jugées sous ma responsabilité envers le gouvernement. Voilà, citoyen conseiller d'Etat, ce qu'il est enfin nécessaire d'établir en principe si l'on ne veut exposer la discipline de l'Eglise gallicane à la subversion de tous les principes. J'apprends que plusieurs autres préfets ont jeté de pareils interdits. Quant à moi, je ne suis nullement d'avis de laisser empiéter dans ma main cette partie essentielle de ma juridiction. Je vous serais obligé d'en écrire au préfet de la Loire pour le rappeler à de vrais principes[1]. »

Le préfet dut rapporter son arrêté. Il dut en outre faire amende honorable. Il excipa d'une erreur et la mit sur le compte de l'organisation du clergé de son département qui lui avait donné beaucoup de soucis.

L'une des missions les plus importantes et les plus heureuses fut celle de Tours. Le cardinal de Boisgelin archevêque de Tours avait fait appel à l'archevêque de Lyon et le cardinal Fesch lui avait envoyé de suite l'élite des Pères de la Foi auxquels avait cru devoir se joindre leur supérieur le P. Varin lui-même. C'étaient les PP. Lambert, Gloriot, Varlet et Enfantin qui étaient allés évangéliser la métropole tourangelle. Il y avait des préventions dans ce pays de Touraine

---

1. Archives nationales, F19 6287.

volontiers sceptique, moqueur et peu enclin, surtout après la Révolution, à la piété véritable. Les débuts de la mission furent difficiles et l'archevêque fut tout d'abord quelque peu inquiet. Mais l'un des Pères, le P. Enfantin, « avec son laisser-aller, ses traits naïfs, sa singularité, arriva à conquérir l'auditoire et transforma en victoire ce qui aurait pu être une défaite. Le préfet eut beau faire appeler une troupe de comédiens pour faire diversion, le théâtre demeura constamment désert et les comédiens durent lâcher prise. La population entière s'approcha des sacrements. Le cardinal de Boisgelin assista à tous les exercices et le clergé à son exemple rivalisa de zèle avec les missionnaires. Un des chanoines, l'abbé Cabarat, voulut même embrasser leur genre de vie.

A Amiens, ce fut un triomphe. Dix mille personnes suivirent immédiatement la mission et l'on compta plus de 600 mariages révolutionnaires réhabilités [1].

A Abbeville, d'après les bulletins de police, quatre missionnaires s'étaient fort mal conduits. Le chef de la mission le P. Lambert avait prononcé en chaire un discours tendant à soulever les pauvres contre les riches. A la campagne, dans le voisinage, il avait provoqué « un véritable tumulte en haranguant le peuple du haut d'un cabriolet [2] ».

La police les accusait, l'évêque les défendait. Le préfet de la Somme avait eu à plusieurs reprises l'occasion de les entendre et il avait déclaré lui-même « qu'on ne saurait prêcher une morale plus pure, ni la prêcher plus sagement ». Il avait eu en outre avec eux plusieurs entretiens particuliers et il était aussi satisfait de leur conversation que de leur manière de prêcher. Ils étaient les victimes d'un capitaine de gendarmerie qui pour avoir fait pendant la Révolution la chasse aux prêtres inconstitutionnels, ne voyait partout que fanatisme et fanatiques. « Dix fois dans le cours de la mission, ils ont rappelé les principes de soumission et d'attachement dont

1. P. Achille Guidée, *Vie du R. P. Varin*, pp. 153 à 158.
2. D'Hauterive, *La police secrète sous le Premier Empire*, tome I, p. 76.

tout bon chrétien doit faire profession envers le gouvernement. L'un d'eux, à l'occasion de l'avènement de Napoléon Bonaparte à la dignité d'Empereur des Français, a prononcé un discours plein de solidité, d'élévation et d'éloquence qui a fait sensation sur un auditoire que notre vaste basilique pouvait à peine contenir. Ce ne sont pas des ennemis, mais au contraire des amis et des apôtres du Concordat. Ils ont converti les opposants les plus irréductibles[1]. »

III

Auprès de Napoléon entraient en lutte deux influences contraires. L'une était celle du ministre de la Police générale Fouché, l'autre celle du ministre des Cultes Portalis. Le premier, ainsi qu'en font foi de nombreuses instructions tracassières à ses agents, était l'ennemi des congrégations religieuses. Le second, au contraire, comme en témoignent une foule de documents émanant directement de lui et exprimant ses idées propres et parfois jusqu'à ses sentiments intimes, était leur ami et l'auxiliaire de leur protecteur attitré le cardinal Fesch. Si l'un s'efforçait de servir Fesch, l'autre n'épargnait rien pour le desservir en stimulant l'hostilité instinctive de Napoléon à l'égard des moines. Au lieu de chercher à éteindre le feu, l'ex-professeur de l'Oratoire accumulait tous les matériaux propres à allumer l'incendie et à l'entretenir. Il suffit de feuilleter la collection des bulletins de police publiés par d'Hauterive pour s'en convaincre.

Fouché connaît son maître. Il sait comment il faut s'y prendre pour provoquer chez lui une de ces colères soudaines qui se traduisent par des actes de violence. Portalis s'emploie à calmer cette irritation. Il plaide toujours ou presque toujours les circonstances atténuantes, conseille la temporisation. Juriste de l'Ancien Régime, il ne renonce à aucun des prin-

1. Archives nationales, F[19] 6287.

cipes de l'Ancien Régime. Il est bien dans la tradition de la monarchie. Mais la violence lui répugne et il attend tout de la douceur. Entre la théorie dogmatique qui ne plie pas et la pratique qui est très souple, il y a des adaptations et des accommodements. C'est chez lui à la fois question de diplomatie et affaire de sentiment.

Le décret du 22 juin 1804 (3 messidor an XII), bien qu'il ait été rédigé par Portalis, est donc en réalité l'œuvre de Fouché en ce qu'il est l'œuvre de ses manœuvres occultes. Ce fut à la suite de toute une série de rapports policiers presque quotidiens que Napoléon, encore indécis et perplexe, fut amené dans un accès de nervosité à donner à son ministre des Cultes l'ordre de rédiger et de soumettre à sa signature ce décret. Le projet qui le précéda et le prépara n'est pas moins intéressant que le décret lui-même.

« Quant à la société des Pères de la Foi qui s'appellent aussi les Adorateurs de Jésus ou les Pacanaristes, elle tient à des plans plus vastes que les deux autres congrégations. Il paraît qu'elle suit l'Institut des Jésuites. L'Empereur d'Allemagne a favorisé leur installation dans ses États. Le Pape n'a pas osé les approuver. Ils ont une maison à Rome, mais à proprement parler, ils ne sont que tolérés[1]. »

Le grand grief que faisait le gouvernement aux Pères de la Foi, c'était en effet d'avoir en la personne de Pacanari un supérieur général à l'étranger. Mais ils venaient de reprendre leur autonomie en se séparant des Pacanaristes. Ils purent produire une pièce du cardinal Spina attestant cette séparation. Ils n'étaient plus qu'une congrégation française ayant en France même son chef. Le cardinal Fesch intervint en leur faveur et Portalis seconda dans ses démarches le cardinal. Le décret ne fut pas rapporté, mais il ne fut pas exécuté.

Le P. Varin, à la première nouvelle de ce coup de foudre, était accouru à Paris. Il avait été introduit auprès du ministre

---

1. Portalis, *Discours, rapports et travaux inédits sur le Concordat de 1801*, pp. 45 et 50.

des Cultes, avait protesté de sa soumission et de celle de ses associés : « Ils étaient liés par des vœux et ils s'étaient réunis pendant la Révolution et avant le Concordat... Ayant formé leurs vœux dans une période d'anarchie où l'on était pour ainsi dire sans lois, ils soutenaient qu'à cette époque ils avaient pu se lier devant Dieu et devant les hommes et qu'ils avaient besoin d'être rassurés... Le cardinal Légat les a déliés de leurs vœux et leur a rendu la liberté par un bref du « for péniten- « tiel. »

IV

Au lendemain du décret, loin de perdre leurs positions anciennes, les Pères conquirent des positions nouvelles. C'est ainsi qu'à l'appel du cardinal Fesch, ils prirent possession du séminaire de Largentière.

A l'issue du sacre de l'Empereur, le cardinal Fesch écrivait de Paris à l'un de ses vicaires généraux, l'abbé Courbon : « Je veux exécuter sans délai un projet que j'ai seul conçu, que je médite depuis longtemps pour la restauration des études classiques dans mon diocèse... J'ai formé le dessein d'établir à Largentière le séminaire le plus distingué de France et qui soit en même temps un pensionnat où tout ce que l'on enseigne dans les collèges soit enseigné, où l'étude du grec ne soit pas étrangère, où les élèves soient instruits dans les éléments des mathématiques, où la philosophie et la physique entrent dans l'instruction des élèves qui doivent entrer en théologie.

« L'embarras pour exécuter ce dessein était de trouver de bons maîtres. La Providence y a pourvu. Les ci-devant Pères de la Foi étant dissous, il s'est trouvé plusieurs excellents professeurs tels que je les désire, sans fonctions. Ces hommes amis de la vie de communauté et de l'instruction des enfants auraient été déplacés dans les paroisses. J'en ai arrêté le nombre suffisant pour mon objet. Le gouvernement ne s'y oppose pas et j'en retirerai les plus grands avantages.

« D'abord j'y vois d'excellents professeurs qu'il me serait impossible de trouver hors de là. La Providence semble les avoir formés tout exprès pour servir mes vœux. En second lieu, ces ecclésiastiques étant étrangers à mon diocèse, en les y appelant, j'économise autant de sujets qui maintenant à Largentière pourront rentrer dans le service des paroisses.

« Vous avez craint qu'ils ne deviennent des maîtres bientôt incommodes, qu'ils ne détournent du service des paroisses nos meilleurs sujets en les affiliant. Mais, ces inconvénients ne sauraient exister là où il n'y a pas de corps véritable. Que ces Messieurs s'estiment les uns les autres, qu'ils conservent quelques rapports de déférence mutuelle, il y a loin de là à une corporation. Au surplus, en leur confiant mon petit séminaire de Largentière, j'en demeure constamment le premier supérieur[1]. »

Les Pères de la Foi remplacèrent donc à Largentière les prêtres du diocèse qui y professaient avant eux. Le cardinal Fesch ne crut pas devoir dissimuler au gouvernement ce remplacement et le 6 mars 1805, il en avertit le ministre de la Police générale. Comme les sœurs hospitalières au temps de la Révolution, les Pères de la Foi exerceraient leurs fonctions à titre individuel, et non à titre collectif. Tout en vivant les uns à côté des autres, ils ne formeraient pas une congrégation. « Ils ne sont plus, écrit-il à Fouché, que des individus isolés qui n'ont plus d'autre but que de remplir mes vues. C'est moi qui suis le régulateur de mon petit séminaire et qui en prescris les règlements.

« J'ai été bien aise de vous instruire de ces détails, Monsieur le Ministre, pour que toute dénonciation qui pourrait vous être faite contre les directeurs et professeurs de mon

---

1. Paul Dudon, *Fesch et les séminaires lyonnais*, Études, tome VI, pp. 499 à 526.

petit séminaire de Largentière soit démentie d'avance dans votre esprit et que vous sachiez à quoi vous en tenir sur l'existence de cette maison [1]. »

V

Cette mesure de précaution n'était pas inutile. Il se produisit en effet des dénonciations. Fouché les attendait pour agir. Il ne perdait pas de vue les Pères de la Foi et ses agents avaient partout les yeux fixés sur tous leurs déplacements et sur toutes leurs mutations.

« Il a été formé il y a un an, écrit-il à son collègue des Cultes le 21 septembre 1805, un séminaire à Largentière. Il se trouve dans cette maison à peu près 130 aspirants aux ordres ecclésiastiques. Elle est régie par des prêtres qui faisaient partie de l'association des Pères de la Foi et dont le gouvernement a ordonné la dissolution. L'instruction s'y fait d'après les règlements des Jésuites. Cette maison recèle plusieurs conscrits et il est à craindre qu'elle ne devienne un refuge pour ceux que la loi appelle au service. Trois individus condamnés comme déserteurs s'y sont retirés [2]. »

Portalis le 6 octobre s'élève contre ces accusations et les réfute : « Je vous ferai préalablement observer, répond-il à Fouché, que M. le cardinal Fesch a pris quelques directeurs de son séminaire parmi d'anciens membres de l'association des Pères de la Foi dissoute par le gouvernement ; il n'a eu garde de les employer comme faisant partie d'une association qui n'existe pas et il se les est attachés comme des individus isolés et qui pouvaient être utilement employés surtout si on considère la pénurie de sujets propres à l'enseignement ecclésiastique. Il leur a été donné des règlements qui sont son ouvrage et il les a placés sous sa surveillance immédiate. »

1. Archives nationales, F7 8785.
2. *Ibidem*, F7 8785.

Il terminait sa lettre en déclarant sans fondements les dénonciations relatives aux conscrits [1].

Qu'allait faire l'Empereur ? A qui donnerait-il raison ? A Fouché qui par tous les moyens ouverts ou occultes en son pouvoir poursuivait les Pères de la Foi, ou à Portalis qui avec un mélange de discrétion, de prudence et de ténacité les défendait ? Leur accorderait-il ou leur refuserait-il la direction du petit séminaire de Largentière ? Napoléon, quelque autoritaire qu'il fût, ne voulut pas rompre avec son oncle. Le litige fut soumis au Conseil d'État et il eut pour rapporteur Pelet de la Lozère. La feuille de travail du 14 mars 1805 où il fut examiné a été conservée. Le rapporteur est nettement défavorable aux Pères en qui il voit des Jésuites sinon de robe, du moins d'esprit ; mais il n'ose aller jusqu'au bout de son opinion. Il ne sera pas répondu à la notification du cardinal Fesch. On laissera venir les événements. En tout cas il y a lieu d'être vigilant.

« On ne peut douter que M. le cardinal Fesch ne se soit conformé pour l'établissement de son séminaire et qu'il ne se conforme pour son organisation aux lois qui viennent d'être citées.

« Mais on voit qu'il est dans son intention d'y employer des Pères de la Foi ou ci-devant Jésuites pour y enseigner des sciences dont l'étude n'est pas prévue par la loi.

« M. le cardinal est apparemment certain qu'il n'y a aucun danger dans cette introduction, que ces individus auraient renoncé aux principes de leur ancienne congrégation, qu'ils se regarderaient comme déliés de leur serment d'obéissance passive aux volontés de la cour de Rome pour se soumettre aux lois françaises de tous les temps et reconnaître les libertés de l'Église gallicane. On le souhaite, mais on voit dans la conduite générale des Jésuites un système suivi de rétablissement. Il est plus ou moins actif selon les circonstances et les localités.

____

1. Archives nationales, F7 8485.

« Leur espérance est éloignée pour la France tant par l'effet du décret du 3 Messidor an XIII (22 juin 1804) que par l'assurance donnée par Sa Majesté Impériale qu'ils ne se rétabliront jamais. Mais ils savent attendre et se préparer des moments favorables en se formant successivement (depuis plus de 40 ans qu'ils sont détruits) des élèves dans l'esprit desquels ils perpétuent leurs maximes...

« En cet état, on pense que la lettre de M. le cardinal Fesch doit être regardée comme une simple notification qui ne demande pas de réponse de Votre Excellence, mais qui doit toujours appeler votre surveillance. »

Encore une fois Portalis l'emportait.

VI

Mais ce n'était pas seulement dans les séminaires de la vieille France que pénétraient les Pères de la Foi pour diriger l'éducation des futurs ministres du Culte, c'était aussi dans les séminaires de la France nouvelle. Le 28 janvier 1806, l'évêque de Gand, Fallot de Beaumont, avait acheté aux Augustins de Roulers leur ancien couvent pour y établir un petit séminaire où les enfants apprendraient le français, le latin et le grec. L'établissement serait placé sous sa surveillance immédiate. Il fut autorisé.

Le personnel enseignant devait se composer de neuf ecclésiastiques, dont quatre Flamands empruntés au grand séminaire et de cinq Français. Les cinq professeurs français n'étaient autres que cinq Pères de la Foi. Dans une lettre du 1er mars 1806, Fallot de Beaumont les présentait ainsi à Portalis : « Je désire que Sa Majesté approuve mon zèle pour franciser un pays qui en a grand besoin. Les directeurs de cette maison seront presque tous des prêtres français et dévoués au service de Sa Majesté comme moi[1]. »

---

1. Paul Dudon, *Le petit séminaire de Roulers. Les Pères de la Foi et Maurice de Broglie*, Études, tome 112, p. 644.

Le nom des Pères de la Foi n'était pas prononcé. Portalis cependant devait savoir à quoi s'en tenir. « Vous ne devez craindre, répondait le 26 août 1806 le ministre des Cultes à une lettre inquiète du prélat, auprès d'un ministre qui vous connaît et vous estime, ni calomnies, ni faux rapports. Il n'est parvenu au ministère, aucune dénonciation contre le séminaire de Roulers. Bien loin de là, la correspondance de M. Chauvelin (le préfet) sur ce sujet est on ne peut plus satisfaisante ; elle ne contient que des rapports avantageux. Cessez donc de craindre pour cet établissement. »

Les Pères de la Foi en dehors de leurs établissements dans l'Empire en avaient d'autres à l'étranger. Ainsi ils possédaient les suivants :

En Autriche dans le diocèse d'Augsbourg, à Dillingen, une maison dirigée par le P. Lambert. A l'origine, cette maison devait être un collège ou un séminaire ; elle devint un noviciat et finit par n'être qu'une simple résidence.

A Prague, une autre maison qui vécut tant qu'elle fut soutenue par l'archiduchesse Marie-Anne et disparut quand lui fut retirée cette protection. Les occupants se transportèrent d'abord à Leybach et ensuite à Este.

A Rome, au temps où ils n'étaient pas séparés de Pacanari, un établissement dit collège Saint-Silvestre. Avant la séparation, ce collège était la maison mère de la congrégation avec 110 religieux. On n'y faisait pas seulement de futurs Pères, on y recevait aussi pour les instruire des jeunes gens de la noblesse romaine.

A Sion dans le Valais, un collège créé en 1805 ; c'était également une fondation Pacanariste.

A Amsterdam, un établissement entre les mains de trois Pères qui fut peu prospère et ne vécut que six ans.

En Angleterre un pensionnat fondé en 1800 et fermé en mars 1804. Ce collège des Pères de la Foi était situé à Kensington. Il était l'œuvre de deux d'entre eux, le P. Rozaven et le P. Charles de Broglie.

La *Revue de Paris* en 1829 publia dans ses colonnes une traduction des souvenirs d'un écolier des Jésuites en Angleterre parus dans le *New-Monthly-Magazine* et dont l'auteur gardait l'anonyme. Après une brève description de la maison, l'ex-élève de Kensington passe au portrait du principal qui n'était autre qu'un prince français, Charles de Broglie[1].

« C'était une grande maison bâtie à l'ancienne mode et qui conservait encore beaucoup de restes de sa splendeur passée... Bientôt on me conduisit dans une pièce lambrissée de dorures flétries et qui paraissait avoir été richement décorée. Nous y trouvâmes le principal du collège dans la personne d'un gentilhomme français, le prince de Broglie... C'était un petit abbé de taille svelte et gracieuse, le front un peu saillant, presque chauve, avec un reste de cheveux bien poudrés et pommadés. Son sourire était agréable, plein de douceur et de finesse. Tout son extérieur trahissait l'homme aimable dans la meilleure acception du mot. Un habit noir ajusté à sa taille avec une élégance toute particulière complétait l'arrangement de sa symétrique personne. Sa veste de soie, ses bas de soie noire et ses petits souliers à boucle d'argent lui donnaient tout à fait l'air d'un homme de haute volée.

« Le fils de l'illustre maréchal de Broglie était ainsi réduit à se mettre à la tête d'une école. Toutefois, malgré l'abaissement de sa fortune on ne l'appelait autrement que Monsieur le Prince.

« Le collège était plein d'émigrés et de jeunes créoles qu'on envoyait en Angleterre pour apprendre l'anglais. Ces élèves d'origine différente, les premiers nobles, les seconds roturiers, partageaient la même antipathie nationale contre l'Angleterre. A la nouvelle d'une victoire remportée par Bonaparte, tout le monde exultait...

« La discipline était un peu relâchée parmi les Pères de la Foi. Par exemple, le prince de Broglie qu'on pouvait consi-

1. *Revue de Paris*, tomes VI et VII, année 1829.

dérer comme le provincial français en Angleterre, avait un joli cabriolet et deux chevaux qu'il conduisait lui-même avec beaucoup de dextérité, d'adresse et de grâce. Certains goûts un peu frivoles (car ses mœurs étaient irréprochables) et ses défauts n'étaient guère autre chose que la conséquence naturelle du caractère français, provoquaient la censure de quelques membres un peu sévères... On nous apprenait à composer avec quelque soin. Les Pères témoignaient aussi quelque goût pour les écrivains latins et prenaient plaisir à nous faire sentir la force et la beauté de leur style. Mais l'arithmétique, la géographie, l'histoire étaient en somme absolument négligées. On ne saurait en somme imaginer une pire éducation et cependant, les Pères de la Foi se croyaient bien supérieurs aux professeurs des deux grandes Universités anglaises. »

CHAPITRE IX

LES PÈRES DE LA FOI

(*Fin.*)

I

C'est à la fin de 1807 que Napoléon donne à ses ministres des Cultes, de l'Intérieur et de la Police générale l'ordre de dissolution des Pères de la Foi. Le décret du 3 Messidor an IX n'a pas été appliqué, mais il n'a pas été abrogé non plus. Il ne s'agit donc pas de prendre un décret nouveau. Il s'agit seulement de mettre en vigueur le décret ancien et d'en poursuivre l'exécution jusqu'à anéantissement de la congrégation.

Un ordre d'enquête précéda les mesures de dissolution. « Qu'est-ce que les Pères de la Foi? Sa Majesté les a supprimés à Amiens. Ils ont été défendus dans le diocèse de Lyon. Et cependant ils existent. Il y en a à Clermont qui rivalisent avec l'Instruction publique, discréditent les lycées et s'emparent de l'esprit de la jeunesse. On assure qu'ils entretiennent des rapports avec Rome et qu'ils ont un chef secret. Cela est-il en effet? Où sont-ils établis? Combien sont-ils? Qu'est-ce qui distingue un Père de la Foi d'un Père de la

Compagnie de Jésus ? A quoi les reconnaît-on ? Combien y a-t-il de collèges entre leurs mains ? Enfin, quels moyens faut-il prendre pour empêcher les associations qui entretiennent en France des pratiques et des correspondances étrangères ? » Telles sont les questions multiples, rapides et pressantes que Napoléon en vue de réponses précises pose à son Petit Conseil dans un ordre du 19 octobre 1809 inséré dans sa correspondance.

Sur-le-champ, dans toutes les préfectures les préfets se mettent en mesure d'envoyer des rapports. Ils procèdent à des investigations, à de véritables fouilles. Mais, c'est au ministère de la police que l'activité fut surtout grande. Pour s'exercer, elle n'avait pas attendu d'ailleurs ce rappel à la vigilance. Le cabinet noir qui fonctionnait à l'égard d'à peu près tout le monde fonctionnait spécialement à l'égard des suspects et les Pères de la Foi avaient été dès l'origine des suspects entre les suspects. Fouché avait fait saisir toute une série de lettres à eux ou par eux adressées. On les ouvrait et après avoir pris connaissance de leur contenu et les avoir copiées on les refermait et on les envoyait aux destinataires.

Un jour le duc d'Otrante mande à son cabinet le P. Varin. Il l'interroge à la manière d'un juge d'instruction. Le Père répond avec assurance. L'interrogatoire est terminé. Le ministre ouvre son tiroir et en sort tout un paquet. « Il lui met sous les yeux la plupart des lettres copiées, celles qui paraissaient devoir le compromettre et le convaincre de trames contre l'État. Puis, d'un ton grave et imposant, il lui demande : « Pourquoi ces expressions équivoques et figurées ? Pourquoi ce style énigmatique ? Que signifie ce commerce prospère ? Que veulent dire ces initiales et ces points — et ces réticences, etc. — etc. ? » Le P. Varin qui ne s'attendait à rien moins qu'à un semblable interrogatoire hésita un moment, puis il résolut de déclarer toute la vérité franchement, clairement, simplement. Il exposa au ministre le plan et les projets de la Société de la Foi. Il donna les raisons qui l'avaient engagé lui et ses correspondants à se servir d'expressions voilées. Il expliqua la nature et le but de sa correspondance... » C'est en ces termes que le P. Achille Guidée, qui fut l'un des associés du P. Varin et écrivit plus tard sa biographie, rapporte l'entrevue.

Les Pères de la Foi redoublèrent sans doute de prudence, mais de son côté le ministre de la Police redoubla de vigilance. Que se passa-t-il dans la suite? Les papiers du P. Varin qui sont restés probablement dans les Archives de la Compagnie de Jésus, où il entra dans la suite, pourraient seuls renseigner à cet égard.

Un grave incident seulement survenu en pleine cour impériale le 1er novembre 1807 est révélé par le P. Guidée et permet de deviner le rôle important du ministre de la Police. Autour de Napoléon se pressent un grand nombre de très hauts personnages. Au premier rang l'un à côté de l'autre, Fouché et le cardinal Fesch. Fouché a malicieusement circonvenu l'Empereur. Le feu couvait sous la cendre ; il a soufflé dessus. « D'un ton courroucé, rapporte le narrateur, Napoléon interpelle le cardinal Fesch, lui reproche la protection qu'il accorde aux Pères de la Foi, les signale comme des ennemis jurés, comme de dangereux conspirateurs qui entretiennent des correspondances énigmatiques et qui sous le masque de l'hypocrisie cachent les plus noirs desseins. Le cardinal interdit hasarde quelques mots en leur faveur, mais Fouché se lève et ose donner un solennel démenti au cardinal. Une vive altercation s'engage entre Son Eminence et le ministre. La discussion dura plus d'une heure. Le lendemain Napoléon montra à son oncle les écrits fournis par Fouché comme pièces à conviction et sans lui laisser le temps de répondre il lui dit : « Vous m'avez trompé ou vous avez été trompé. C'en est fait. Je ne veux plus souffrir ces gens-là dans les établissements qu'ils dirigent. Si d'ici quinze jours ils ne sont pas rendus dans leurs diocèses respectifs j'ordonne qu'ils soient transportés à la Guyane. »

C'en fut fait. Le 15 décembre 1807, l'Empereur écrivait au ministre de la Police :

« Vous vous concerterez avec le sieur Portalis sur les moyens de dissoudre toute congrégation des Pères de la Foi en cherchant les plus doux, mais les plus efficaces. Etendez cette mesure à tout l'Empire. Vous aurez soin que ces individus n'aient aucun point de réunion et je vous rends responsable de toute réunion de ces religieux. Serions-nous donc dans les temps de faiblesse et d'inertie où les volontés de l'administration ne peuvent être exécutées? Le premier diocèse par lequel vous devez commencer est celui de l'archevêque de Lyon. Mais avec ce prélat comme avec les autres il ne faut parler que les pièces en mains et ne s'engager dans aucune discussion de théologie. Je ne veux pas de Pères de la Foi, encore moins qu'ils se mêlent de l'Instruction publique pour empoisonner la jeunesse avec leurs principes ultramontains. Il vous sera possible de vous procurer les renseignements dont vous avez besoin sur les Pères de la Foi par leur supérieur le P. Varin qui paraît être un aventurier. »

C'est en 1806 que Napoléon crée l'Université. Les seuls concurrents redoutables que rencontre la congrégation laïque chargée d'élever la France selon les principes napoléoniens, ce sont les Pères de la Foi. S'ils ne peuvent exercer en face des lycées, puisque l'Université aura le monopole de l'instruction de la jeunesse de l'Empire, ils pourront opposer aux internats de l'Etat leurs pensionnats à eux. Ils pourront aussi se réfugier dans les écoles secondaires là où n'existent pas des lycées. Ils n'ont quitté ni Belley, ni Roanne, ni Montdidier qui a pris la place d'Amiens. Ils sont dans plusieurs grands séminaires ou petits séminaires et là aux yeux du gouvernement leur influence est plus néfaste encore que dans les collèges parce que c'est le clergé qu'ils forment selon leurs principes ultramontains.

Dangereux au point de vue de l'enseignement, les Pères de la Foi ne semblent pas moins à craindre au pouvoir au point de vue de la prédication. Avant la Révolution, c'étaient dans la France entière les congrégations qui se livraient à l'œuvre des missions. C'étaient elles qui prêchaient partout les Carêmes, les Avents, les stations extraordinaires. Les missionnaires ont reparu avec les Pères de la Foi. Ils exercent une influence d'autant plus grande qu'ils sont des professionnels de la chaire, que leur éloquence ne ressemble en rien dans ses procédés à ceux du clergé séculier. Ils ont le prestige et l'ascendant que leur donne leur personnalité tout à fait à part. Par celà même qu'ils ne font que passer, qu'ils disparaissent comme ils apparaissent, leur passage malgré sa brièveté est un grand événement qui laisse des traces durables non seulement dans les mémoires, mais dans les cœurs.

La chaire est désormais la seule tribune qui existe dans l'Empire puisque la parole publique a disparu des assemblées fantômes et qu'il n'y a pas de liberté de la presse. Il s'agit donc d'asservir la chaire. Le seul moyen d'y arriver, c'est de ne laisser subsister d'autres prédicateurs que les membres du clergé concordataire. Ceux-là sont des fonctionnaires. Vicaires généraux, chanoines, curés, desservants, vicaires ils sont tous dans la main de leur évêque diocésain lui-même dans la main du souverain. Il n'y a donc rien à craindre d'eux. S'ils s'écartent de la ligne de conduite qui doit être la leur, leurs chefs hérarchiques les feront rentrer dans le devoir et la police impériale interviendra pour ajouter aux sanctions épiscopales les sanctions gouvernementales. Il en va autrement avec les Pères de la Foi. Jésuites! Quoiqu'ils prétendent le contraire, les Pères de la Foi sont des Jésuites aux yeux de Napoléon. S'ils ne sont pas des Jésuites par une affiliation effective à la Compagnie de Jésus là où elle s'est transportée, ils sont des Jésuites par l'âme. Or, l'âme est tout. Pour eux il ne doit donc pas y avoir de place dans l'Université pour l'éducation de la jeunesse, ni à côté du clergé concordataire pour l'évangélisation du peuple. Ils doivent disparaître. C'est sans aucun doute pour ces raisons qu'après un sursis leur condamnation à mort fut suivie d'exécution.

II

Fouché, l'ex-maître de l'Oratoire et le P. Varin, qui s'étaient déjà trouvés plusieurs fois face à face se retrouvèrent une fois de plus en présence l'un de l'autre. L'entrevue eut lieu à nouveau dans le cabinet du ministre de la Police. On ne connaît cet entretien que par le mémoire justificatif remis par le Père. En dehors de la biographie de ce dernier par lui-même et de l'historique de la fondation de la société, ce mémoire renferme de précieux renseignements qui ne concordent pas avec les résultats des investigations policières :

« Un décret de dissolution des Pères de la Foi ayant frappé il y a quatre ans leur association, nous nous en séparâmes à cette époque pleinement et de bonne foi et nous rompîmes dès lors toute espèce d'union, de rapport et de correspondance. Nous fûmes dès ce moment sans nom et sans dénomination et si le public nous a désignés depuis sous le nom de Pères de la Foi ; c'était non seulement malgré nous, mais encore contre toute la vérité.

« Nous eûmes lieu de croire que le gouvernement était satisfait de notre démarche puisque bientôt après il confirma l'établissement de Belley en accordant des lettres patentes au directeur et aux professeurs de cette école. Il est vrai que je continuai à diriger ces mêmes établissements, mais ne pouvais-je pas espérer que le gouvernement convaincu de notre dévouement par la preuve sincère que nous venions de donner, daignerait peut-être un jour agréer notre bonne volonté et nos services ?

« Oui, sans doute, je l'ai cru et mes démarches toujours éloignées de l'ombre du mystère en sont la preuve. Si depuis nous nous sommes rendus aux instances de M. l'évêque de

Gand en nous chargeant d'un petit séminaire dans son diocèse, ce n'a été qu'après l'assurance la plus positive qu'il pouvait nous employer sans contrarier les vues du gouvernement.

« Personne n'a été plus dévoué à l'Empereur que les membres de la société. Par un principe invariable fondé sur la Religion, nous avons été constamment dévoués de cœur et d'affection à Sa Majesté l'Empereur, et nous en avons donné des preuves dans toutes les occasions, dans nos instructions à la jeunesse comme dans nos rapports particuliers, au tribunal sacré comme dans la chaire et rien ne sera capable d'altérer notre dévouement. Personne dès le Consulat n'a été non plus ni plus rapidement, ni plus réellement attaché à la grande œuvre de restauration religieuse du Concordat non plus qu'aux principes de l'Église gallicane.

« Nous avons été des premiers à nous soumettre pleinement et sans réserves au Concordat, et notre soumission n'était certainement pas forcée, car nous le regardions comme un bienfait. Nous n'avons jamais enseigné ni eu la pensée d'enseigner aucun principe contraire aux sentiments du clergé de France. »

Le P. Varin terminait son mémoire en déclarant qu'il ne conservait aucun lien ni intérieur, ni extérieur avec ses anciens associés, qu'il n'entretenait avec eux aucune correspondance, qu'il n'avait même avec eux « aucun rapport de conseil » et ne nourrissait aucune pensée secrète de renouveler en aucune manière l'existence de la société [1].

Sur la demande du ministre de la Police, il produisit une liste détaillée de tous les membres de l'association.

III

Ce furent les préfets qui dans les départements où se rencontraient des Pères de la Foi reçurent la mission de procé-

___

1. Archives nationales, F¹⁹ 6287.

der à leur séparation en les faisant diriger soit sur leur lieu de naissance soit sur leur diocèse d'origine.

Le plus en évidence des Pères, celui dont le gouvernement avait particulièrement à s'inquiéter, était leur supérieur, le P. Varin. Le P. Varin tenait beaucoup à rester à Paris, mais certaines des raisons pour lesquelles il tenait à y rester étaient précisément celles qui engageaient le gouvernement à l'en éloigner. Il s'adressa à Foucher en personne. Après avoir essayé de le séduire par la manière douce, le ministre eut recours à la manière forte et finalement le mit dans l'obligation de rejoindre Besançon, sa ville natale.

Le P. Guidée raconte ainsi l'entrevue des deux hommes : « Non content de l'accueillir avec la plus grande bienveillance, l'adroit ministre lui offrit des places de chanoine, de grand vicaire, soit à Paris, soit à Lyon, soit dans toute autre ville à son choix. Le Père s'excusa sur son état de santé. Ce n'étaient de la part de Fouché que de vaines démonstrations, car quelques jours après, le P. Varin fut averti confidentiellement qu'il était menacé de prison. Il alla trouver Fouché qui le reçut avec politesse, mais s'exprima sur le compte des missionnaires en général d'une manière qui surprit étrangement le P. Varin. » « C'étaient, dit le ministre, des hommes dangereux pour l'État. Ils mettent en jeu les passions de la multitude ; ils exercent un empire absolu sur le peuple ; ils peuvent en un instant soulever les masses et tout bouleverser. » En vain il essaya de les défendre. Fouché lui coupa la parole, le congédia et l'envoya à Besançon en surveillance. Il ne put obtenir qu'un délai d'un mois pour partir.

En province la dissolution se poursuivit activement.

En janvier 1808, le séminaire de Largentière fut abandonné par les Pères qui l'occupaient. « Deux de ces Pères, fait connaître au ministre des Cultes le préfet du Rhône, Herbouville, sont maintenant à Paris ; deux autres sont placés en qualité de vicaires dans les communes de Villefranche et de Belleville dans le département, les deux derniers qui sont encore au séminaire vont s'en éloigner. La mission des Pères de la Foi est donc terminée dans le Rhône. »

Au même moment le préfet de l'Ain annonce de son côté que le directeur et les professeurs du collège viennent de quitter Belley et qu'ils ont été remplacés par des maîtres séculiers.

Les Pères de la Foi, écrit l'archevêque d'Aix-la-Chapelle, avaient recruté quelques associés dans son diocèse et peut-être même cherché à s'y introduire, mais on n'y découvre plus aucun représentant de leur association. « Leurs incursions avaient eu pour effet d'attirer cinq à six jeunes ecclésiastiques dont deux ou trois sont à Rome, autant à Amsterdam et un qui paraît avoir renoncé à cette société et s'être fixé à Aix-la-Chapelle dans sa famille. »

A Roanne, à la date du 11 janvier, d'après un rapport du préfet de la Loire, les Pères de la Foi n'ont pas encore quitté leur maison, mais ils la quitteront prochainement quand on leur aura trouvé des successeurs.

En mars 1809, tout est terminé à Montdidier et il n'existe plus dans la Somme de Pères de la Foi au témoignage du préfet. Les anciens membres de la société se sont dispersés, et ont trouvé d'autres situations ecclésiastiques.

Chacun de son côté, le préfet de la Lys et l'évêque de Gand font connaître au même moment que le petit séminaire de Roulers a été évacué par les Pères qui y étaient employés. Deux d'entre eux sont restés dans le diocèse parce qu'ils en étaient originaires.

Les Pères de la Foi avaient dû ainsi renoncer à toutes les positions qu'ils détenaient dans l'enseignement, mais ils n'avaient pas, pour cela cessé d'exister. « Si on peut s'exprimer ainsi, dira dans un rapport à l'Empereur le ministre des Cultes, en février 1808, ce qui caractérise l'association dite des Pères de la Foi, c'est sa ténacité de vie. Frappée à mort par un décret, signalée à tous les ministres, elle continue à vivre sourdement, et, qui plus est, à se maintenir dans des établissements publics. Elle conserve sa dénomination dans toutes les bouches, son crédit auprès d'un grand nombre de citoyens et même auprès de quelques fonctionnaires publics, ses rapports de confraternité entre ses membres et de subordonné au chef [1]. »

L'activité des policiers ne se ralentit pas. Les agents de Fouché suivent les proscrits dans tous leurs déplacements au milieu de toutes leurs transformations.

Le plus étroitement surveillé de tous est naturellement le P. Varin. Sans doute avait-il outrepassé les délais qui lui avaient été accordés. Le 6 octobre 1808, le ministre de la Police fait en effet connaître à son collègue des Cultes qu'il n'a pas rejoint ses foyers, non plus que plusieurs de ses associés et qu'il est toujours avec eux à Paris. Il est urgent de les contraindre à rejoindre leur lieu de naissance. « Je désirerais, ajoute-t-il, ne pas être obligé d'employer des moyens de rigueur avec des prêtres qu'on peut rendre utiles en les employant conformément à l'esprit du Concordat. »

Le ministre des Cultes tint à prévenir lui-même le P. Varin par une lettre dont il lui demanda accusé de réception. « Votre lettre est pour moi un ordre, répondit ce dernier. Je me ferai un devoir d'obéir, pouvant me flatter de n'avoir en aucune manière contrevenu à aucun ordre soit du ministre des Cultes, soit du ministre de la Police générale [2]. »

Le P. Bruson est resté à Gand au sortir de Roulers. Fouché écrit lettres sur lettres à l'évêque Maurice de Broglie pour obtenir l'éloignement de ce Père de la Foi dont la personnalité l'inquiète. Il faut de multiples certificats de médecins pour qu'il ne soit pas pris contre lui de mesures d'expulsion. Un sursis lui fut finalement accordé vu la gravité du cas. Il resta mais plus tard, lors de la révolte du séminaire de Gand, il fut arrêté, envoyé à Paris sous bonne escorte et emprisonné à Sainte-Pélagie [3].

1. Archives nationales, F¹⁹ 6287.
2. *Ibidem*, F¹⁹ 6287.
3. *Ibidem*, F⁷ 8058.

Le P. Le Blanc, originaire de la Basse-Normandie, avait regagné Bayeux. Son évêque lui avait confié la direction d'une sorte d'école secondaire. Ordre fut donné de l'écarter. Il se retira dans le voisinage. Là encore sur les instructions de Fouché, le maire de Bayeux envoie sur son compte un rapport circonstancié. Doté d'une belle fortune personnelle, il fait beaucoup de bien autour de lui, mais il outrepasse « les bornes de la prudence ». Il est bon d'avoir toujours l'œil sur lui [1].

Originaire du Poitou, le P. Gloriot avait dû rejoindre Poitiers. Des démarches sont faites par des personnes influentes pour obtenir en sa faveur une autorisation de résidence à Paris. « Nous avons toujours été d'accord l'un et l'autre, écrit à son collègue des Cultes le ministre de la Police, que s'il y avait quelques modifications à faire à la mesure de renvoyer les Pères de la Foi dans leurs diocèses, Paris était la ville où il conviendrait le moins de les laisser résider [2]. »

Le P. Barat, le frère de Sophie Barat, ne put rester à la tête du grand séminaire de Troyes dont la direction lui avait été confiée. Le ministre de la Police ne consentit même pas à ce qu'il restât dans l'Aube comme simple curé de campagne. Son renvoi à 50 lieues du chef-lieu du département fut ordonné. Retiré dans l'Yonne, il fut finalement placé en surveillance à Bordeaux [3].

L'archevêque de Bordeaux avait nommé le P. Thomas chanoine honoraire de sa cathédrale et l'avait chargé en outre de la formation et de la direction du séminaire de Bazas. Interdiction fut faite de lui confier cette mission. La mesure fut maintenue malgré les instances de l'archevêché.

Le P. Debrosse avait été employé comme aumônier à l'hospice de Metz. L'évêque de Poitiers ne parvint pas à le faire attacher à son diocèse comme professeur de grand séminaire.

1. Archives nationales, F⁷ 8058.
2. *Ibidem*, F¹⁹ 6287.
3. *Ibidem*, F¹⁹ 6287.

DENIES.

Enfant de la Drôme, le P. Enfantin avait été mis en surveillance à Nîmes. Il fallut de longues démarches à son protecteur, l'évêque de Valence, Bécherel, pour obtenir son rapatriement qui eut lieu seulement en mars 1813.

La surveillance ne s'exerçait pas seulement en France sur les Pères de la Foi, elle s'exerçait aussi au delà des frontières. Les ambassadeurs avaient mission de renseigner sur leurs agissements à l'étranger. C'est ainsi que l'ambassadeur de France auprès du Vatican ne cesse de fournir des renseignements sur leurs représentants à Rome. C'est ainsi encore que le ministre des Relations extérieures, d'après les rapports qui lui viennent de Suisse, signale leur intention de fonder à la porte même de l'Empire, à Lausanne, un établissement d'enseignement d'autant plus dangereux qu'il lui serait aisé de recruter en France beaucoup d'élèves [1].

IV

L'enseignement leur étant interdit non seulement dans les écoles secondaires mais jusque dans les grands et petits séminaires, il ne restait plus aux Pères de la Foi d'autre ressource que de se donner entièrement au ministère. Les évêques des diocèses auxquels ils appartenaient par leur consécration les pourvurent en effet d'emplois divers dans le clergé. Ils les nomment chanoines titulaires ou honoraires ne réussissant pas à les faire accepter comme vicaires généraux par le gouvernement. D'aucuns devinrent même momentanément vicaires dans des églises cathédrales ou curés de campagne, aumôniers de communautés, d'hospices. Mais la prédication est inséparable du ministère et les Pères de la Foi qui avant leur dissolution avaient été des prédicateurs le re-

____

1. Archives nationales, F⁷ 6573, dossier 2919.

deviennent par la force des choses. Là ils se heurtèrent à des dangers qu'ils n'avaient sans doute pas prévus et qu'ils ne parvinrent pas à conjurer.

Sous le Consulat et l'Empire, il y eut une police de la chaire, police très vigilante qui suivait partout les prédicateurs avec l'aide des maires, des sous-préfets. Il y avait aussi une orthodoxie napoléonienne très différente de l'orthodoxie romaine et souvent en contradiction avec elle. C'est ainsi que les quatre propositions de Bossuet sur les libertés de l'Église gallicane, par cela même qu'elles renferment au moins sous une forme virtuelle l'indépendance du pouvoir temporel par rapport au pouvoir spirituel, devinrent comme le fondement de cette orthodoxie. L'indépendance de l'État par rapport à l'Église se muait d'ailleurs rapidement en subordination de l'Église à l'État. Lorsque dans les dernières années de l'Empire s'engagera avec le pape un duel retentissant, quiconque même sous une forme voilée, même par une simple allusion renfermée dans un mot, fera profession pour la papauté, deviendra de ce fait aux yeux du gouvernement une sorte d'hérétique et sera poursuivi comme tel.

Cette surveillance des prédicateurs s'exercera d'une façon spéciale, avec une rigueur particulière à l'égard de ceux des Pères de la Foi qui se livrent à la prédication. La police a leurs dossiers entre les mains et elle les suit dans tous leurs déplacements. La prédication est d'ailleurs alors entourée pour tout le monde d'entraves de tout genre. Les évêques, quand ils veulent pour une mission quelconque faire appel au concours d'un prédicateur autre qu'un des prêtres de leur diocèse remplissant une fonction régulière, devront demander une autorisation en s'y prenant six semaines à l'avance pour laisser à la police tout le temps nécessaire à ses enquêtes. Quand il s'agira d'anciens Pères de la Foi, l'autorisation sera presque toujours refusée, si bien que la chaire ne leur sera pas moins interdite que l'école et qu'il ne leur reste plus rien de licite et de possible que de dire la messe et d'administrer les sacrements [1]. C'est en 1809 qu'une circulaire adressée au nom de l'Empereur par le ministre de la Police à tous les préfets de l'Empire, aggravée par des circulaires complémentaires, ferma sans les nommer, l'accès de la chaire aux Pères de la Foi.

« Son Excellence le ministre de la Police a mis plusieurs fois, Monsieur, sous les yeux de Sa Majesté les abus résultant de l'emploi des prêtres ambulants pour prédicateurs. Ces hommes étrangers au pays où ils viennent en passant exercer l'important ministère de la parole sacrée, se font presque toujours remarquer par des prédications qui ne tendent qu'à discréditer les pasteurs, à jeter dans les consciences l'incertitude et à susciter des persécutions.

« La France a des évêques, des curés, leurs vicaires et desservants, des chanoines. Voilà les vrais et respectables organes de la religion et de la parole sacrée. Le gouvernement n'en connaît pas d'autres. Je vous recommande très expressément, Monsieur, de veiller à ce que toute mission soit interdite dans votre arrondissement et de faire arrêter tout prêtre faisant profession de prédicateur ambulant. A compter réception de la présente, je vous rends responsable de tout abus de ce genre que vous n'auriez pas réprimé sur le champ [2]. »

Les instructions du ministre de la Police sont exécutées à la lettre avec une impitoyable sévérité.

Alors en résidence à Valence, le P. Enfantin avait sollicité l'autorisation de prêcher à la cathédrale de Grenoble où l'évêque l'avait appelé. Il a beau écrire : « J'ai fait deux fois la soumission prescrite par le Concordat. Toutes mes vues sont de faire respecter la religion et de concourir au rétablissement des mœurs. J'exhorte en même temps les peuples à être soumis aux autorités établies de Dieu, à respecter le trône sur lequel la Providence a fait asseoir Sa Majesté l'Em-

1. Léon Deries, *La police de la Chaire sous le Premier Empire.*
2. Archives nationales, F[19] 5660.

pereur Napoléon et je leur dis que qui résiste à l'autorité établie de Dieu résiste à Dieu même. » On lui opposa un refus formel.

En 1813 l'archevêque de Bordeaux a obtenu du ministre des Cultes l'autorisation de faire prêcher à sa cathédrale le P. Lambert. Après plus ample informé, l'autorisation est retirée. Il s'agit d'un Père de la Foi, et d'après les rapports policiers, ce Père s'est permis antérieurement à Niort contre les gens riches des discours du plus mauvais effet. A Bordeaux même, six ans auparavant, il s'est révélé comme un « Missionnaire fougueux, intolérant et fanatique »..Le Père est déjà arrivé. Il est impossible de le remplacer au pied levé. Il faudra toute la diplomatie de l'archevêque qui invoquera de nombreux et probants témoignages pour faire lever l'interdit[1].

Le P. Lambert était un des prédicateurs les plus recherchés. En 1814 l'évêque d'Angers auquel a été tout d'abord refusée la permission de l'employer à l'occasion du Carême ne parvient à faire revenir le ministère sur son refus qu'en agitant le spectre de la Petite Eglise répandue et puissante dans le Poitou. « Les prêtres dissidents toujours attentifs à tirer parti de tout grossiraient ce petit événement pour calomnier le gouvernement, augmenter le nombre de leurs prosélytes et les affermir dans leur haine. » Il se porte d'ailleurs garant de l'orateur et se fera remettre au préalable tous ses sermons[2].

Le P. Thomas, un Normand d'origine, qui appartient à la Seine-Inférieure est rentré dans son diocèse comme prêtre habitué de l'Eglise Saint-Maclou à Rouen. Depuis la dissolution des Pères de la Foi, on n'a pas cessé de le surveiller et ses sermons partout où il est amené à prendre la parole sont épiés par des agents de la police et les délégués de la préfecture. En 1810 il avait prêché avec un grand succès le Carême

1. Archives nationales, F¹⁹ 5672.
2. *Ibidem*, F¹⁹ 5663.

à la cathédrale sous les yeux mêmes de l'archevêque Cambacerès et il avait eu la bonne fortune d'échapper à toute critique préfectorale. En 1811, en raison de son succès, il est
encore désigné pour prêcher la station quadragésimale à la
fois à Saint-Ouen et à Saint-Maclou. « L'affluence était telle
dans les deux églises que le prédicateur de la cathédrale qui
était obligé de prêcher les mêmes jours, parlait dans le désert
ou, du moins, n'avait presque parmi ses auditeurs que M. le
cardinal et les chanoines. » Mais cette fois il commit une
imprudence. On lui reprocha d'avoir soutenu que les mariages
faits par des prêtres assermentés étaient nuls et leurs confes-
sions inefficaces, d'avoir assimilé la nomination des curés et
des évêques à celle des fonctionnaires, d'avoir manqué au
respect des principes de l'Eglise gallicane, d'avoir amplifié les
maux de la guerre en disant par exemple : « Qu'est-ce qu'un
conquérant ? Qu'est-ce que de faire tuer des hommes, de renverser des murailles ? On peut tuer dix mille hommes, cent
mille hommes et n'être que de petits hommes. »

Prenant les devants, Cambacerès lui interdit de continuer
sa prédication. Envoyé en surveillance à Saint-Valery-en-
Caux, sa ville natale, il dut s'y enfermer dans le silence[1].

Le P. Desmares fut plus rigoureusement traité. Devenu
chanoine honoraire de la cathédrale d'Angers, il comptait au
nombre des prédicateurs ordinaires de la région de l'Ouest. A
Angers, au témoignage de l'évêque du diocèse, il s'était heureusement signalé par des conférences où il avait démontré
qu'en conscience nul ne devait se soustraire ni à l'impôt, ni
au service militaire. Mais à Ancenis en compagnie du P. Enfantin il avait été dénoncé par le maire et le sous-préfet comme
ayant, en contradiction avec la loi du Concordat, porté le
trouble dans les consciences religieuses de plusieurs habitants. « Le préfet de la Loire-Inférieure l'avait fait incarcérer
à Nantes. Le clergé nantais se livra à des manifestations en

1. Archives nationales, F⁷ 8070.

sa faveur. Pour en prévenir le retour, on le transféra à Paris sous la conduite d'un maréchal des logis de gendarmerie pour être interrogé par le ministre de la Police. Après interrogatoire, on lui rendit la liberté, mais on lui interdit l'accès des départements de l'Ouest où sa présence seule suffisait pour réveiller l'esprit de parti[1]. »

Cette surveillance s'exerça jusqu'à la dernière heure du règne de Napoléon et ne prit fin qu'à la Seconde Restauration, car elle reparut durant le bref entr'acte impérial des Cent Jours.

En dépit de toutes ces mesures le gouvernement n'eut jamais raison qu'en apparence de cette poignée de moines... Les Pères de la Foi rachetèrent en effet par leur activité, leur ardeur, leur obstination, l'insuffisance de leur nombre. Ils sont tout au plus une trentaine et cette simple escouade donne l'impression d'une véritable armée tant elle est mobile, tant elle se multiplie faisant face à toutes les tâches, les remplissant avec le même zèle et n'étant inférieure à aucune. Ils sont partout et on ne sait jamais exactement où ils sont.

Ce sont avant tout des éducateurs et des prédicateurs apportant dans l'éducation et dans la prédication des moyens qui, sans être nouveaux, sont cependant bien à eux. Ils ont le don de séduire la jeunesse en parlant à son cœur, en se mêlant intimement à sa vie. Ils entretiennent chez elle un esprit d'émulation qui stimule l'effort et provoque le succès de chacun et de tous. Ils ont aussi le don par une parole chaude, et, à l'occasion familière, en tout cas jamais banale, d'agir sur les foules. Au confessionnal leur influence n'est pas moins grande qu'en chaire.

De toutes leurs forces ils entreprennent la conquête des âmes, des jeunes âmes surtout, non seulement des âmes masculines, mais aussi des âmes féminines. Ce sera leur prin-

1. Archives nationales, F7 8070ᴬ.

cipal crime aux yeux de la police. La Société des Dames de
l'Instruction chrétienne vouée au Sacré-Cœur sera leur œuvre
et ils ne cesseront jamais de s'intéresser à elle et de diriger
ses pas d'une façon occulte quand ce ne sera pas au grand
jour. Sans qu'il nous soit donné de descendre au fond de leur
conscience, ils nous apparaissent comme des mystiques, de
grands mystiques, et c'est leur mysticité qui constitue le
plus puissant ressort de leur activité. Ils sont romains, ultramontains, non gallicans ainsi que le prouvent tous leurs actes
à toutes les dates de leur histoire et leur rupture avec Pacanari quand elle sera consommée, ne dénouera pas les liens
moraux sinon légaux qui les attachent au Saint-Siège. Ce
sont des soldats du pape, ce qui ne contribuera pas peu à les
disqualifier aux yeux de Napoléon.

Lorsqu'il leur sera interdit d'enseigner et de prêcher, ils ne
cesseront pas pour cela d'agir. Ils sont à la disposition de
toutes les œuvres qui se fondent et leur apportent leur concours. Quand ils quittent leurs collèges, leur chaires, ce sera
pour entrer dans les grands et petits séminaires où les évêques
les accueilleront avec faveur comme des collaborateurs de
choix. Leur supérieur le P. Varin leur donne l'exemple d'un
inlassable prosélytisme dans toutes les directions mais toujours dans le même esprit.

Les Pères de la Foi sont une élite religieuse. Ils sont nés
en pleine tempête et ils ne redoutent pas les orages. La Révolution les a préparés à toutes les épreuves au milieu de leurs
exodes et de leurs odyssées. Ils représentent une sorte de
levain religieux destiné à faire fermenter une foi plus intense
et plus agissante dans le clergé de France. Ce sont des
Francs-tireurs. On a beau les soumettre individuellement à
l'Ordinaire dans chaque diocèse, ils gardent toujours leur
autonomie et leur liberté d'action. Ils ne sont pas sans
influence sur les évêques eux-mêmes et se font à l'occasion
leurs conseillers à l'exemple du P. Donche et du P. Bruson
à Gand auprès de Maurice de Broglie.

On les rencontre mêlés à toutes les affaires importantes. Dans la lutte entre le Pape et l'Empereur, ils prennent parti naturellement pour le Pape contre l'Empereur. Ils interviennent dans l'affaire des Cardinaux Noirs, introduisent les bulles pontificales interdites ou aident à leur diffusion. Quand leur action cessera d'être publique, elle deviendra occulte et elle est plus à craindre sous cette seconde forme que sous la première. Napoléon, avec l'aide de Fouché et de Savary, croira parfois les avoir. Il ne les aura jamais en réalité, même quand il les aura contraints à regagner leur lieu de naissance. La police aura beau les suivre dans tous leurs déplacements, intercepter leur correspondance, ils ne cesseront pas de correspondre, de s'entendre entre eux. Même dispersés aux quatre coins de la France, ils reconnaîtront toujours pour chef le P. Varin et lui obéiront. Quelque emploi qu'ils exercent, même comme curés de campagne ou vicaires de cathédrale, ils seront toujours en leur for intérieur des Pères de la Foi. Ils ne formeront toujours qu'un même corps dont les membres sont momentanément disjoints. A défaut des corps, les âmes seront toujours unies. Ce sont ces âmes des Pères qui, jusqu'à la Restauration continueront à former une congrégation sinon temporelle, du moins spirituelle.

S'en est-il fallu beaucoup qu'au lieu de devenir les adversaires de l'Empereur les Pères de la Foi ne devinssent au contraire ses alliés et les collaborateurs de ses desseins ? On ne saurait trop le dire, car les documents qui pourraient renseigner à ce sujet sont précisément ceux qui font défaut. Seuls les papiers du P. Varin actuellement dans les Archives de la Compagnie de Jésus où le P. Guidée les consulta quand il écrivit la vie du Supérieur des Pères seraient de nature à nous éclairer. Protégés par le cardinal Fesch et aussi par Portalis, les Pères de la Foi eurent pour principal ennemi le redoutable Fouché et ce fut finalement Fouché qui triompha. Sa victoire ne fut pas instantanée. En 1804 le décret du 22 juin ne fut pas exécuté et resta en sommeil jusqu'en 1807. En voyant des

Jésuites dans les associés du P. Varin, Napoléon ne se trompait qu'à demi et ce furent eux-mêmes qui lui donnèrent raison en n'attendant pas la seconde Restauration pour entrer dans la Compagnie de Jésus.

Après avoir été, comme aurait dit Aristote dans sa langue philosophique, des Jésuites en puissance, les Pères de la Foi devinrent des Jésuites en acte. Ce furent en tout cas eux qui avec quelques Jésuites réfugiés au delà de nos diverses frontières fournirent les cadres de la Société de Jésus lors de sa reconstitution en France.

CHAPITRE X

LES MISSIONS ET LES MISSIONNAIRES

I

Trois associations religieuses sous l'Ancien Régime se partageaient l'œuvre générale des Missions à l'étranger. C'étaient celles des Lazaristes, des Pères du Saint-Esprit et des Prêtres des Missions étrangères. Aucune d'elles ne constituait une congrégation proprement dite, c'est-à-dire, une congrégation régulière. Il fallait plutôt les considérer comme des congrégations séculières, autrement dit, comme des compagnies dont les membres tout en poursuivant le même but, en obéissant au même chef, n'étaient cependant unis les uns aux autres que par des liens très lâches, nullement assimilables à ceux des autres ordres monastiques. Non seulement par le genre de vie, par l'esprit, par la discipline, mais par la personnalité même, ces trois groupes de missionnaires qui sous une triple dénomination se livraient à la même entreprise, la propagation de la foi catholique et avec elle de l'influence française dans les pays lointains, ne ressemblaient en rien à aucune corporation de moines. Seuls pouvaient leur être comparés, mutatis mutandis, les Messieurs de Saint-Sulpice. La Révolution ne les comprit pas moins dans son abolition universelle des ordres religieux.

Le plaidoyer que les Prêtres des Missions étrangères adressèrent en faveur de leur Institut à l'Assemblée nationale ne fut adressé que par eux, mais il aurait pu l'être tout aussi bien par leurs confrères du Saint-Esprit et de Saint-Lazare. Ils y définissent nettement en la faisant suivre d'une énumération des services rendus par eux à la France la nature de leur institution.

« La maison des Missions étrangères, disaient-ils, est l'unique établissement d'une société de prêtres séculiers et toujours français qui, sans aucune espèce de vœux, sans autres liens que ceux du zèle et de la charité, se destinent à porter les lumières de la foi et à publier la gloire du nom français dans les pays orientaux. Cette association ne peut être comparée à aucun corps ecclésiastique ni réputée congrégation. Il n'y a point de supérieur général qui ait autorité sur tous ses associés [1]. »

La maison des Missions étrangères établie à Paris n'est autre chose que la maison de correspondance de toute l'association et la retraite de tous les individus ou associés que des infirmités ou autres raisons légitimes obligent de passer en France. C'est improprement qu'on l'appelle séminaire. Elle n'est ni pour disposer aux Saints-Ordres, ni pour l'éducation publique. On n'y reçoit que des prêtres ou des ecclésiastiques qui, ayant fini leur cours d'études, y restent un ou deux ans pour éprouver leur vocation. Ensuite on les envoie dans quelqu'une des missions de Chine, de Cochinchine, Tonkin, de Siam, la côte de Coromandel où ils travaillent sous la direction spirituelle d'un de leurs associés qui est ordinairement évêque. Ils sont libres de quitter les missions dès qu'ils le jugent à propos.

1. Adrien Launay, *Histoire générale de la Société des missions étrangères*, tome II.

« Ils ne perdent pas de vue les intérêts de leur nation. Les services qu'ils lui ont rendus et qu'ils peuvent lui rendre dans la suite, seraient une raison suffisante pour former cet établissement s'il n'existait pas. »

Les ouvriers des missions durent se disperser en France, mais l'œuvre elle-même ne cessa pas pour cela tout à fait de fonctionner. Les prêtres des Missions étrangères, en particulier, tout en se cachant pour échapper aux poursuites dirigées contre les insermentés demeurèrent en relations les uns avec les autres et maintinrent ainsi leur Institut. Ils continuèrent d'observer les règles de leur corporation, de respecter ses traditions, de poursuivre son but. Des lettres remplacèrent les conversations et des rapports les discussions du Conseil.

Le siège de la Société au lieu de demeurer à Paris fut transféré à Rome. Deux des directeurs allèrent en effet s'y installer et reçurent des secours de la Propagande pour faire vivre leurs entreprises. Trois autres, réfugiés en Angleterre, s'occupaient du recrutement des missionnaires et les envoyaient en Extrême-Orient sur les points où leur présence était nécessaire. Pour leur correspondance ils employaient un langage de convention. Ainsi, par exemple, le mot commerce désignait les affaires des Missions. Le chef de tous les comptoirs désignait le Souverain-Pontife, le premier commis le cardinal Antonelli préfet de la Propagande, le second commis le secrétaire de la Propagande, le nouveau magasin, un nouveau séminaire.

II

Cependant, un directeur était demeuré en France, Bilhère. Ce fut lui qui fit racheter par une tierce personne l'ancien séminaire des Missions à Paris et l'acquit définitivement en 1796. Ce fut lui également qui dès qu'il sentit le moment favorable, grâce à la paix consulaire, travailla à la reconnaissance légale de la Société auprès du gouvernement. Il n'invoqua pas d'autres raisons que celles qui en 1790 avaient été invoquées près de l'Assemblée Nationale : « Quelle gloire, écrivait-il, pour la nation française d'aller éclairer et sanctifier ces vastes empires, ces vastes régions de l'Inde et de la Chine, d'y porter le salut et la lumière ! Quelle grande idée tous ces peuples ne conçoivent-ils pas de l'élévation, de la générosité, de la magnificence du génie français à qui ils doivent ces précieux avantages [1] ! »

Le cardinal de Belloy archevêque de Paris servit d'intermédiaire. A la suite de son intervention le Premier Consul réclama un mémoire étendu sur l'association : « Je désire, lit-on dans une lettre du 28 août 1802, que vous me fassiez un rapport plus détaillé qui me fasse connaître où en sont nos missionnaires et ce qu'il y aurait à faire pour rendre leur zèle utile à la Religion et à l'Etat. Vous pouvez assurer tous ceux qui s'adresseront à vous que mon intention est d'agir aux Indes et en Chine comme je viens de le faire dans la Syrie et dans le Levant où j'ai remis sous notre protection spéciale le Saint-Sépulcre et tous les Chrétiens de l'Orient [2]. »

Bilhère dans sa réponse fit observer que le véritable moyen de relever les missions et d'en assurer le succès était de leur rendre leur ancienne organisation d'avant la Révolution. Il demandait la restitution de tous les biens invendus, un secours annuel de 15 000 francs et la gratuité du transport de tous les missionnaires. Il associa à ses efforts en vue de l'approbation gouvernementale le cardinal Caprara, le chargé d'affaires des cultes et son ancien condisciple de Saint-Sulpice l'abbé Bernier depuis peu nommé évêque d'Orléans.

L'opinion publique n'était pas tout à fait indifférente, ou du moins, des hommes éclairés essayaient de la faire sortir de son indifférence et de stimuler le gouvernement. C'est

1. Adrien Launay, *Ibidem*.
2. Adrien Launay, *Ibidem*.

ainsi que dans la chaire de l'église des Missions étrangères, l'abbé de Boulogne, l'un des prédicateurs les plus réputés du temps exprimait le regret de la disparition des missionnaires. C'est ainsi encore que les « Annales morales et littéraires » formulaient en ces termes le vœu du rétablissement du séminaire des Missions de Paris en faisant connaître les agissements de l'Angleterre. Là où nous n'étions pas ne manquait pas d'être la perfide Albion : « Cette nouvelle société anglaise de missionnaires n'est peut-être pas tant pour étendre le règne du Christ que pour étendre l'empire du léopard britannique qui ne cherche ici à réunir toutes ses forces morales à tous ses forces physiques que pour mieux tenir sous ses griffes toutes ses lointaines conquêtes présentes et futures. Cette seule raison, quand il n'y en aurait pas mille autres, devrait suffire pour nous faire sentir plus que jamais l'imporrance de nos missions qu'avaient tant encouragées les Colbert et les Louvois. La véritable perte qu'a faite le gouvernement dans le séminaire de Paris qui en était le principal foyer montre l'utilité de réparer cette grande méprise de la fureur révolutionnaire [1]. »

Ces idées étaient bien celles du Premier Consul. Sa correspondance avec le pape en témoigne [2] :

Très Saint Père

J'ai fait remettre sous la protection de la France le Saint Sépulcre, tous les Chrétiens de Syrie ainsi que toutes les églises qui existaient à Constantinople. Je désirerais donner une nouvelle activité aux Missions de la Chine et je ne cacherai pas à Votre Sainteté, qu'indépendamment du bien général de la Religion, j'y suis porté par le désir d'ôter aux Anglais la direction de ces missions qu'ils commencent à établir.

1. *Annales morales et littéraires*, tome II, pp. 378 et 379.
2. Adrien Launay, *Histoire générale de la Société des missions étrangères*, tome II, p. 354.

Je suis avec un respect fidèle, de Votre Sainteté le très dévoué fils ;

Bonaparte
Premier Consul.

La Propagande concevait autrement les choses. Jalouse de son indépendance, elle ne voulait pas plus être française qu'anglaise tout en protestant de ses sentiments de bienveillance à l'égard de la France et de son nouveau chef, le restaurateur de la foi catholique. « Les missionnaires catholiques qui exercent leur saint ministère dans les pays au delà de la domination de l'Europe, écrivait de son côté le Pape, suivent tranquillement l'autorité du Saint-Siège et de la Congrégation de la Propagande. Cette autorité sera toujours l'amie de la France et les missionnaires qui seront envoyés par la Propagande dans ces contrées n'y porteront aucun esprit d'innovation..... Nous vous faisons observer qu'on ne saurait, sans porter le plus grave préjudice à la Religion et sans ouvrir la porte à des bouleversements, assujettir les missions à de nouvelles Lois civiles sans l'intervention et l'approbation du Saint-Siège [1]. »

Après une sérieuse étude de la question, Portalis présenta un mémoire où aux idées personnelles de l'auteur se mêle un ressouvenir des idées révolutionnaires [2].

« Les Missions étrangères doivent leur origine à l'esprit de prosélytisme qui a fait tant de biens et tant de maux. Elles sont propres à la religion catholique dont les ministres ont été plus particulièrement occupés que tout autre du soin de la propagation de leur doctrine et de leur foi. Chaque nation doit incontestablement veiller sur son bien particulier, mais elle est encore appelée à contribuer au bien général de l'humanité. Il est donc permis, en présentant l'utilité des

1. Augustin Theiner, *Histoire des Deux concordats*, tome 1er, pp. 543 et 544.
2. Archives nationales, AF^iv 1029.

Missions étrangères, de les envisager non seulement dans leur rapport avec l'intérêt du gouvernement, mais avec l'intérêt commun de toutes les nations et de tous les hommes. Dans les temps modernes, ce sont les missionnaires qui ont civilisé d'immenses contrées et qui ont pour ainsi dire ajouté de nouveaux peuples au genre humain.

« .....Il n'y a que le sentiment de religion qui ait pu engager des prêtres chrétiens à braver tous les périls, à vaincre tous les obstacles, à mépriser toutes les commodités de la vie pour porter au loin la morale et la vertu. Au milieu de la corruption de nos temps, on les a vus entreprendre les plus grandes choses et échanger leur repos et leur bonheur contre les hasards les plus périlleux et obtenir à quelques mille lieues de leur patrie, l'ascendant qu'ils ont eu sur des hommes libres dont ils ont réformé les manières, détruit les préjugés et soumis les passions. ».

Ces arguments valaient surtout pour le Pape, et pour le grand public. D'autres, les suivants, valaient surtout pour le Premier Consul peu sensible à ce qu'il appelait dédaigneusement l' « Idéologie ».

« Ce sont des missionnaires qui ont porté jusqu'à l'extrémité du globe la gloire du nom français, qui ont étendu l'influence de la France et qui lui ont donné de nouveaux rapports avec des peuples dont on ignorait l'existence. Ce sont des missionnaires qui ont rapporté en retournant dans leurs foyers des connaissances précieuses pour les arts et pour les sciences. Ce sont des missionnaires qui ont accru nos moyens de subsistance en naturalisant pour nous des productions nées sur un autre sol et sous un notre climat. Enfin, ce sont des missionnaires à qui nous sommes redevables de l'art autrefois si peu connu des voyages et de l'art si important encore de faire et de recueillir de bonnes observations.

« L'Angleterre a si bien compris l'importance des missions qu'elle n'épargne aucun effort pour les multiplier à son bénéfice. Entre ses mains elles deviennent une arme redoutable contre nous. Pour lutter sur ce terrain comme sur les champs de bataille, la France doit pouvoir opposer victorieusement partout ses missionnaires à elle aux missionnaires anglais.

« Dans ce moment nous sommes avertis par la conduite des Anglais, nos éternels ennemis, de ne pas oublier les biens dont nous sommes redevables aux missions. Ces Insulaires avant la Révolution Française ne connaissaient pas ces sortes d'établissements. Depuis quelques années, ils se sont ravisés. Ils envoient des missionnaires dans les îles récemment découvertes. Ils en envoient partout où ils peuvent étendre leur domination et leur commerce. Ces missionnaires sont abondamment salariés par le trésor public ou par des compagnies de négociants. On a compris à Londres qu'il faut une mission là où l'on ne peut avoir une armée à sa solde et qu'il est un genre de conquête que l'on ne peut devoir qu'à la force de la parole et de la religion[1]. »

Plus tard, en 1807, Portalis renouvellera dans des termes analogues les mêmes considérations.

C'est partout et toujours l'Angleterre qu'il redoute dans ses tenaces envahissements.

« Depuis trois ans les Anglais ont fait plusieurs tentatives pour faire transporter aux missions Portugaises les avantages et la supériorité dont les missions françaises avaient joui jusqu'ici. Ils ont échoué et il est d'un intérêt d'autant plus grand pour nous de conserver à Pékin des intelligences et des amis que les Russes y ont un comptoir et que les Anglais dominent à Canton.

« La faveur dont le nom français jouit encore parmi les sauvages du Canada après plus de quarante ans de domination anglaise est due en grande partie à l'ascendant qu'avaient sur eux les missionnaires français. Aussi les Anglais ont-ils pourvu récemment à l'établissement d'un séminaire catho-

1. Archives nationales, F19 6283.

lique à Québec pour empêcher que les prêtres français qui avaient continué à y être admis jusqu'à la guerre de la Révolution n'y fussent nécessaires à l'avenir.

« ... Enfin les missions du Levant offrent à la fois secours, intelligence et protection à nos navigateurs. Elles entretiennent parmi les catholiques soumis aux musulmans un esprit favorable à la France. Ces peuples la regardent comme leur protectrice naturelle et leur seul espoir au sein de l'oppression à laquelle ils sont en butte. Ces missionnaires ressortent de l'ambassadeur de France à Constantinople et lui donnent souvent des avis importants. L'armée d'Egypte en reçut en Syrie et en Egypte d'utiles secours et des directions plus utiles encore. Enfin, leur existence est regardée comme tellement convenable que l'ambassadeur de France en Perse sollicite ardemment en cet instant le rétablissement des missions qui existaient autrefois dans les provinces de cet Empire et que la suppression des ordres religieux, principalement des Dominicains et des Franciscains, a détruites. Le ministre des Relations extérieures protège très activement celles qui existent encore. Il est d'ordinaire l'origine et l'appui auprès du ministre des cultes des démarches des missionnaires. »

Les prêtres des Missions du Saint-Esprit, pas plus que les prêtres des Missions étrangères n'étaient de véritables réguliers. Leur séminaire n'était nullement un chef-lieu d'association, mais simplement un centre d'organisation destiné à préparer des prêtres pour l'étranger. Leur règlement ne pouvait être assimilé à une règle monastique. Dirigés par un supérieur « doux, peu entreprenant et dévoué au gouvernement »; ils étaient fort peu nombreux, six en tout. Leurs élèves desservaient les missions du Sénégal, de Cayenne, de la Guyane française, de la Martinique et de la Guadeloupe.

Enfin, la compagnie des Lazaristes, fondée en 1624 par Saint Vincent de Paul, constituait elle aussi une congrégation purement nationale. En dehors du secours qu'ils prêtaient à l'intérieur à l'instruction religieuse du peuple et de la participation qu'ils apportaient au gouvernement des Sœurs de Saint-Vincent-de-Paul dont leur chef était le supérieur général, ils travaillaient hors de France à l'œuvre des Missions. Ils collaboraient en particulier à l'évangélisation d'Alger, de Tunis, de l'Ile de France, de la Réunion et de la Chine.

III

Napoléon concevait à sa manière les Missions et cette conception était en contradiction absolue, irréductible avec la doctrine traditionnelle de l'Eglise. D'un côté en effet le chef de l'Etat en plaçant en apparence les missionnaires sous l'autorité de l'archevêque de Paris, voulait les placer en réalité sous sa propre autorité. D'un autre côté, le Souverain Pontife refusait de les soustraire à sa propre direction en les rendant indépendants de la Propagande. Epris d'unité, Napoléon n'admettait pas à un autre point de vue la coexistence des Lazaristes, des Pères du Saint-Esprit et des Prêtres des Missions étrangères. A ses yeux, ces trois associations devaient se fondre en une seule.

Pour conserver leur personnalité, les trois groupes de missionnaires qui différaient à la fois par leur origine, leur esprit, leur organisation, eurent beaucoup à lutter. Interprète et agent d'exécution des idées du Maître, Portalis avait rédigé un projet d'après lequel un unique séminaire formerait tous les missionnaires destinés à propager l'influence française en même temps que la foi à l'étranger. « A Paris la maison des Jésuites dite de Saint-Louis possède une chapelle qui a été érigée en succursale. En transformant cette succursale en paroisse, les honoraires provenant du service suffiraient pour la subsistance et l'entretien des principaux membres de cet établissement. A mesure qu'il s'offrirait des ecclésiastiques que le gouvernement jugerait capables d'être employés aux missions, on pourrait d'après la demande motivée du supérieur et en prenant tous les renseignements requis, donner quelques secours passagers pour perfectionner l'éducation de ces ecclésiastiques afin de les mettre en état d'apprendre quelqu'un des arts qui font prospérer les missions de Pékin. Le même établissement pourrait servir à former des ecclésiastiques pour nos colonies. Il pourrait servir encore d'une maison de retraite pour les prêtres, pareille à celle que Saint Vincent de Paul avait établie[1]. »

L'unification fut prononcée. Le décret l'édicta théoriquement, mais elle ne fut pas appliquée. Les trois congrégations visées restèrent dans l'état où elles étaient. Il ne pouvait guère, d'ailleurs, en être autrement car elles n'étaient toutes les trois composées que de quelques membres. Le Conseil des Missions ne se réunit presque jamais.

Napoléon avait fait attribuer par le même décret au cardinal Fesch en sa qualité de Grand Aumônier la direction générale des missions par le même décret. Le cardinal était ainsi élevé au-dessus de la Propagande et au-dessus même du Pape, puisque désormais tout ce qui concernerait les missionnaires de l'Empire serait subordonné à sa seule autorité. L'Etat était tout et l'Eglise n'était plus rien.

Par l'intermédiaire de Caprara le Pape protesta et revendiqua le respect des droits méconnus et violés du Saint-Siège. La juridiction temporelle et la juridiction spirituelle étaient confondues et c'était la première qui faisait tout ce qu'il appartenait à la seconde de faire. Sous la royauté, aucune des congrégations de missionnaires ne recevait d'ordres du roi. Il était inadmissible qu'aujourd'hui une telle nomination appartînt à l'Empereur. En croyant donner aux missions une force nouvelle on ne fait ainsi que les affaiblir : « Les ennemis de la France ne manqueront pas de représenter que ce n'est pas par un supérieur librement élu et confirmé par le Pape que les missions sont dirigées mais par un supérieur que l'Empereur seul désigne et qu'ils affecteront de représen-

1. Archives nationales, AF^{IV} 1044, pièce 34, dossier 3.

ter comme un agent exclusivement dévoué à ses intérêts. Rien ne serait plus capable d'inspirer des préventions contre les missionnaires et d'empêcher le succès de leurs efforts. Il est même plus que douteux que les missionnaires employés veuillent se soumettre à un ordre de choses essentiellement différent de celui qu'ils avaient embrassé[1]. »

Cette protestation resta sans réponse.

La réorganisation Napoléonienne fut un échec complet. A l'œuvre des Missions manquèrent les ouvriers et le cardinal Fesch fut en réalité un général sans soldats. L'argent fit défaut et pour s'en procurer le Grand Aumônier s'adressa en vain à la générosité des fidèles. Lorsque les Lazaristes demandèrent à être incorporés à l'Université pour assurer ainsi l'existence de leurs collèges à l'étranger, ils se heurtèrent à un refus impérial malgré l'intervention de leur chef et protecteur[2].

IV

Les missions se mouraient partout de consomption. Elles étaient à l'agonie faute de recrutement lorsque le gouvernement les frappa lui-même d'un coup mortel. En 1809 les missionnaires étaient devenus à ce points suspects et odieux à Napoléon qu'il les jugeait capables de toutes les trahisons. « Ils sont pour qui les paie, écrivait-il le 2 septembre 1809 au ministre des Cultes ; pour les Anglais s'ils veulent s'en servir ». « Si les Missions étrangères jugent profitable de se mettre sous la protection de l'Angleterre, ajoutait-il dans une lettre du 20 octobre de la même année au cardinal Fesch, je le verrai avec plaisir puisque cette nation est mieux en état que nous de protéger leur sainte entreprise. Qu'elles mettent donc de côté toute considération de patrie et qu'elles ne voient plus que la patrie du Ciel[3]. »

1. Archives des missions étrangères, volume 223, p. 223.
2. Archives nationales, F[19] 6240.
3. Léon Lecestre. *Lettres inédites de Napoléon I*[er], tome II, p. 113.

Les missionnaires n'avaient pas cessé d'être Français et d'agir en Français au dehors comme au dedans, mais l'Empereur n'avait pas trouvé dans le supérieur général des Lazaristes l'allié qu'il escomptait au cours de sa lutte contre le Pape. Par un décret en date du 26 septembre 1809 il supprima les trois sociétés de missionnaires de l'Empire sans toutefois faire imprimer le décret de suppression. Leur chef l'abbé Hanon fut arrêté, dépouillé de son titre et de ses fonctions de supérieur général des Filles de la Charité. On saisit sa correspondance. Originaire de Saint-Pol dans le Pas-de-Calais, il fut placé en surveillance sous l'œil de la police dans sa ville natale. Quand il demanda l'autorisation de résider à Amiens, on la lui refusa.

Les choses n'en restèrent pas là : « Faites arrêter le nommé Hanon prêtre soi-disant supérieur des Sœurs de la Charité qui est à Amiens et qui a un bref du Pape, ordonnait l'Empereur à Savary le 15 février 1811. Vous le ferez interroger pour savoir pourquoi il a ce bref, sans qu'il ait été enregistré en mon Conseil. Voyez le cardinal Maury et dites-lui que je n'entends pas que le sieur Hanon, par la seule raison qu'il a un bref du Pape, se mêle de rien et que mon intention est qu'il reste détenu jusqu'à ce que les affaires soient arrangées »[1].

L'abbé Hanon qui n'était pas alors à Amiens mais à Saint-Pol fut conduit de brigade en brigade à Paris et après un interrogatoire envoyé à Fenestrelle. Vainement on essaya de lui faire donner sa démission de ses doubles fonctions de supérieur général des Lazaristes et des Filles de la Charité. Il soutint que sa nomination ayant un caractère ecclésiastique le Pape seul avait qualité pour le décharger de son mandat. A défaut de la liberté, il sollicita son placement dans une maison de santé. Cette faveur lui fut refusée. A l'approche des Alliés il fut transporté à Bourges. Il revint à Paris en même temps que les Bourbons.

1. Canton, L'abbé Hanon, *Revue des études historiques*, tome CII, pp. 88 et suiv. ; 314 et suiv.

CHAPITRE XI

LA COMPAGNIE DE SAINT-SULPICE

I

La formation des futurs ministres du culte était avant 1789 entre les mains des Congrégations. C'étaient les Oratoriens, les Eudistes, les Jésuites alors qu'ils n'étaient pas encore expulsés, les Sulpiciens qui chacun avec son esprit propre, ses traditions, la discipline de son ordre se la partageaient. Les uns dominaient dans certaines provinces, les autres ailleurs. La prépondérance suivant les temps appartenait tantôt à ceux-ci, tantôt à ceux-là. Entre les associations rivales il existait une émulation. Le clergé français connut ainsi des tendances différences selon l'action dissemblable de ses éducateurs.

La Compagnie de Saint-Sulpice avait eu pour fondateur M. Olier, curé de Saint-Sulpice, au début du XVIIIe siècle. Après approbation de ses statuts par le cardinal de Noailles, archevêque de Paris, elle avait été définitivement reconnue en 1713 à la suite de l'enregistrement de ses lettres patentes par le Parlement. D'après ses constitutions, elle devait se

livrer d'une manière exclusive à l'enseignement ecclésiastique.
Il lui était interdit de se consacrer à tout autre ministère que
ce ministère professionnel. M. Olier ne s'était proposé que de
créer une petite association, mais ses espérances furent rapidement dépassées et, à l'heure de la Révolution, les Sulpiciens
étaient au nombre de 140.

Les « Messieurs de Saint-Sulpice » ne constituaient point
une congrégation proprement dite. Ils n'avaient en effet ni
sollicité ni obtenu aucune autorisation de la cour de Rome.
Les seuls liens existant entre eux étaient ceux que créaient
naturellement la cohabitation, la profession des mêmes principes. Grâce à la prudence, à l'habileté de l'homme remarquable qu'était leur supérieur, l'abbé Emery, ils avaient
traversé sans trop de peine et de difficultés la Révolution.

Telle était la réputation de l'abbé Emery, « Monsieur Emery »,
que le Premier Consul avait voulu presque de force lui donner
la mitre dans la première promotion épiscopale du Concordat.
S'il n'avait pas voulu être évêque lui-même, il n'en avait pas
moins été un véritable faiseur d'évêques. En relations intimes
avec Portalis, il lui avait signalé utilement plus d'une candi-
dature. Par sa seule intervention personnelle, il avait décidé
des prélats de l'Ancien Régime à entrer dans le nouvel épiscopat. Il était resté dans la suite le conseiller et comme le
directeur de conscience temporel de certains titulaires. C'était
auprès de lui que s'était retiré pour faire une retraite l'archevêque de Lyon, le cardinal Fesch. Plus d'un rapport du cardinal sur d'importantes questions intéressant l'Eglise était dû
à sa plume. Il passait à juste titre pour le premier prêtre de
France.

La Compagnie de Saint-Sulpice possédait à Paris un grand
séminaire. Ce séminaire tenait lieu de séminaire ordinaire
pour l'éducation des clercs du diocèse de Paris et il était en
même temps une sorte d'Institut ecclésiastique destiné à fournir de professeurs les séminaires des diocèses de province qui
s'adressaient aux Sulpiciens pour en obtenir. Leur influence

était donc très étendue puisqu'elle s'exerçait partout où ils avaient des représentants chargés de la formation des ecclésiastiques.

Vers 1807, vingt-neuf Sulpiciens donnaient l'enseignement dans divers séminaires et environ une vingtaine d'autres se préparaient au siège de l'Institut à aller enseigner à leur tour.

En octobre 1802, l'abbé Emery après être resté jusque-là le chef de la Compagnie à titre officieux avait voulu donner sa démission de supérieur, mais elle n'avait pas été acceptée par ses confrères et à l'unanimité il avait été officiellement confirmé dans ses fonctions. Il s'était occupé du rétablissement du séminaire de Paris tel qu'il existait avant 1789. La Compagnie avait de nouveau essaimé. Elle avait pris successivement la direction des grands séminaires de Lyon en 1802, d'Autun, d'Angers et de Saint-Flour en 1803, d'Aix et de Toulouse en 1804, de Viviers, de Limoges et de Nantes en 1807, du Puy en 1810.

II

« Qu'est-ce que les Sulpiciens ? Les uns assurent que ce sont des Jésuites, les autres des Molinistes ? Combien sont-ils ? Quelle est leur doctrine ? Ont-ils des correspondances avec des cours étrangères ? Enfin que convient-il de faire pour que partout où l'on donne des leçons de théologie, on prêche les quatre propositions de Bossuet ? » Telles étaient les questions que Napoléon posait à son petit Conseil à propos des confrères de l'abbé Emery. Quelles raisons avait-il alors de s'occuper à ce point de leurs personnes ? Quelles accusations avaient été portées sur leur compte ? Que leur reprochait-on d'avoir fait ou que craignait-on de leur voir faire ? C'était le moment de la grande colère de Napoléon contre les Pères de la Foi et il voyait partout des complices des Pères[1].

1. *Correspondance de Napoléon*, tome XXVI, p. 122.

Dans son rapport général du 11 décembre 1807 sur les congrégations d'hommes existant dans l'Empire, le fils de Portalis qui fit l'intérim du ministère des cultes jusqu'au commen de 1808 repousse lui-même ces insinuations [1].

« Les Sulpiciens, écrit-il, ne font point de vœux. Tous les ans, à certains jours, après la messe, ils s'approchent de l'autel, se mettent à genoux devant le prêtre officiant et renouvellent la promesse qu'ils ont faite à Dieu de le prendre pour leur héritage en entrant dans la cléricature. Ils n'ont point de costume particulier et ne sont assujettis qu'au règlement de discipline particulière dans lequel ils vivent. Ils n'ont rien de commun avec les Jésuites à moins que ce ne fut une partie de leur doctrine et de leur méthode d'enseignement. Il serait assez adroit de leur ressembler en ce dernier point. Ils n'ont jamais été Jansénistes, mais ils n'ont jamais été non plus Molinistes, car ils n'ont jamais professé d'opinions condamnées par la cour de Rome.

« Leur supérieur actuel M. Emery a contribué à inspirer l'esprit de paix et de modération à un grand nombre d'ecclésiastiques insermentés de toutes les classes. Il a conseillé la promesse de fidélité et la soumission au gouvernement avant le Concordat et même avant le 18 Brumaire. Il a publié dans le temps un ouvrage intitulé « De la conduite de l'Eglise dans « les temps de persécution » qui respirait la tolérance et la charité et qui fut frappé d'anathème par les évêques dissidents réfugiés à Londres ou en Allemagne. Ses mœurs sont douces et sociales. Son bon esprit garantit celui de l'association qu'il dirige. Les Sulpiciens ont encore un établissement au Canada. Ils en ont, je crois, un en Franconie.

« Ce sont là leurs seules correspondances à l'étranger à ma connaissance. Ils dirigent en France plusieurs séminaires et notamment celui de Clermont [2]. »

Bigot de Préameneu, le successeur de Portalis, ne se mon

1. Archives nationales, F¹⁹ 6283.
2. *Ibidem*, AF¹ᵛ 1026, dossier 11.

tra pas moins favorable que lui aux Sulpiciens et prit lui aussi leur défense. Il présenta le séminaire de Saint-Sulpice comme un établissement rentrant dans la même catégorie que tous les autres grands séminaires de l'Empire. L'organisation de ces maisons était encore à l'étude. Le jour où elle serait définivement réglée, la destinée du séminaire dé Saint-Sulpice le serait par la même occasion. Ce n'était là qu'un procédé dilatoire pour conjurer le danger présent. L'Empereur n'entra point dans ces vues et à la fin de 1808 donna l'ordre de rédiger un décret de suppression des Sulpiciens.

Ami d'Emery, le cardinal Fesch intervint avec toute l'autorité que lui donnaient son titre d'oncle de Napoléon et sa dignité de Grand-Aumônier de l'Empereur : « Les Sulpiciens, écrivit-il, n'administrent en ce moment que cinq séminaires. Ils ne peuvent se charger d'aucun autre. Mais ils sont le modèle des directeurs des autres séminaires. Ils conservent la tradition des études ecclésiastiques, de la régularité et de l'esprit de l'Eglise. « Vu leur petit nombre, ils ne seraient pas dangereux, eussent-ils une doctrine telle qu'on la leur suppose. Mais bien loin de là, j'ose me rendre garant qu'elle ne sera jamais en opposition avec les intérêts de votre trône[1]. »

Le danger fut momentanément conjuré. Le gouvernement se contenta d'exiger que le séminaire de Saint-Sulpice ne fût regardé à l'avenir que comme un séminaire diocésain. Pour lui faire perdre son nom, on exigea de plus qu'il fût transporté hors de la paroisse Saint-Sulpice. Il fut même question de l'installer dans les anciens bâtiments de la Sorbonne demandés pour son séminaire par l'archevêque de Paris. Ce projet n'eut pas de suites et les Sulpiciens à titre provisoire restèrent où ils étaient. L'abbé Emery sembla même rentrer en faveur par sa nomination comme conseiller titulaire de l'Université à la fin de 1808.

---

1. Archives nationales, AF^{iv} 1026, dossier 11.

II

Deux ans plus tard en 1810 le gouvernement reprit ses menaces anciennes avec la ferme résolution d'en finir cette fois avec la Compagnie de Saint-Sulpice. Un décret impérial rendu le 14 février et notifié le 17 mars portait que le séminaire de Saint-Sulpice serait transféré le 1er mai suivant à Saint-Nicolas du Chardonnet et qu'à cette même date l'établissement de la rue du Pot-de-Fer qu'il avait toujours occupé jusque-là serait fermé. Le ministre des Cultes avait tenu à porter lui-même au supérieur cette pénible décision pour en adoucir la dureté. Il déposa entre les mains de l'abbé Emery une lettre où le chef des Sulpiciens put lire sa condamnation.

Encore une fois l'abbé Emery s'adressa à son habituel et dévoué protecteur le cardinal Fesch. Il sollicitait seulement la faveur d'obtenir pour son éviction les apparences d'un départ volontaire, « Saint-Sulpice, disait-il dans son mémoire, ne peut avoir que des adversaires secrets. La moitié des archevêques et évêques de France existants ont été élevés dans des séminaires de Saint-Sulpice. Ils en connaissent bien la doctrine. L'Empereur peut s'en informer, et, puisqu'il est très content de ses évêques, sa satisfaction doit s'étendre à ceux qui les ont formés [1]. »

C'en était fait. Le 16 juin 1810, jour de l'ordination, les vicaires généraux vinrent notifier la décision impériale à l'abbé Emery... Le lundi suivant il fit ses adieux à la communauté et se retira immédiatement à Issy. Il ne rompit pas pour cela toute relation avec ses anciens confrères qui euxmêmes demeurèrent en rapports avec lui, lui écrivant et allant le voir. Il ne survécut pas longtemps à cette disgrâce. Il

1. Anonyme, *Vie de l'abbé Émery*, tome II, pp. 269-270.

mourut en effet le 2 avril 1811. Quant aux directeurs du séminaire et aux séminaristes, ils furent autorisés à rester dans leur maison jusqu'à nouvel ordre.

Il était permis d'espérer que la Compagnie de Saint-Sulpice après le départ et la mort de son supérieur personnellement visé survivrait grâce à une tolérance officieuse. Cette espérance ne se réalisa pas. Des séminaristes avaient écrit au cours du Concile national des lettres peu mesurées à des cardinaux hostiles au gouvernement. Elles furent interceptées par la police et l'on rendit les maîtres responsables des imprudences de leurs disciples. Cette fois les Sulpiciens furent traités sans ménagements. Le ministre des Cultes reçut de l'Empereur sous forme de billet un ordre venu d'Utrecht et daté du 8 octobre 1811. « Je ne veux point de Sulpiciens, lui mandait Napoléon, dans le séminaire de Paris. Je vous l'ai dit cent fois. Je vous le répète pour la dernière fois. Prenez des mesures telles que cette congrégation soit dissoute[1]. »

L'exécution suivit. Elle ne fut toutefois ni aussi brutale, ni aussi rapide que l'avait conçue Napoléon. Le ministre des Cultes, l'archevêque de Paris cardinal Maury y mirent certaines formes et apportèrent quelques délais. Les directeurs du séminaire mandés au cabinet de Bigot de Préameneu furent autorisés à se retirer individuellement au jour choisi par chacun d'eux. Les derniers quittèrent la maison après l'ordination de Noël. Tout scandale provoqué par une expulsion en masse fut ainsi évité. On alla même plus loin. Installé comme supérieur du séminaire diocésain qui remplaçait Saint-Sulpice, le vicaire général Jalabert choisit les professeurs parmi les élèves de Saint-Sulpice et en particulier parmi ceux qui se destinaient à la Compagnie. On conserva par ailleurs le règlement sulpicien.

Les Sulpiciens de province ne furent pas épargnés. Ils durent quitter les séminaires où ils professaient et furent

---

1. Archives nationales. Section du Secrétariat, AF IV n° 44.

remplacés par d'autres prêtres. Les évêques eurent la faculté de les employer comme curés, vicaires et chanoines, mais on ne leur permit pas de les utiliser comme grands vicaires. Il fut expressément interdit de leur donner des fonctions dans les grands et petits séminaires. La plupart d'entre eux rentrèrent dans le ministère. Les autres se retirèrent dans leurs familles[1].

Ainsi mourut le séminaire de Saint-Sulpice avec sa Compagnie de Sulpiciens, mais il ne mourait que pour renaître trois ans plus tard le 10 avril 1814 dès que Louis XVIII eut pris pied sur le sol de France.

1. Anonyme, *Vie de l'abbé Émery (Passim)*.

CHAPITRE XII

LA SOCIÉTÉ DES MISSIONS A L'INTÉRIEUR

I. — Les projets du cardinal Fesch.
II. — La société religieuse auxiliaire de l'Université.
III. — La société des Missions.

I

Promu par son neveu Napoléon à la dignité de Grand-Aumônier de l'Empire le cardinal Fesch, archevêque de Lyon, eut l'ambition de jouer un rôle important au point de vue religieux. Qu'il ait conçu lui-même ses hauts desseins ou qu'il les ait empruntés à d'autres, il est certain qu'il fit preuve d'une réelle initiative. Il fut l'auteur du rétablissement des Frères de la Doctrine Chrétienne. Il protégea ouvertement les Pères de la Foi en leur donnant asile dans les rangs de son clergé ou en les accueillant dans ses petits séminaires quand ils furent chassés de leurs collèges par l'Empereur. Enfin, il eut deux grands projets. Le premier est celui d'une société religieuse auxiliaire de l'Université; le second celui de la Société des Missions à l'intérieur. Pour l'un et pour l'autre il rencontra en Portalis un précieux allié.

II

La société religieuse auxiliaire de l'Université qui demeura à l'état de projet était dans la pensée du cardinal Fesch destinée à compléter et à fortifier les cadres de l'Université Impériale en y faisant entrer des éléments ecclésiastiques. Son caractère religieux serait une recommandation et une garantie auprès des familles. Dans un rapport confidentiel adressé à Napoléon le 23 janvier 1804, le ministre des Cultes plaida habilement la cause de cette association qui aurait participé au bénéfice du monopole universitaire[1].

« On a très bien fait, commence par dire Portalis, de détruire les moines, et on fera très sagement de les empêcher de renaître. Mais, peut-être est-il bon de laisser une issue aux petites ambitions, aux caractères singuliers et aux divers besoins que la société ne peut se permettre de satisfaire et qui ont autrefois peuplé les monastères, les cloîtres et les communautés. Pour empêcher les associations dangereuses, il est expédient d'autoriser les associations utiles.

« Les maîtres de la jeunesse se font rares. On n'a même pas pu en trouver pour tous les lycées et on a fait des choix misérables. On peut prévoir que dans quelques années les proviseurs et les professeurs manqueront entièrement.

« Quand l'éducation publique était confiée à des congrégations, on n'avait point à craindre ce danger. Les corps ne meurent pas... On n'aura jamais de vrais instituteurs publics tant qu'on n'aura pas une agrégation d'hommes consacrés à cet objet entièrement.

« Dans le but de rendre possible le recrutement de l'Université il y a donc lieu de former en vue de l'avenir une association d'hommes instruits et qui dès à présent se rendraient utiles dans les écoles secondaires et qui un jour pourraient peupler les lycées.

« Seule une association d'origine religieuse peut avec succès donner à la fois l'éducation et l'instruction parce que seule elle réunit pour ce faire les avantages matériels et les avantages moraux. Les gens qui vivent en communauté coûtent

---

1. Portalis, *Discours, rapports et travaux inédits*, pp. 465 à 471.

peu et les charges de l'État sont de ce fait allégées. A un autre point de vue, par cela même qu'ils appartiennent à un corps, ils se donnent tout entiers à ce corps dont la réputation et le succès rejaillissent sur eux.

« On objectera qu'il ne faut pas encourager le célibat. Mais on peut répondre que tous les hommes ne sont pas appelés au mariage, qu'il existe dans la société beaucoup de célibataires qui n'appartiennent à aucune association et que des hommes qui ont l'embarras d'un ménage ne peuvent être que de mauvais instituteurs publics.

« Les membres de cette corporation séculière conserveraient leur liberté et ne choisiraient une vie retirée que pour se dévouer plus utilement au service de la société. Cette société serait nationale n'ayant d'autre chef que le cardinal archevêque de Lyon. La situation familiale de Son Eminence ferait qu'elle serait dirigée par le gouvernement sans que le gouvernement paraisse trop la diriger. »

Aucun document ne donne une idée des motifs qui firent écarter ce projet. Pour n'avoir pas abouti, le projet lui-même ne laisse pas d'être intéressant. Les membres de cette société d'enseignement auraient joué dans l'enseignement secondaire le même rôle que les Frères de la Doctrine Chrétienne dans l'instruction primaire. C'eût été la transformation complète de l'Université où après avoir occupé le second rang, cette association n'aurait pas tardé à s'élever jusqu'au premier.

III

Après un bouleversement religieux tel que celui de la Révolution, les croyances avaient subi une altération profonde. La foi était morte dans bien des âmes et le clergé concordataire n'était pas encore assez puissant pour la ressusciter. En nombre de diocèses les prêtres manquaient et ceux qui étaient en exercice ne suffisaient pas aux exigences de leur tâche. Il

paraissait donc nécessaire de leur donner comme auxiliaires
un corps de professionnels de la parole évangélique qui dans
la France entière se transporteraient partout où leur présence
serait utile. Telle était l'idée de Fesch.

C'était dans le diocèse de Lyon, à Lyon même que devait
être créé ce corps de professionnels qui porterait le titre de
Société des Missions à l'intérieur. Placé sous les yeux même
du cardinal archevêque, soumis immédiatement à sa surveillance personnelle, il ne pourrait se livrer à aucun écart et il
n'y aurait rien à redouter de sa part. La société aurait son
séminaire où se formeraient les prédicateurs. Ce serait pour
le dedans ce qu'était pour le dehors la société des Missions
Etrangères avec son séminaire de la rue du Bac.

« Ces missions, lit-on dans le rapport de Portalis adressé
le 4 août 1806, n'appartiendraient à aucun diocèse ; elles
offrent des ressources à tous. Il importe qu'elles aient pour chef
un prélat qui ne soit attaché à aucun territoire déterminé et
dont les vues puissent s'étendre sur toutes les églises de
France[1]. »

Une place, et c'était peut-être la plus importante, était prévue dans cette société pour les Pères de la Foi comme d'ailleurs dans la société auxiliaire de l'Université. N'ayant pas
réussi à les faire reconnaître directement sous leur titre, le
cardinal Fesch n'avait trouvé d'autre moyen que d'obtenir
indirectement leur reconnaissance par une incorporation dans
des sociétés reconnues. Là encore, Portalis le soutint mais
sans succès. Napoléon persistait à ne voir en eux que des
Jésuites ou de pseudo-Jésuites et d'eux il ne voulait à aucun
prix : « Tant mieux, écrivit en vain le ministre des Cultes le
26 janvier 1804, ceux des Pères de la Foi qui entreront don-
neront la preuve qu'ils abjurent le Jésuitisme inconciliable
avec l'association projetée. Ce sera une conquête que l'on
aura faite sur une corporation qui tendait à renaître et que

1. *Vie du T. R. P. Jean-Baptiste Rauzan*, par le P. A. Delaporte,
tome II, p. 310.

l'on a proscrite. Depuis le décret impérial, on ne sait qui est Père de la Foi ou qui ne l'est pas. Des laïques même sont Pères de la Foi sans qu'on s'en doute. Ils sont ce que l'on appelait autrefois des Jésuites de robe courte. Ce qui est certain, c'est que les familles se sont emparées et s'emparent journellement des hommes qui s'étaient rassemblés sous le titre de Pères de la Foi et qui se trouvent dispersés par le décret impérial[1]. »

Le cardinal Fesch concevait même son séminaire de la Société des Missions à l'intérieur comme un établissement appelé à rendre des services de tout ordre : « Mon projet est vaste, écrivait-il le 18 février 1806 à son grand vicaire l'abbé Courbon. C'est une maison des Missions intérieures avec un séminaire ou noviciat alimenté par les petits séminaires et par des sujets étrangers à notre diocèse. Dans cette maison on établirait en outre une retraite de prêtres qui viendraient finir leurs jours dans l'étude des Saintes Écritures et de la Tradition et qui se décideraient à s'occuper uniquement des sciences ecclésiastiques. Nous n'avons plus de Bénédictins ni de Cloîtres. Et où en sera l'Eglise de France si l'on néglige les études susdites[2] ? ».

Pour avoir été très brève, l'existence de la Société des Missions n'en est pas moins fort intéressante. A la tête des missionnaires fut placé un chanoine du diocèse de Bordeaux, le P. Rauzan. Né en 1757 à Bordeaux, le P. Rauzan avait émigré et s'était successivement réfugié en Angleterre, en Belgique, en Allemagne où il s'était livré à la prédication. Il était rentré en France au 18 Brumaire. N'ayant pu le faire agréer comme vicaire général, l'archevêque de Bordeaux l'avait chargé de visiter tout son diocèse. Sa réputation de prédicateur s'était étendue jusqu'à Paris et il avait prêché les carêmes de 1804 et de 1805 dans la capitale. Il avait été mandé à Lyon par l'archevêque pour le carême de 1806.

Après s'être entouré d'un certain nombre de prêtres distin-

1. Portalis, *Discours, rapports et travaux inédits*, p. 475.
2. *Vie du T. R. P. Rauzan* par le P. A. Delaporte, tome II, p. 310.

gués comme lui voués à la prédication, le P. Rauzan se donna tout entier à l'entreprise qui lui avait été confiée. On a peu de détails sur ses premiers travaux et sur ceux de ses missionnaires. Mgr Jauffret nous apprend seulement qu'instruit du succès de ses débuts, l'Empereur lui fit témoigner sa satisfaction par le ministre des Cultes.

L'œuvre se développait normalement lorsque par un décret du 26 septembre 1809 Napoléon, supprima les sociétés de Saint-Lazare, du Saint-Esprit et des Missions Etrangères. Les Missions de l'Intérieur subirent le même sort que les Missions de l'extérieur.

Le cardinal Fesch pliait mais ne rompait point. Il recueillit dans son hôtel de la rue du Mont-Blanc les principaux membres de la Société. Le P. Rauzan fit partie de sa famille et vint grossir la sorte de cour que formaient auprès du Grand Aumônier les Quélen, les Feutrier et les Frayssinous. D'autres restèrent à Lyon sous prétexte d'assurer le service de la paroisse des Chartreux et continuèrent à former un groupe de missionnaires [1].

En 1815, la société des Missions à l'Intérieur ressuscita. Son chef était toujours le P. Rauzan. Il n'avait cessé d'être chapelain de l'Empereur que pour devenir chapelain du Roi.

1. *Vie du T. R. P. J.-B. Rauzan* par le P. Delaporte (*Passim*).

CHAPITRE XIII

LES ASSOCIATIONS PIEUSES

I. — La Congrégation de Bordeaux et le P. Chaminade.
II. — La Congrégation de Paris et le P. Delpuits.

I

En marge des associations religieuses proprement dites les
deux associations du P. Chaminade à Bordeaux et du P. Delpuits à Paris n'en ont pas moins été l'une et l'autre l'objet de
mesures de proscription de la part du gouvernement impérial.

Le fondateur de l'association connue sous le nom de « La
Congrégation », le P. Chaminade, était né à Périgueux en 1761.
Il avait refusé de prêter serment à la constitution civile du
clergé, et, à la suite de ce refus, avait dû quitter le collège
de Mussidan où il enseignait avec deux de ses frères pour se
retirer à Bordeaux. Usant de tous les stratagèmes, déguisé
tantôt en marchand ambulant, tantôt en chaudronnier, tantôt
en colporteur d'aiguilles, il avait réussi à échapper à toutes
les poursuites tout en continuant à exercer son ministère
religieux. Il portait le viatique, baptisait les enfants et bénis-
sait les mariages. En 1795, à la faveur d'une éclaircie, il sor-
tit de sa retraite, regagna son domicile légal et ouvrit osten-
siblement une chapelle.

La réaction de Fructidor l'obligea à se réfugier en Espagne
en 1797. Il vécut à Saragosse où il se trouva en contact avec

un certain nombre de représentants d'ordres religieux. Il entra en rapports avec eux, en particulier avec les Trappistes de Sainte-Suzanne sur les confins de l'Aragon et de la Catalogne, petite colonie envoyée par le monastère de la Val-Sainte près de Fribourg. Ayant obtenu sa radiation de la liste des émigrés, il était rentré en France en 1800.

L'œuvre de la Congrégation fut inspirée au P. Chaminade par une vision qu'il avait eue à Saragosse aux pieds de la Vierge de Notre-Dame-del-Pilar. La Vierge lui avait ordonné de ramener la France à Jésus par Marie. Dès lors, il n'avait plus eu qu'une pensée, remplir la mission que lui avait personnellement confiée la célèbre Madone.

Les débuts de l'institution furent des plus modestes. Le P. Chaminade avait loué à Bordeaux une simple chambre et l'avait transformée en oratoire. En février 1801, il avait réussi à grouper autour de lui une douzaine de jeunes gens. Ces premiers adhérents promirent sous serment de se donner au culte de l'Immaculée Conception. En août suivant ils furent 40, en février 1802, 99.

A côté de cette association masculine prit place une association féminine. Les jeunes gens et les jeunes filles étaient reçus à des heures différentes, mais on leur infusait le même esprit de dévotion à la Vierge.

En outre, sans s'occuper de l'âge mûr dans la même mesure que de la jeunesse, le P. Chaminade en arriva à admettre dans son Institut qu'il avait appelé dès l'origine « La Congrégation », un certain nombre de pères et de mères de famille. Ce n'était qu'une élite. Elle se réunissait moins fréquemment que les jeunes gens et les jeunes filles et n'avait pas d'offices propres à l'oratoire. Toutes les professions étaient représentées depuis les plus humbles jusqu'aux plus élevées.

L'archevêque de Bordeaux, d'Aviau du Bois de Sanzay, se montra très favorable à l'œuvre du P. Chaminade et grâce à sa haute protection, la jeune société ne fut pas inquiétée par les autorités départementales. « Cette association, avait-il écrit, a besoin d'encouragements autant sous les rapports de politique et de police que sous le rapport de religion. » En juin 1803, le cardinal Caprara représentant à Paris le Saint-Siège l'avait approuvée.

La Congrégation avait une organisation tout à fait spéciale. En y entrant, chacun commençait par déclarer son emploi, son métier ou sa carrière. A la suite de cette déclaration, il était inscrit dans l'une des deux divisions dont se composait la société, dans celle des professions libérales ou dans celle des professions manuelles. Chaque division comprenait à son tour autant de subdivisions ou fractions que de carrières ou de métiers. Le P. Chaminade avait adopté ce système pour favoriser le recrutement. L'ouvrier, le commerçant, l'avocat étaient ainsi sûrs de rencontrer des camarades ou des collègues. C'était aussi un moyen de rapprochement, car après l'inscription, il y avait des rapports mutuels entre les uns et les autres. Les règlements prévoyaient que les deux divisions pénétreraient séparément a la chapelle, mais les jeunes gens des classes plus élevées, pour ne pas froisser les autres, se mêlaient à eux

Le P. Chaminade visait avant tout l'instruction religieuse de ses congréganistes. La dévotion au culte de la Vierge tenait chez lui une très grande place et dominait tout le reste. Il définissait d'ailleurs lui-même ainsi sa congrégation « C'est une société de chrétiens fervents qui pour imiter les chrétiens de la primitive Eglise tendent par leurs réunions fréquentes à n'avoir qu'un corps et qu'une âme et à ne former qu'une seule famille, non seulement comme enfants de Dieu, frères de Jésus-Christ et membres de son corps mystique, mais comme enfants de Marie par une consécration spéciale à son culte. Toutes les règles, toutes les pratiques de cette société, tous les devoirs généraux et particuliers, l'esprit même de prosélytisme qui anime la congrégation, émanent de cette consécration à la Vierge immaculée. »

Aux œuvres spirituelles s'ajoutaient cependant des œuvres

temporelles de charité. On soignait les malades soit à l'hôpital, soit à domicile. On visitait et on secourait les pauvres.
Quand un congréganiste était isolé, il était constamment
veillé par quelqu'un de ses confrères.

La Congrégation aurait continué à se développer dans l'esprit de son institution, si elle n'avait été compromise par plusieurs de ses membres qui à la propagande religieuse
mêlèrent la propagande politique en faisant parvenir à Bordeaux en août 1809 des exemplaires de la bulle d'excommunication lancée par le pape contre l'Empereur. L'auteur de la
divulgation n'était autre que le comte Alexis de Noailles. Un
faux congréganiste introduit par la police avait tout dévoilé.

La sanction ne se fit pas attendre. Par une dépêche du
4 novembre 1809 le ministre de la Police chargea le préfet
de la Gironde de dissoudre la Congrégation. Le P. Chaminade
n'en continua pas moins sous une forme occulte son action
sur ses associés. Son œuvre se maintint ainsi dans l'ombre
jusque vers la fin de 1813. A cette date, on procéda à son
arrestation, mais il fut relaxé. Rendu à la liberté, en redou-
blant de précautions, il put encore veiller sur son troupeau.

Le retour de Louis XVIII fut pour le P. Chaminade le
signal du rétablissement au grand jour de son association.
Mais sous les Cent Jours elle fut l'objet d'une nouvelle dissolution. Son chef fut même arrêté, conduit au fort du Hâ
et une commission militaire ordonna son éloignement et sa
mise en surveillance. Waterloo lui rendit la liberté et la Congrégation ressuscita sur-le-champ.

II

Sous le même titre que l'association du P. Chaminade à
Bordeaux, se fonda à Paris une autre association du même
genre à la même époque. Ce fut la congrégation du P. Delpuits.

Né en Auvergne le P. Delpuits était entré dans la Compagnie de Jésus, mais avait dû la quitter lors de sa dissolution. Il était alors passé dans le clergé séculier. Emprisonné sous la Révolution, il avait quitté la France au sortir de prison, mais était revenu de bonne heure.

En 1801 avec l'autorisation de l'archevêché de Paris il avait organisé une petite association composée seulement à l'origine de six jeunes gens tous étudiants en droit ou en médecine. Il leur conféra la consécration à la Vierge dans un simple salon transformé en chapelle. Les frères Cauchy, Laennec, les frères Mathieu et Eugène de Montmorency furent au nombre de ses premiers associés.

Comme son homonyme de Bordeaux, cette seconde congrégation, sortant de son rôle religieux, joua un rôle actif dans l'affaire de la bulle d'excommunication. Ce fut en effet le marquis Eugène de Montmorency qui alla la chercher à Lyon et en rapporta une copie dans ses bottes.

Les associés n'échappèrent à une mesure de dissolution qu'en suspendant les réunions et en se cachant.

Malgré cette attitude militante de certains de ses membres, elle ne doit pas être confondue avec l'association politique fondée en 1810 par Mathieu de Montmorency. A la mort du P. Delpuits elle passa successivement sous la direction toujours occulte de l'abbé de Brulliart curé de Notre-Dame du Chardonnet, puis de l'abbé Legris-Duval et dut attendre la Seconde Restauration pour reparaître en pleine lumière. C'est alors qu'elle se donnera pour chef un des plus célèbres Pères de la Foi, le P. Ronsin [1].

---

1. Geoffroy de Grandmaison, *La Congrégation (1801-1830)*. Passim.

CHAPITRE XIV

LES CONFRÉRIES DE PÉNITENTS

I. — Suppression des Confréries par la Révolution et non reconnaissance au Concordat.
II. — Tolérance partielle malgré les décrets d'interdiction. La Confrérie
de Saint-Napoléon à Nancy.
III. — Résurrection lors de la Restauration.

I

Sans être des congrégations, ces associations pieuses que
sont les Confréries de Pénitents n'en ont pas moins été de
la part du gouvernement de Napoléon l'objet de mesures de
proscription ou tout au moins de coercition. Par leur esprit
et par leur participation aux cérémonies du culte elles
tenaient de très près à l'Eglise. Très anciennes en France,
elles faisaient remonter leur origine jusqu'à 1160. Répandues
un peu partout dans toutes les régions elles s'étaient particulièrement propagées et développées dans la région du Midi
où il n'était pas rare d'en rencontrer au moins une par commune. Leurs membres portaient un costume uniforme con-
sistant dans une robe avec un cordon en ceinture et un
capuchon percé de deux trous en face des yeux leur couvrait
la tête. Selon la couleur de la robe, on distinguait les Pénitents blancs, les Pénitents bleus, les Pénitents gris et les
Pénitents noirs.

Ces confréries étaient en même temps que des groupements religieux des groupements philanthropiques. Ainsi il
y avait des confréries pour assister les malades, rendre aux

morts les devoirs de la sépulture à titre gratuit, visiter les prisonniers, chanter en commun aux offices les dimanches et fêtes chômées. Leurs membres non seulement ne prononçaient pas de vœux, mais ne prenaient même pas d'engagements durables. La confrérie était libre de congédier ses membres de même que ses membres étaient libres de la répudier.

Le Midi tenait beaucoup plus à ces associations que le reste de la France. A Marseille, par exemple, leur abolition affligea beaucoup plus le peuple que la fermeture des églises. La loi du 18 août 1792 les assimilant aux corporations, les avait comprises dans la même interdiction. « Ensemble, prescrivait-elle, les Confréries, les Pénitents de toute couleur, les Pèlerins et toutes autres associations de piété, sont et demeurent supprimées » — « Ensemble tous les biens dépendant des familiarités, confrairies, Pénitents de toute couleur, des Pèlerins, etc., seront dès à présent administrés et les immeubles vendus dans la même forme et aux mêmes conditions que les autres domaines nationaux. »

II

La réapparition des Confréries devança en plus d'un endroit la réorganisation du culte. Les autorités locales qui vivaient auprès d'elles étaient leurs complices et le gouvernement ferma volontairement les yeux. Mais la police avait ordre de les surveiller et de tenir le pouvoir central au courant de leurs agissements. La conduite des préfets non plus que celle des évêques n'était pas partout la même. Ici on tolérait, là on ne tolérait pas. De là de nombreux conflits. D'autre part, les cérémonies extérieures donnaient lieu à des rixes parfois violentes entre Pénitents rivaux de couleurs différentes.

Le Concordat qui, par prétérition, maintenait la suppression des congrégations religieuses, maintenait de même celle des Confréries. Napoléon eut à établir un régime de conciliation entre la loi et les mœurs. Il le fit avec des variations dans l'application selon les circonstances.

Les Pénitents de Limoges ayant sollicité à deux reprises en 1806 leur rétablissement officiel par une lettre du mois d'août, le ministre des Cultes répondit en ces termes à l'évêque diocésain : « On les tolère tant qu'ils ne troublent pas, mais on ne les croit pas susceptibles d'une autorisation formelle qui leur donnerait trop de consistance en leur donnant en quelque sorte la même existence qu'aux succursales et aux paroisses[1]. »

A Aubusson dans la Creuse, les Pénitents Noirs et les Pénitents Blancs avaient occassionné des désordres et on avait dû les dissoudre les uns et les autres. Ils s'étaient reformés. D'autres Pénitents s'étaient reformés de même dans plusieurs départements de la 27ᵉ division militaire. Revêtus de sacs, ils avaient troublé les processions; le ministre des Cultes recommande de n'admettre que celles qui ont été autorisées par Sa Majesté[2].

Dans le grand rapport de 1807 sur les associations d'hommes de l'Empire, après avoir passé en revue les diverses agrégations religieuses, le rédacteur aborde la question des confréries. Il la résume ainsi en condensant les résultats de son enquête auprès des préfets et des évêques[3].

« Les opinions des fonctionnaires sont très partagées au sujet des confréries. Les évêques les réprouvent en général et notamment l'évêque de Bordeaux, les évêques de Carcassonne et d'Avignon, l'archevêque d'Aix; celui de Toulouse, l'évêque de Montpellier et celui de Grenoble les ont modifiées. Les évêques de Bayeux, d'Evreux et de Séez les ont réclamées comme utiles. Le préfet des Hautes-Pyrénées et le président du collège électoral du même département en ont demandé l'autorisation. Le préfet de l'Aveyron en sollicitait la régula-

1. Archives nationales, F¹⁹ 6426.
2. D'Hauterive, *La police secrète du Premier Empire,* tome II, pp. 322-323.
3. Archives nationales, F¹⁹ 6283.

risation et les préfets du Doubs et de l'Escaut en réclamaient la suppression. »

En présence de cette diversité d'avis, il conclut comme suit philosophiquement et pratiquement.

« C'est une question à subordonner à la police locale. Il est des lieux où il peut être utile de conserver même d'anciennes habitudes ou au moins de les ménager. Les hommes ont un penchant inné à former de petites sociétés dans la grande. Ce penchant qui dans les temps de troubles devient la source de l'esprit de faction, ne doit pas être abandonné à lui-même dans les temps de tranquillité. Ce qui importe, c'est de ne pas laisser prendre trop d'importance à ces réunions de toute nature et on peut le prévenir sagement en les laissant à l'arbitraire absolu des premiers magistrats des départements sous la surveillance de la haute administration. »

Si le ministre des Cultes parle ainsi d'accommodements et de tolérance, le ministre de la Police générale tient un tout autre langage. Son collègue des cultes admet à demi les Confréries ; lui les proscrit d'une façon absolue. Le Bulletin de police du 26 août 1806 destiné à être mis sous les yeux de l'Empereur et à l'inciter à la pratique de la manière forte, est des plus intéressants à cet égard. Fouché évoque toute la réglementation de l'Ancien Régime et la propose comme un modèle à imiter. Il n'oublie rien et s'appuie à l'occasion sur l'autorité des Conciles [1].

« Depuis l'établissement du Concordat, écrit-il, il est violé chaque jour par ceux qui lui doivent leur existence politique et civile. Les vicaires généraux de Lyon ont imaginé de réchauffer le fanatisme en enrégimentant les fanatiques. Les départements réunis et ceux du Midi sont ceux où il y a le plus d'associations dévotes sous toutes les formes et sous toutes les dénominations comme celles des Pénitents Blancs,

---

1. D'Hauterive, *La police secrète sous le Premier Empire*, tome III, pp. 344-345.

du Scapulaire, du Rosaire, de l'Esclavage de Notre-Dame et du Sacré-Cœur de Jésus.

« Dans plusieurs petites villes et même dans les paroisses rurales du département de l'Ain, les curés et desservants ont formé des Confréries de Pénitents Blancs qui sont gouvernées par un recteur, des administrateurs et un trésorier. Ils ont une espèce de liturgie particulière en plain-chant et des offices différents. Ils ont repris leur ancien uniforme qui est une robe blanche avec un masque sur la figure qui leur enveloppe la tête. Ils paraissent ainsi affublés pendant le service divin et surtout aux processions.

« Il est certain que l'esprit de ces Confréries est exclusif et très contraire aux vues du gouvernement. Ce sont des réunions de fanatiques où l'on entretient l'esprit de parti, et où l'on calomnie le Concordat et les lois de l'Etat et de l'Eglise. C'est d'Italie que sont venues la plupart des Confréries. Avant la Révolution elles étaient proscrites par tous les prélats sages qui voulaient maintenir la paix dans leur diocèse. »

Ce fut le ministre de la Police qui l'emporta. Par une circulaire de la fin de 1809, l'Empereur prescrivit la dissolution immédiate des associations de toute nature. La circulaire était vague dans ses termes. Préfets et évêques l'interprétèrent différemment selon les lieux et aussi selon leur tempérament. Dans un même diocèse, le diocèse de Nancy composé de parties de plusieurs départements, ce qui est considéré comme licite par le préfet de la Meurthe est au contraire regardé comme illicite par le préfet de la Meuse. L'évêque, D'Osmont, ne craint pas de s'adresser au ministre lui-même pour plaider la cause des associations pieuses aussi utiles qu'innocentes.

« Elles n'ont jamais fait que du bien et leur dissolution serait celle des sœurs de la charité chrétienne. On n'a pas assez de Filles de la Charité. Où se recruteront désormais les Sœurs de Saint-Vincent de Paul et les Sœurs de Saint-Charles si l'on proscrit les foyers où naissent et se cultivent les vocations? Où trouverait-on des professeurs habiles s'il n'y avait pas d'écoles où l'on enseignât l'alphabet? Je dirai même : Où trouverait-on de ces filles pieuses et toutes consacrées au bien s'il n'existait pas des premières écoles de dévouement[1] ? »

Le neveu de Mme de Boigne ne manque pas d'adresse. Il est dans son diocèse une confrérie que le gouvernement jugea sans doute estimable entre toutes. C'est une toute jeune confrérie qu'il a établie à Nancy même, la confrérie de Saint-Napoléon. Comment pourrait être regardée comme malfaisante une association qui porte le nom de l'Empereur et qui apprend à aimer sa personne? « Hier, écrit-il, dans la ville chef-lieu de ce diocèse, c'étaient les 130 élèves du lycée qui formaient cette espèce de congrégation et donnaient aux citoyens un spectacle aussi propre à toucher le cœur qu'à frapper les yeux. Un jeune homme de la ville pris dans les rangs des simples soldats et décoré des insignes de la Légion d'honneur qu'il a méritée par sa bravoure (il se nomme Maurice) avait été désigné par moi pour porter cette image respectable après s'être concerté avec le proviseur (Mallevaut) qui me seconde en tout ce qu'il peut pour insinuer dans ces jeunes cœurs des pensées chrétiennes. La bannière était entre les deux tambours du lycée et suivie de tous les élèves rangés en deux lignes ainsi que les jeunes filles de la paroisse, marchant elles-mêmes avant eux sous la bannière de la Sainte-Vierge avec toute la modestie qu'inspire la seule présence de la Mère de Dieu[2]. »

Quand trop loin et trop vite on s'avance, on est obligé de reculer. Les confréries de Pénitents, en dépit de leur disparition au cours de la Révolution, étaient à ce point entrées dans les mœurs, que sans rapporter les mesures générales, il fallut renoncer à leur application intégrale. C'est ce que constate en maintenant le régime de la tolérance l'administra-

1. Archives nationales, F^19 6424.
2. Archives nationales, F^19 5089.

tion des cultes dans une lettre à l'évêque de Carcassonne :
« Une lettre du ministre de la Police générale en date du
4 novembre 1809 relative aux réunions non autorisées fut
diversement interprétée. Quelques prélats et commissaires
généraux de police pensèrent qu'elle concernait toutes les
associations, même celles qui n'étant que pieuses et édi-
fiantes ne pouvaient en rien troubler l'ordre public. Les
autres crurent, et ils ne furent point improuvés, n'en devoir
appliquer les dispositions qu'aux associations clandestines
dont les membres, après quelques pratiques de dévotion,
s'entretiennent d'objets tout à fait étrangers à la religion.
Rien ne s'oppose donc à ce que les Pénitents blancs de la
ville de Narbonne reprennent leurs fonctions, si vous et
monsieur le préfet n'y voyez pas d'inconvénients [1]. »

III

La Première Restauration en ramenant en France le Roi
ramena avec lui les Pénitents de toutes couleurs partout où
ils avaient été l'objet de mesures de rigueur de la part des
autorités départementales. Ceux-là mêmes qui les avaient
désapprouvées furent parfois les premiers à les approuver.
A Beaucaire, le maire à force de diplomatie réussit à opérer
la fusion des Pénitents noirs et des Pénitents gris qui cher-
chaient à se reconstituer séparément et il se vante en ces
termes de sa suprême habileté auprès de la préfecture :
« J'ai trouvé un secret inconnu aux peintres : en broyant
ensemble du noir et du gris, j'ai obtenu du blanc ». A Avignon, c'est une renaissance générale dans toutes les
églises. Evêques, préfets, hauts fonctionnaires de tout ordre,
y compris les proscripteurs du temps de « l'Usurpateur »,
n'ont rien de plus pressé que de se faire inscrire sur leur
registres corporatifs : « Les Pénitents blancs s'installent à

1. Archives nationales, F¹⁹ 6424.

Notre-Dame la Principale, les Pénitents gris dans la curieuse église de la rue des Teinturiers ; les Pénitents de la Miséricorde réunis aux Pénitents noirs rouvrent aussi leur ancienne chapelle. Ces inaugurations présidées par le vicaire général se célèbrent avec solennité. Le préfet, de nombreux fonctionnaires, les membres des meilleures familles tinrent à honneur de s'inscrire parmi les confrères [1]. »

1. Albert Durand, *Un prélat constitutionnel. Jean-François Périer*, p. 589.

CHAPITRE XV

LES FRÈRES
DE LA DOCTRINE CHRÉTIENNE

I. — La situation de l'Instruction primaire au début de la Révolution,
du Consulat. Vœux des populations. Idées du Premier Consul.

II. — Diverses écoles dirigées par les Frères avant leur reconnaissance.
Protection du cardinal Fesch. Le rétablissement de l'Institut
après le rapport de Portalis.

III. — Les frères en Corse, à Turin. Programme. La conscription empêche
leur développement.

I

Au plus fort de la guerre étrangère et de la guerre civile
entretenue dans les provinces de l'Ouest par l'Angleterre, au
milieu de toutes les crises réunies des subsistances, des
finances et des affaires religieuses, les Assemblées révolutionnaires ne cessèrent pas de légiférer au sujet de l'Instruction
publique. Mais, du fait des circonstances supérieures à la
volonté des hommes, pas plus les plus humbles que les plus
ambitieux de ces multiples projets ne purent être réalisés.
C'est ce que constatèrent en l'an IX sur tous les points du
territoire de la République les conseillers d'État chargés
de procéder à une enquête sur la situation scolaire de la
France.

De tous les rapports de ces enquêteurs, le plus important
en raison de la compétence particulière de l'auteur est celui
de Fourcroy. Dans les départements de la Manche, de l'Orne

et du Calvados dépendant de la 14e division militaire, tout est encore à faire. Dans la Manche, par exemple, sur 485 écoles, 177 seulement sont organisées. Il n'existe que 50 institutrices : « Le motif principal qui empêche les parents d'envoyer les enfants à ces écoles est le défaut d'instruction sur la religion. On préfère les envoyer chez des maîtres particuliers parce que l'on espère y trouver une meilleure instruction, des mœurs plus pures et des principes de religion auxquels on tient beaucoup dans le département de la Manche. Il n'en va pas autrement dans l'Orne pour les mêmes raisons. Dans le Calvados, il n'y a que fort peu d'écoles primaires en activité. Les instituteurs de ces deux départements donnent lieu aux mêmes plaintes que ceux de la Manche[1]. »

Au sujet de la 1re division militaire qui comprend l'Aisne, l'Eure-et-Loir, le Loiret, l'Oise, la Seine, la Seine-et-Marne et la Seine-et-Oise, Lacuée ne s'exprime pas différemment. La plupart des écoles manquent d'instituteurs et presque aucune n'est suivie. « Une des causes de l'inexécution de la loi est le défaut d'une instruction morale conforme aux préjugés et aux habitudes des parents. Si les écoles primaires privées sont fréquentées, c'est parce que les opinions religieuses y sont enseignées. »

Dans le Comtat d'Avignon, la Provence et le comté de Nice, il n'y avait pas d'après le témoignage de Français de Nantes, inspecteur de la 8e division militaire, le dixième de la population qui sût lire. Thibeaudeau, à propos des départements du Doubs et de l'Ain, déclarait que l'instruction primaire « médiocre à Grenoble était totalement nulle à Gap et à Montélimar. »

Le département de la Seine aurait dû donner au reste de la France l'exemple d'une bonne organisation de l'enseignement. Les 56 écoles prévues par la loi pour le département n'existent qu'en apparence. Quant aux écoles de la capitale, au

1. Félix Rocquain, *L'État de la France au 18 Brumaire*, Introduction, pp. XXIII à XXVI.

nombre de 24, elles ne comptent en moyenne chacune que 40 élèves, ce qui ne représente pas le dixième de la population qu'elles devraient avoir. « Durant les années antérieures, la situation était nécessairement pire. Les administrateurs du département de la Seine dans le compte rendu de leur gestion pendant l'an V écrivaient au ministre de l'Intérieur que les 56 écoles ouvertes cette année n'avaient reçu que onze à douze cents élèves tandis qu'à raison de la population, on aurait dû compter sur plus de 20000 enfants. Les quelques instituteurs favorisés étaient parvenus à réunir 50 élèves. Beaucoup n'en avaient que 16, d'autres moins encore. Dans la banlieue, un certain nombre d'écoles n'avaient pas été mises en activité, les instituteurs nommés ayant ou refusé de les diriger ou donné leur démission après plusieurs jours d'exercice[1]. »

De la lecture des vœux des conseils d'arrondissements formulés en l'an IX se dégagent les mêmes conclusions. Tous les témoignages concordent. Tout le monde se plaint de l'ignorance des maîtres qui engendre celle des disciples et de leur mauvais esprit. « C'est à l'époque du chaos révolutionnaire que la plupart ont été choisis, disent à Orléans les représentants du Loiret, et lors de la révision du jury d'instruction ils ont été maintenus par manque de sujets et aussi parce que nous étions à peine sortis de l'état de terreur qui nous influence encore sans le savoir. » Telle est l'ignorance générale d'après les conseillers de Limoges « qu'il est impossible de trouver des hommes lettrés pour remplir les fonctions de maire et d'adjoint dans les campagnes. »

Mais ce n'est pas une instruction primaire quelconque que demandent les populations par l'intermédiaire de leurs mandataires, c'est une instruction d'un caractère religieux, la seule capable à leurs yeux de discipliner la jeunesse, de restaurer les mœurs altérées et de consolider l'ordre social. Et naturel-

1. Félix Rocquain, *L'État de la France au 18 Brumaire*, Introduction, pp. xxiii à xxvi.

lement elles sont amenées pour doter le pays d'une instruction de cette nature, à parler des anciens instituteurs qui étaient les Frères de la Doctrine chrétienne et à exprimer leur désir de les voir revenir et reprendre leur place dans les écoles.

« L'école des Frères de Saint-Brieuc offrait des avantages si généralement reconnus que le Conseil d'arrondissement se dispense de les développer. Deux des principaux étaient l'uniformité et la stabilité d'une instruction graduelle et l'économie ». « L'établissement des Frères et des Sœurs de la Doctrine chrétienne était excellent et sa destruction a enlevé une précieuse ressource à la classe indigente. » Ainsi s'exprimait de son côté le Conseil de Nîmes et il concluait en proposant de fonder des sortes de congrégations civiles ayant une règle et une discipline.

Dans la Gironde, à Bordeaux, la question religieuse préoccupe vivement les conseillers et ils traduisent ainsi leur inquiétude : « Toutes les opinions religieuses sont tolérées. C'est très bien. Mais toutes les pratiques religieuses sont exclues des établissements d'instruction publique. C'est peut-être trop. »

À Pontoise, pour doter de maîtres et de maîtresses les écoles, c'est aux anciennes institutrices et aux anciens instituteurs que l'on songe. A Toulon, c'est également aux Frères d'autrefois que l'on propose de s'adresser : « Le genre d'enseignement auquel se livraient les Frères à Toulon, qui était tout en faveur de la classe indigente, serait très utile à rétablir dans cette ville. »

Dans l'Ouest, les anciennes communautés religieuses se sont en partie reformées, par exemple dans la Vienne. « Elles n'ont pas même cessé, dit-on, à Poitiers de rendre des services depuis la Révolution. Aussi tous les habitants ont-ils demandé qu'elles fussent réintégrées dans celles de leurs maisons qui ne sont pas vendues et le Conseil invite le préfet à faire cette demande [1]. »

1. Abbé Allain, *L'Œuvre scolaire de la Révolution*, notes et documents (*Passim*).

Tels étaient les désirs de la grande majorité des populations de la France au début du Consulat. Comme nous dirions aujourd'hui, elles voulaient la substitution de l'instruction confessionnelle à l'instruction proprement laïque, et, pour donner une telle instruction, elles estimaient en général qu'un personnel appartenant à une corporation religieuse était préférable à un personnel dégagé de tout lien corporatif. Telles étaient aussi les idées du Premier Consul. Le pays et lui était complètement d'accord.

« Qui n'a vu jusqu'ici de bons enseignements que dans les corps ecclésiastiques, s'était-il écrié un jour au Conseil d'Etat d'après un compte rendu sténographique d'un jeune auditeur ! Je préfère voir les enfants d'un village entre les mains d'un homme qui ne sait que son catéchisme et dont je connais les principes que d'un quart de savant qui n'a point de base pour sa morale et point d'idée fixe. La religion est la vaccine de l'imagination ; elle la préserve de toutes les croyances dange reuses. Un frère ignorantin suffit pour faire dire à l'homme du peuple : « Cette vie est un passage ». Si vous ôtez la foi au peuple, vous n'avez plus que des voleurs de grand chemin. »

« Vous ne pouvez pas dire au peuple qu'il y a une autre lumière que celle de la religion, celle de la raison naturelle. Au lieu que vous avez de petits coqs de village qui viennent on ne sait d'où, qui font ici un petit certificat faux et perdent la génération. Vous n'aurez pas de stabilité dans l'Etat si vous ne donnez pas de morale au peuple et point sans religion. On a voulu y suppléer, le Père Girard, etc... En vain [1]. »

Dans le grand discours qu'il prononça pour exposer les motifs qui inspiraient et justifiaient l'œuvre du Concordat, Portalis ne fit en réalité que développer dans le style qui lui était propre les pensées du Premier Consul et à l'appui de ses

1. Alfred Marquiset, Napoléon sténographié au Conseil d'État, *Revue des Deux Mondes*, 15 mai 1912, p. 382-383.

affirmations il ne fit aussi que résumer à la fois les constations des Enquêteurs de l'an IX et les vœux exprimés par les conseils d'arrondissement de la France entière[1].

« Nous sentons plus vivement que jamais la nécessité d'une instruction publique. L'instruction est un besoin de l'homme, elle est surtout un besoin des sociétés. Et nous ne protégerions par les institutions religieuses qui sont comme les canaux par lesquels les idées d'ordre, de devoir, d'humanité, de justice coulent dans toutes les classes de citoyens ! La science ne sera jamais que le partage du petit nombre, mais avec la religion on peut être instruit sans être savant. C'est elle qui enseigne, qui révèle toutes les vérités utiles à des hommes qui n'ont ni le temps, ni les moyens d'en faire la pénible recherche. Qui voudrait donc tarir les sources de cet enseignement sacré qui sème partout les bonnes maximes, qui les rend présentes à chaque individu, qui les perpétue en les liant à des établissements permanents et durables et qui leur communique ce caractère d'autorité et de popularité sans lesquel elles seraient étrangères au peuple, c'est-à-dire, à presque tous les hommes?

« Ecoutons la voix de tous les citoyens honnêtes qui dans les assemblées départementales ont exprimé leurs vœux sur ce qui se passe depuis dix ans sous leurs yeux.

« Il est temps, disent-ils, que les théories se taisent devant les faits. Point d'instruction sans éducation et point d'éducation sans morale et sans religion.

« Les professeurs ont enseigné dans le désert parce qu'on a proclamé imprudemment qu'il ne fallait jamais parler de religion dans les écoles.

« L'instruction est nulle depuis dix ans. Il faut prendre la religion pour base de l'éducation.

« Les enfants sont livrés à l'oisiveté la plus dangereuse, au vagabondage le plus alarmant. Ils sont sans idée de la divi-

---

1. *Moniteur universel*, 16 Germinal an X, p. 783.

nité, sans notion du juste et de l'injuste. De là des mœurs farouches et barbares; de là un peuple féroce.

« Si l'on compare ce qu'est l'instruction avec ce qu'elle devrait être, on ne peut s'empêcher de gémir sur le sort qui menace les générations présentes et futures.

« Ainsi toute la France appelle la religion au secours de la morale et de la société. Ce sont les idées religieuses qui ont contribué plus que toute autre chose à la civilisation des hommes. C'est moins par nos idées que par nos affections que nous sommes sociables. Or, n'est-ce pas avec les idées religieuses que les premiers législateurs ont cherché à modérer et à régler les passions humaines? »

II

L'Institut des Frères de la Doctrine chrétienne avait été atteint par les lois qui abolissaient les congrégations. Un certain nombre d'anciens Frères, lors de la dissolution de leur ordre, s'enrôlèrent sous les drapeaux; d'autres acceptèrent des emplois publics. Quelques uns devinrent précepteurs ou donnèrent des leçons pour vivre. Mais la plupart ouvrirent des écoles privées et contribuèrent ainsi au maintien de l'enseignement primaire. Dans plusieurs villes les municipalités s'adressèrent à eux pour la direction de leurs écoles et les transformèrent ainsi en instituteurs publics. Il s'en rencontra également qui émigrèrent. Ces derniers se rendirent en Italie.

Ce furent ces émigrés au nombre d'une vingtaine qui allèrent demander l'hospitalité aux Frères de Rome, se placèrent sous les ordres de leur Supérieur général, le Frère Frumence. Le Pape leur vint en aide en leur accordant quelques secours. Il alla même plus loin et fonda avec leur concours une école qu'il dota d'un immeuble. Cette école s'ouvrit le 5 novembre 1793. Elle devint l'asile et le centre de l'Institut des Frères.

Un autre établissement de Frères français fut fondé un peu plus tard avec un noviciat en 1795 à Orvietto. Enfin, quelques Frères se fixèrent à Ferrare. L'Italie devint ainsi l'abri de l'association. Il était resté en France un supérieur des Frères, mais il avait été un certain temps emprisonné et il n'avait pu s'occuper des affaires de l'ordre. Le Frère Frumence auquel le Pape avait donné le titre de vicaire général était devenu de ce fait le chef de l'Institut.

Cependant, en France même, les anciens Frères tout en se transformant en instituteurs laïques n'avaient pas entièrement disparu. A Laon, trois d'entre eux avaient continué l'enseignement à titre privé, puis, ayant fait agréer leurs services par la municipalité, avaient ouvert en 1802 deux écoles municipales. Le maire lui-même devant son Conseil avait tenu à rappeler ce qu'ils avaient fait au XVIIIe siècle pour l'instruction des enfants du peuple.

En 1800, à Reims, l'ex-Frère Vivien qui pendant la Révolution avait rempli l'emploi de secrétaire de la gendarmerie, se démit de ses fonctions, groupa autour de lui une dizaine d'anciens Frères et ouvrit dans divers quartiers de la ville quatre écoles. Durant plusieurs années il perçut une rétribution scolaire dont le taux avait été fixé par le Conseil municipal.

Toulouse, Valence virent leurs écoles confiées également par leurs municipalités à des disciples de Jean-Baptiste de la Salle.

A Paris même, une école des Frères avait été fondée par la marquise de Tranz sauvée de l'échafaud en 1793 par la population du quartier du Gros-Caillou. Pour témoigner sa reconnaissance, elle avait doté à perpétuité une école chrétienne gratuite. A cet effet elle plaça une somme de 70 000 francs dont les intérêts devaient servir au loyer d'une maison et à l'entretien de trois Frères et d'un aumônier.

Enfin à Lyon, dès 1804, un Frère avait créé dans cette ville un externat. Son établissement prospéra rapidement et il dut faire appel à une douzaine de collaborateurs, anciens Frères comme lui. La municipalité s'intéressa à cette œuvre qui trouva surtout un protecteur très puissant en la personne de l'archevêque de Lyon, le cardinal Fesch. Ce fut le cardinal qui entreprit de ressusciter en France dans sa métropole l'Institut de Jean-Baptiste de la Salle. Lyon en devint le chef-lieu pour toute la France [1].

Une seule difficulté surgit. Les Frères avaient tous leur chef non pas en France mais à Rome où le Pape avait fait du Frère Frumence le supérieur général de l'ordre. Or le gouvernement n'admettait pas qu'une association française fût placée sous le contrôle d'une autorité supérieure à l'étranger. Cette difficulté disparut quand à la suite de négociations menées par le vicaire général du cardinal Fesch, l'abbé Jauffret, fut obtenue la démission du Frère Frumence, remplacé par un chef exerçant ses pouvoirs en France.

« Je me suis occupé, écrivait l'abbé Jauffret à son archevêque, de l'affaire des écoles gratuites et j'ai adressé à M. Portalis un mémoire détaillé. Je lui parle de l'avantage et de la convenance d'établir à Lyon la maison centrale avec le supérieur de l'Institut. Le Frère Frumence qui ne veut que le bien de son pays donne la main à notre plan et a dû en prévenir les Frères de Lyon. Il renonce très volontiers à son titre et concourra par tous les moyens qui lui seront indiqués à l'élection d'un chef pour la France seulement, car voilà le grand point. Le gouvernement français ne consentira jamais à ce qu'ils eussent un supérieur général quoique né en France hors du territoire de la République. C'est à vous pendant votre séjour à Paris d'entretenir de cette bonne œuvre M. Portalis. Vous pouvez beaucoup faire par votre présence [2]. »

Les démarches aboutirent. Le Frère Frumence vint à Paris. Il renonça à sa résidence à Rome et devint ainsi un supérieur français résidant en France. Le rétablissement légal de l'Ordre

1. *Annales de l'Institut des Frères des écoles chrétiennes*, tome II (*Passim*).
2. Mᵍʳ Ricard, *Le cardinal Fesch, archevêque de Lyon*.

suivit. Le 5 avril 1804 Portalis adressa au Premier Consul un rapport sur la restauration de l'Institut de Jean-Baptiste de la Salle. Il l'avait, d'ailleurs, déjà saisi de la question dans un autre rapport du 2 décembre 1803 où tout en faisant l'éloge des Frères il montrait que personne ne pourrait apporter à l'État un concours plus économique que le leur en même temps que plus dévoué.

« Les Frères de la doctrine chrétienne rétablis sous le gouvernement actuel inspireraient à la génération naissante l'amour du gouvernement et de son chef. Les finances y gagneraient en ce que ces instituteurs se contentent du plus strict nécessaire et que leur enseignement est gratuit. L'instruction des enfants ne pourrait qu'y gagner aussi étant confiée à des maîtres entièrement consacrés à cette instruction et qui n'en sont point distraits par les soins de la famille.

« Ils avaient leur supérieur à Rome. J'ai fait observer que des hommes consacrés à l'éducation publique ne pouvaient être dirigés par un supérieur étranger et qu'ils devaient avoir leur supérieur général en France. M. le cardinal (Fesch) a senti la vérité de cette observation. En conséquence, il a rapporté la renonciation du supérieur général de Rome à toute inspection sur les Frères de la doctrine chrétienne de France et il a été convenu que les Frères auraient un supérieur général qui résidérait à Lyon[1]. »

Le rapport du 2 avril 1804 est plus explicite. La règle des Frères de la doctrine chrétienne y est analysée et l'histoire de leur ordre retracée dès l'origine. Ils ne forment pas un ordre monastique ; ils ne sont qu'une simple association « qui se livre librement à l'éducation gratuite des artisans et des pauvres ainsi que l'a décidé la Sorbonne dans une consultation du 7 mars 1777. »

« Le vœu que faisait Platon lorsqu'il jetait le plan idéal d'une république parfaite, semblerait en quelque sorte réalisé

1. Archives nationales, F¹⁹ 6285.

par cette classe d'instituteurs. Ce philosophe voulait des instituteurs dévoués qui n'eussent point d'autre ambition que celle de former des élèves instruits et vertueux. C'est là l'unique ambition des Frères de la doctrine chétienne.

« En divisant entre eux leurs ressources totales, ils ne disposent pas chacun de plus de 72 francs de revenu. On gagnerait donc beaucoup au point de vue des finances nationales et communales à leur confier l'éducation gratuite.

« La commune de Lyon a préjugé sur l'intention du gouvernement à cet égard. Elle a appelé dans son sein quelques-uns de ces Frères des Écoles. Elle leur a confié ses dix écoles primaires et bientôt les pères et les mères ont retrouvé des enfants dociles, soumis et une réforme soudaine fut opérée dans la génération naissante de cette commune.

« Il ne s'agit pas de créer mais seulement d'encourager ce qui existe. Il suffit d'aider, de diriger un établissement tout formé, tout populaire, tout en faveur des artisans et des pauvres. Il s'agit de ne pas laisser aux nations voisines le soin de se l'approprier.

« Le Saint-Siège vient de consentir à ce que le Vicaire ou Directeur général qu'il avait lui-même nommé à Rome depuis la Révolution se démît de tous ses pouvoirs en faveur du supérieur ou directeur qui sera nommé à Lyon... »[1]

Le 15 avril 1804, l'Institut des Frères fut officiellement rétabli sous la réserve de l'examen de ses statuts.

A la fin de juillet de la même année, en vue de cet examen par le Conseil d'Etat les statuts furent produits. Le Conseil conclut au rejet pour des motifs que l'on ignore, le rapport du conseiller Régnaud de Saint-Jean-d'Angély et le procès-verbal de la séance ayant disparu en 1871 dans l'incendie de l'Hôtel du Quai d'Orsay. Ce rejet, d'ailleurs, n'eut pas de conséquences. Une décision gouvernementale du 10 novembre 1804 avait en effet assuré aux Frères la vie civile. Le 8 sep-

1. Archives nationales, F[19] 6285.

tembre 1805, ils affirmaient publiquement leur existence en reprenant leur ancien habit.

Le 17 mars 1808 parut le décret organisant l'Université Impériale. A l'article 109, il était fait mention des Frères de la doctrine chrétienne : « Les Frères de la Doctrine chrétienne, lisait-on, seront brevetés et encouragés par le Grand Maître qui visera leurs statuts intérieurs, les admettra au serment, leur prescrira un habit particulier et fera surveiller leurs écoles. Les supérieurs de ces congrégations pourront être membres de l'Université. »

C'était l'agrégation à l'Université, mais cette mesure n'avait pas été sans soulever au Conseil d'Etat des discussions orageuses. L'Empereur, d'après le témoignage de Pelet de la Lozère, dut intervenir en personne et se constituer l'avocat des Frères suspects à un certain nombre de conseillers.

« On prétend, déclara Napoléon, que les écoles primaires tenues par les Frères pourraient introduire dans l'Université un esprit dangereux. On propose de les laisser en dehors de sa juridiction... Je ne conçois pas l'espèce de fanatisme dont quelques personnes sont animées contre les Frères Ignorantins. C'est un véritable préjugé. Partout on me demande leur rétablissement. Ce cri général démontre assez leur utililté. Une preuve, dit-on, que l'influence des Frères a toujours été redoutée, c'est l'obligation qu'on leur a imposée par leurs vœux de s'interdire toute autre connaissance que la lecture, l'écriture et les éléments du calcul. Cette prétendue preuve n'est qu'un enfantillage. On n'a eu d'autre but en leur prescrivant ce vœu que de les rendre plus propres à leur destination. »[1]

---

1. *Opinions de Napoléon sur divers sujets de politique et d'administration* recueillies par un membre de son Conseil d'État, Pelet de la Lozère, pp. 175 et 176.

III

Le grand protecteur des Frères, celui qui dès le début du Consulat jusqu'à la chute de l'Empire ne cessa de les entourer d'un bienveillant intérêt, ce fut le cardinal Fesch. Auteur de leur établissement à Lyon, il leur témoignait encore sa sympathie dans son île natale, la Corse, en entretenant de ses propres deniers, à Ajaccio depuis le commencement de 1806 une école dirigée par eux. A chacun des Frères de cette école il allouait une pension annuelle de 500 livres et leur faisait attribuer en outre par la commune une indemnité personnelle de 120 livres.

« Cette école, écrivait en août 1808 le préfet du Liamone au ministre des Cultes, est due à la munificence de Son Altesse Eminente le cardinal Fesch qui s'est chargé du traitement des Frères et des frais d'entretien. Leur excellente méthode pour initier l'enfance dans les principes de l'instruction, et surtout pour les pénétrer de ceux de la religion, est trop connue pour vous entretenir sur les sensibles avantages qui en sont le résultat. Les élèves qui fréquentent cette école sont au nombre de 260. Le nombre en serait plus considérable si le local offrait plus d'étendue et de commodité. La morale de ces bons Frères, leur zèle infatigable et leurs soins pour le progrès de la jeunesse sont dignes d'éloges et méritent des récompenses et une protection spéciale[1]. »

En 1779 les Frères de la doctrine chrétienne étaient au nombre de 760 répartis dans 441 classes avec 33 999 élèves. En 1790, à l'heure de la Révolution qui prononça leur dissolution, leur Institut comptait 920 Frères dans 520 classes avec 35 713 élèves[2].

Vers 1811, d'après une statistique dressée en commun par

1. Archives nationales, F^{19} 6286.
2. *Annales de l'Institut des Frères*, tome II.

les évêques et les préfets de l'Empire, l'ordre comprenait un total de 274 Frères dont 203 seulement employés dans les écoles. Ils subsistaient avec une somme de 94 000 francs sur laquelle les communes payaient 70 800 francs. Le complément provenait des rétributions d'un certain nombre d'élèves. Ils possédaient 42 maisons y compris la maison mère de Lyon. On évaluait à 60 ou 80 en moyenne le nombre des élèves instruits par chaque Frère[1].

Leurs différents noviciats étaient situés en 1813 à Lyon, à Saint-Omer, à Toulouse, à Langres et à Soissons. Ils comprenaient en tout 88 novices[2].

Certains départements de la France extérieure comme le département de Jemmapes possédaient des Frères. C'est ainsi qu'un rapport du préfet de ce département signale leur présence à Tournay. Là ils s'élèvent au-dessus de l'instruction primaire proprement dite et donnent un enseignement plus étendu. Ils reçoivent même des pensionnaires et leur clientèle a un caractère bourgeois. Elle est surtout formée de jeunes gens se destinant au commerce. Une dizaine à peine de disciples à part reçoivent les éléments du latin. Le prospectus de l'établissement annexé au rapport est ainsi conçu :

« On enseigne la lecture, les différentes sortes d'écriture, l'arithmétique et le calcul décimal, le système des nouveaux poids et mesures, les changes étrangers, les arbitrages en banque, la tenue des livres en parties simples et en parties doubles, les comptes d'intérêts, les mathématiques et en particulier l'arpentage et le plan terrier, la géographie, la sphère, le style épistolaire, l'histoire ; la mythologie, les langues française, latine, anglaise et le dessin. L'anglais et l'art de dessiner ne sont pas compris dans le prix de la pension. On établira dans la maison plusieurs bureaux de commerce[3] ».

Les exigences croissantes des levées répétées de la con-

---

1. Archives nationales, F¹⁹ 2685.
2. *Ibidem*, F¹⁹ 6285.
3. *Ibidem*, F¹⁹ 6285.

scription ne permirent pas aux Frères de trouver un nombre suffisant de jeunes gens pour peupler leurs écoles. Ce fut seulement sous la Restauration que leur Institut prit un réel développement. Ce fut en vain que le gouvernement impérial en 1808 rechercha dans tous les départements de l'Empire les derniers survivants des disciples de Jean-Baptiste de la Salle. Engagés dans d'autres carrières, souvent mariés et pères de famille, ils ne pouvaient ni ne voulaient rentrer dans les petites écoles. L'Empire se heurta au même obstacle que la Révolution, le manque de maîtres.

CHAPITRE XVI

APPLICATION
GÉNÉRALE DES LOIS RÉVOLUTIONNAIRES
DANS LES PAYS RÉUNIS

I. — Belgique et Pays-Rhénans.
II. — Principauté de Parme. Toscane.
III. — Espagne. Portugal. Etats Romains.

I

Partout où passa la Révolution, elle transporta avec elle à
la suite de ses armées les lois révolutionnaires. C'est ainsi
que dès son annexion à la République française, la Belgique,
en vertu de la loi du 1er septembre 1796 vit supprimer tous
ses ordres monastiques. Un capital représentant leur pension
de retraite fut alloué à tous les membres des congrégations
dissoutes. Le costume régulier fut partout interdit. On procéda à des inventaires. Seules furent conservées les associations religieuses qui se consacraient à l'éducation publique ou
au soulagement des malades. Elles continuèrent à fonctionner
et à administrer leurs biens. Tout le reste dut disparaître.

Les Alexiens spécialement affectés à la garde des fous, les
Lazaristes et les Frères de la Charité assurèrent comme par
le passé leur services, mais sous des habits laïques et en
qualité de simples citoyens : « L'utilité de leur Institut, lit-on
dans une délibération du Conseil des Cinq-Cents reproduite
par le *Moniteur* du 7 Janvier 1797, ne sera pas moindre

lorsqu'au lieu d'administrer leurs soins en capuchons, ils les administreront vêtus séculièrement et en qualité de simples citoyens. »

La législation consulaire et impériale n'apporta elle-même aucune modification à la législation révolutionnaire. Lorsque par l'annexion des Pays Rhénans sont formés les départements de la Sarre, de la Roër, du Rhin-et-Moselle et du Mont Tonnerre, les ordres monastiques et les congrégations séculières sont immédiatement supprimés dans ces départements par les arrêtés des Consuls du 9 février 1802. Tous leurs biens sont attribués à la nation. Tous leurs titres et papiers sont mis sous scellés. Il est procédé à des inventaires et dressé un état des personnes de chaque maison. Des pensions sont accordées aux ex-congréganistes. Le costume religieux est prohibé.

II

Jusque dans la petite principauté de Piombino, les couvents devront disparaître « Allez votre train, supprimez les couvent, écrira Napoléon à sa sœur Elisa en mai 1806, après avoir conseillé un mois avant à cette même princesse de n'en rien faire, ou du moins de n'agir qu'avec beaucoup de circonspection, sans témérité ni brutalité : « Du reste, marchez prudemment, ne vous aliénez pas l'esprit de vos peuples » ; l'essentiel, c'est de mettre la main sur les richesses des communautés : « Ne perdez pas un moment, une heure pour réunir les biens des couvents aux domaines. Emparez-vous des biens des moines. C'est là le principal ; laissez courir le reste [1]. »

Les congrégations de la Toscane subissent le sort commun. Il ne sera fait d'exception que pour un ou deux couvents célèbres de religieux et un ou deux couvents de religieuses.

---

1. *Correspondance de Napoléon*, tome XII, pp. 300, 462 et 465.

L'Espagne ne sera pas dépouillée de tous ses couvents. Mais les congrégations y pullulent avec une telle abondance qu'on ne saurait sans danger toutes les conserver. Un décret du 4 décembre 1808 réduira le nombre des couvents au tiers. On réunira dans une seule maison les religieux de plusieurs couvents du même ordre. Désormais, aucune admission au noviciat, aucune profession religieuse ne seront permises jusqu'à ce que le chiffre des congréganistes des deux sexes ait été réduit au tiers des congréganistes existants. Un délai de quinze jours est accordé aux novices pour sortir. Des pensions de 3 000 à 4 000 réaux seront allouées aux religieux et religieuses qui renonceront à la vie commune. La portion congrue des curés sera élevée au moyen de prélèvements sur le montant des biens des établissements supprimés. Les biens disponibles seront après ce prélèvement réunis au domaine d'Espagne[1].

L'Empereur au même moment se préoccupe de mesures semblables en Portugal. Il demande à Junot si l'on se heurterait à une grande résistance pour « resserrer les couvents en Portugal et les réduire de moitié ». On aurait par là beaucoup d'argent puisqu'on dit que les couvents ont chacun un trésor et que leurs biens augmenteraient les domaines. » « Faites dresser, conclut-il, l'état des couvents et des biens qu'ils ont et envoyez-le moi[2]. »

Les instructions adressées de Schoenbrunn par Napoléon au comte Gaudin le 26 septembre 1809 au sujet de la suppression des moines dans les États romains sont des plus draconiennes. « J'ai reçu votre rapport du 12 sur le parti à prendre sur les moines des États romains. Voici ma pensée tant pour Rome que pour la Toscane, le Piémont et Parme. Supprimez sans distinction tous les moines. Ordonnez qu'à dater de la publication du décret qui sera rendu, ils soient tenus de quitter l'habit et le couvent, mendiants et livrés à l'instruction

---

1. *Correspondance de Napoléon*, tome XVIII, p. 105.
2. *Ibidem*, tome XVII, p. 155.

publique, tous, sous quelque dénomination qu'ils soient, de sorte que, en Italie et en France il ne reste plus un moine. Il faut vendre leurs maisons et leurs biens. Ne laissez que ceux du Mont Cenis, du Mont Genèvre, du Mont Saint-Bernard, sur l'Appennin à la chartreuse de Florence et dans quelques localités privilégiées. »

« Préparez-moi un décret sur ces bases pour la Toscane, Parme et le Piémont »..... Je ne veux pas voir d'habit de moine ni de couvent. Toute mesure dilatoire tend à les rétablir. Si d'un coup de massue on ne détruit pas ces ridicules institutions, on les verra renaître. Je ne voudrais pas les renvoyer chez eux, mais les attacher aux cures, chapitres, collégiales, de sorte qu'ils eussent tous des fonctions ecclésiastiques[1]. »

Ce n'était encore qu'un projet. Le décret du 25 avril 1810 le réalisa. « A l'exception des évêchés, archevêchés, séminaires, chapitres de cathédrale, de collégiales notables, paroisses et succursales, hospitaliers, sœurs de Charité et autres maisons établies pour l'éducation des femmes, que nous jugerons à propos de conserver par des décrets spéciaux, tous les autres établissements, corporations, congrégations et associations ecclésiastiques sont supprimés. Ils n'est permis à aucun individu de porter l'habit religieux. Tous les religieux, mendiants et non mendiants, jouiront d'une pension viagère dans le département où ils seront nés. Les prêtres devront servir dans une église paroissiale. Les biens des établissements supprimés sont cédés au Mont Napoléon (Hospice du Simplon) qui paiera les pensions[2]. »

Dans le département de l'Arno provenant de la ci-devant Toscane, le préfet eut à appliquer le décret du 10 septembre 1810 visant tous les établissements monastiques. D'après son rapport du 30 septembre suivant, l'Arno ne renfermait pas

1. *Correspondance de Napoléon*, tome XIX, pp. 606 et 607.
2. R. P. Burnichon, *La Compagnie de Jésus en France. Histoire d'un Siècle.*

moins de 201 couvents. Parmi les congrégations provisoirement conservées, 9, dont 5 à Florence, étaient affectées à l'instruction des jeunes filles. Il y avait en tout 302 religieuses et institutrices avec 236 pensionnaires dans les établissements dits « Conservatoires ». Les pensionnaires provenaient de tous les points de l'Italie et il y en avait même de Paris. En présence de l'impossibilité de les placer ailleurs, force était de suspendre transitoirement l'évacuation des maisons qui les recevaient.

A Florence, existait également une de ces écoles que l'on appelait les « Ecoles Pieuses ». Les religieux qui la dirigeaient avaient fait des vœux perpétuels ainsi que d'ailleurs les maîtresses des Conservatoires. Cette école recevant gratuitement jusqu'à 800 élèves, force fut également de la conserver[1].

Mais ce fut surtout dans les Etats romains que surgirent les difficultés. Dans ces Etats, on ne comptait pas moins de 5 244 moines et de 5 487 religieuses. La seule ville de Rome possédait 1 463 moines et 1 131 nonnes répartis en 145 couvents, Un de ces couvents, celui de Sanctissima Concezione a Capo le Case abritait jusqu'à 131 moines, celui de San-Francesco 105, mais beaucoup étaient moins peuplés. La Minerva. par exemple, n'était occupée que par 52 Dominicaines et 61 monastères ne renfermaient qu'une dizaine de religieux.

III

Hors de Rome, le futur département du Tibre avait 240 couvents d'hommes peuplés de 1 733 religieux et 73 monastères de filles avec un total de 1 526 religieuses.

L'Ombrie réunissait 2 028 moines et 2 830 moniales. Assise était le centre d'une vie monastique telle que les Fils de Saint-François représentaient dans les deux futurs départements le tiers de cette énorme population religieuse.

1. Archives nationales, F[19] 312 et 313.

À Rome, la fortune des moines s'élevait à 930000 livres de rentes, soit en moyenne 900 livres par individu. Les religieuses étaient moins riches. Cependant, il y avait quelques couvents très fortunés. Les Chartreux de Trisulti près d'Amalfi jouissaient de 96000 livres de rentes.

Les moines romains distribuaient de larges aumônes. Tout un peuple vivait de leurs largesses. Ils étaient par là très populaires. D'autre part, leurs différentes variétés s'adaptaient aux diverses classes sociales et leur influence était de ce fait considérable dans tous les mondes.

La dissolution des congrégations romaines ne fut qu'apparente et illusoire. « Jamais il n'y en avait tant eu que depuis que d'après le Gouvernement il n'y en avait plus. » Le moine est partout « sous l'habit séculier et même sous le froc et les gendarmes perdent leur peine à le chercher ». Les communautés de femmes ne sont pas moins à craindre à leur manière et les religieuses sont autant d'ennemis qui viennent renforcer les moines. « Les couvents maintenus deviennent des foyers d'opposition. Elles ont pour directeurs des prêtres réfractaires qui les poussent à la rebellion. Qu'on n'aille pas croire que ces saintes filles descendent dans la rue, mais elles prient Dieu pour Pie VII. Quelques-unes même se permettent des extases, des miracles et des prophéties, toutes choses que n'autorise pas le Concordat[1]. »

Comment furent appliqués dans tous les pays réunis ces décrets qui, à quelques variantes près, ne sont que la reproduction d'un seul et même décret reproduisant lui-même les décrets révolutionnaires ? Ce serait une longue histoire à retracer et les matériaux en sont trop nombreux et trop dispersés pour être réunis. Elle n'a été écrite que pour les États Romains par Louis Madelin dans sa « Rome de Napoléon ».

1. Voir Louis Madelin : *La Rome de Napoléon.*

CHAPITRE XVII

LES ESSAIS
DE RECONSTITUTION DE CONGRÉGATIONS
SOUS LA RESTAURATION

I. — Mouvement général de reconstitution monastique. Inquiétude du gouvernement.
II. — Bénédictins de Saint-Maur — Sulpiciens — Carmes — Eudistes Capucins — Bénédictins de Cluny — Oratoriens — Missionnaires de l'Intérieur — Trappistes.
III. — La vie monastique et l'esprit mystique.

I

A peine Louis XVIII était-il de retour, à peine avait-il pris la place de Napoléon relégué à l'île d'Elbe, que se produisit dans la France entière une réaction instantanée. A cette réaction l'Eglise prit une part d'autant plus grande avec une ardeur d'autant plus vive que durant les dernières années de l'Empire elle avait été traitée sans ménagements. Séculiers ou réguliers, tous les membres du clergé crurent que du jour au lendemain allait commencer une ère nouvelle. Jusqu'au fond des cloîtres, quand on apprit que la monarchie était restaurée, que les Bourbons remontaient sur le trône de leurs ancêtres laissé vide par celui que maintenant on appelait dédaigneusement « Buonaparte » ou « l'Usurpateur », toutes les espérances se réveillèrent et avec elles bien des chimères. Aussitôt de tous les points du royaume affluèrent des demandes, pétitions et réclamations de tout genre formulées avec la même insistance, les unes par des religieuses, les autres par des religieux. Tout le monde avait la conviction que ce qui était défendu la veille allait être permis le lendemain, que tous les décrets impériaux étant abrogés, les congrégations pourraient désormais renaître et se développer sans nulle entrave, sans restrictions, sous la haute protection d'un gouvernement attaché à détruire ce qu'avait créé l'Empereur comme à recréer ce qu'il avait détruit.

Les demandes de rétablissement et de rentrée en possession de leurs biens formées par des religieuses se multiplièrent à ce point à Paris auprès du préfet de la Seine que ce fonctionnaire dut signaler le danger auquel on s'exposerait si on leur donnait satisfaction sans discernement et sans mesure.

« Je me contenterai de faire observer, écrivait-il au ministre de l'Intérieur, que si des motifs d'ordre impérieux peuvent souvent faire désirer qu'il soit ouvert quelques asiles à la vie contemplative, ils doivent être très peu multipliés, que dans un moment où les idées de religion sont si affaiblies et l'égoïsme un vice si dominant, il est à craindre que les âmes pures qui depuis plusieurs années se livrent avec tant de zèle si édifiant au service des malades et à l'instruction des pauvres, n'abandonnent ces utiles institutions pour se diriger vers une perfection chimérique, qu'elles n'y portent et leur dévouement et les sacrifices que permet leur fortune, et que par cette fâcheuse direction, la charité publique ne se voie privée de ces utiles offrandes qui depuis plusieurs années semblent se multiplier et s'accroître et réparer en quelque sorte envers les institutions de bienfaisance les torts et les spoliations révolutionnaires[1]. »

Les religieux montrèrent moins d'empressement. Ils avaient été dispersés par la Révolution. L'Empire s'était opposé à la reconstitution des survivants. Bon nombre de ceux qui n'a-

---

1. Archives nationales, F¹⁹ 6252.

vaient pas abandonné l'état religieux, étaient entrés dans le clergé séculier et ne songeaient plus à en sortir ayant trouvé des situations définitives où ils comptaient terminer tranquillement leur vie si agitée à ses débuts. Entre les membres des anciens ordres masculins il n'y eut aucune entente et ce fut en raison de ce manque d'entente que tous les essais de réunion tentés soit avant les Cent Jours au cours de la Première Restauration, soit après les Cent Jours au début de la Seconde, échouèrent également.

II

En 1814, s'était fondée à Senlis sous le patronage du duc de Berry une Société de l'ordre royal de Saint-Louis et du Mérite militaire. Son dessein était de créer pour les enfants appartenant à des parents titulaires de l'ordre un établissement spécial analogue aux maisons qu'avait créées Napoléon pour les filles des membres de la Légion d'honneur. L'établissement réservé aux filles serait à Versailles et celui destiné aux garçons à Senlis. Ce fut à d'anciens Bénédictins de Saint-Maur que s'adressèrent en vue de cette fondation les chevaliers de Saint-Louis. Au nombre d'une demi-douzaine, à leur tête un ex-religieux du nom de Dom Marquet, ils s'installèrent à Senlis et prirent la direction de la maison d'éducation. Ce fut pour eux une occasion d'essayer de reconstituer l'ordre de Saint-Benoit. Aussitôt ils entrèrent en relations avec ceux de leurs confrères dont ils n'avaient pas perdu la trace, et, pour atteindre les autres eurent recours à la publicité de « l'Ami de la Religion » qui se fit leur interprète. Deux appels séparés par les Cent Jours parurent dans cet organe du clergé, l'un en novembre 1814, l'autre en septembre 1815.

« Des religieux de la congrégation de Saint-Maur, lit-on dans le communiqué de novembre 1814, après avoir offert au Roi dans une adresse leurs respects et leurs vœux, lui ont exprimé le désir de servir encore l'Eglise et l'Etat. Ils disent que si l'on peut reprocher à quelques membres de leur ordre l'oubli de leur règle, il en est d'autres qui n'en ont jamais perdu l'esprit et qui au milieu du délire et des orages se sont conservés purs. Parmi eux, plusieurs seraient très propres à rendre des services, à instruire la jeunesse, à vaquer à de grands travaux.

« Des hommes choisis, épurés par le feu de la Révolution, auraient à cœur de ressusciter un corps qui n'a pas d'ailleurs été aboli par l'Eglise et qui a été autrefois si utile à la Société, aux Lettres, à l'Instruction publique. Pourquoi ne le serait-il pas encore si l'on veut bien le protéger? Les amis des Sciences pourraient-ils s'effaroucher de l'existence d'un ordre qui les cultivait avec succès? Les amis des mœurs ne béniraient-ils pas la résurrection d'une société qui formait la jeunesse à la vertu en même temps qu'aux sciences?

« Tel est l'objet d'une lettre que nous écrit Dom V (Dom Verneuil) religieux bénédictin qui paraît plein de zèle et qui appelle l'attention du public et la protection du roi sur une congrégation utile qui a produit tant de grands ouvrages, qui a fourni tant d'hommes pleins de savoir, et dont les débris peuvent encore se ranimer à la voix de la religion et à l'aide d'un prince clairvoyant et judicieux[1]. »

Le communiqué de septembre est plus pressant et s'adresse surtout aux Bénédictins.

« Les Bénédictins de la congrégation de Saint-Maur qui avaient annoncé l'année dernière le désir de former une réunion reprennent ce projet depuis que le Ciel a rendu Louis le Désiré à leurs vœux et à ceux de la France et de toute l'Europe. Ils se proposent de faire revivre dans leur petite société l'esprit de leur saint patriarche et d'observer sa règle et leurs constitutions aussi exactement que les circonstances actuelles le permettront.

---

1. *L'Ami de la Religion et du Roi*, tome III, pp. 61 et 62.

« Ils aiment surtout à se rappeler l'inébranlable fidélité
que leur ordre garda dans tous les temps aux légitimes successeurs de saint Louis. Ils ne réclament ni les privilèges, ni
les richesses qu'ils devaient à la générosité des souverains,
à la piété des fidèles et à l'assiduité de leurs travaux. Trop
heureux de servir l'Eglise et l'Etat sous la direction des autorités ecclésiastiques et civiles, ils concourront de tous leurs
efforts par leurs prières, leur exemple et les œuvres d'art
dont on les croit capables, à ranimer dans les cœurs l'esprit
du Christianisme, l'amour de l'ordre et cette entière soumission aux lois et à l'autorité dont elles émanent.

« Nous sommes engagés à inviter les religieux Bénédictins
de Saint-Maur dispersés dans le royaume et pénétrés de ces
sentiments à nous en adresser directement la déclaration. Ils
voudront bien y joindre leur adresse. Nous nous ferons un
devoir, un plaisir sensible de transmettre le tout à ceux de
nos confrères avec lesquels nous avons des rapports et que
leur séjour dans la capitale met plus à même de travailler
au succès de cette bonne œuvre en sollicitant d'en faire
l'hommage respectueux à Sa Majesté et la suppliant de l'honorer de sa protection. Ils ne seront nommés qu'autant qu'ils le
permettront et, ils auront, s'ils le désirent, des explications
plus étendues dès qu'il leur sera possible de le faire [1]. »

Quelques mois avant cet appel, le promoteur de ce mouvement, Dom Marquet, avait adressé au ministre des Cultes une
pétition en vue du rétablissement de la congrégation de
Saint-Maur (février 1815).

Le passé est le passé. Leur ordre comptait autrefois près
de 200 maisons. Deux monastères tout au plus suffiront pour
en recueillir les épaves. Il ne s'agit pas davantage d'entrer
en conflit avec la législation nouvelle issue de la Révolution.
« Si le gouvernement persistait à méconnaître les vœux
solennels et perpétuels, les Bénédictins demanderaient qu'au

---

1. *L'Ami de la Religion et du Roi*, tome V, pp. 134-140.

moins il ne s'opposât pas à un acte de profession qui engagerait dans le for intérieur sans avoir d'effet civil. Jusqu'au jour de cet engagement, les sujets admis pourraient se retirer, comme il serait permis au corps de les congédier. » « A leur monastère serait annexée une maison d'éducation selon le type des anciens collèges où l'on s'attacherait particulièrement à l'enseignement de la religion, des langues anciennes, de l'histoire et des éléments des mathématiques, sous la surveillance, d'ailleurs, des inspecteurs de l'Université. » Conformément à la règle de Saint-Benoit, « les portes de l'hôtellerie seraient toujours ouvertes aux étrangers et aux voyageurs qui seraient traités selon leur dignité, mais néanmoins avec la simplicité religieuse [1]. »

Cet essai de reconstitution échoua. La commission de l'Instruction publique à la suite d'un rapport de Royer Collard, refusa d'incorporer à l'Université les Bénédictins de Senlis dans les termes suivants : « Au surplus, les travaux de l'ancienne congrégation de Saint-Maur, les services qu'elle a rendus à notre littérature sont trop connus pour qu'il soit nécessaire de faire son éloge sous ce rapport. Mais ses succès dans l'enseignement ne répondaient pas à la réputation littéraire et savante qu'elle avait acquise à tant de titres. Ses écoles n'ont jamais pu lutter contre celles des autres congrégations qui comptaient des sujets moins érudits mais où les études étaient mieux dirigées et plus scolaires, où l'on savait mieux exciter et entretenir l'émulation de la jeunesse [2]. »

A la suite d'un désaccord entre les Chevaliers et les maîtres, le collège de Senlis dut fermer ses portes. Enfin il ne se rencontra pas un nombre suffisant d'adhésions pour permettre une résurrection bénédictine. Ce fut seulement sous le règne de Louis-Philippe qu'elle eut lieu à la voix de Dom Guéranger.

A rétablir les Sulpiciens, Louis XVIII montra d'autant plus

1. Archives nationales, F[19] 6284.
2. *Ibidem*, F[19] 6284.

d'empressement que Napoléon avait fait preuve de plus de dureté à leur égard. Le 19 avril 1814, les anciens directeurs vinrent reprendre leur place au séminaire. Ils y retrouvèrent leurs disciples, les embrassèrent et allèrent avec eux chanter à la chapelle un Te Deum d'actions de grâces. En province, les professeurs expulsés rentrèrent également dans les établissements d'où ils avaient été chassés. Une assemblée générale de la Compagnie qui se tint à Issy en septembre 1814 désigna un supérieur général, M. Duclaux. Cette restauration de fait fut complétée par une restauration de droit en vertu d'une ordonnance royale du 3 avril 1816[1].

A la faveur de la Première Restauration, dès le retour du roi, un ancien Carme, l'abbé Dumesnil, en religion le P. Bruno de Saint-Sulpice, commissaire général et provincial des Carmes déchaussés, fonda à Paris une maison de son ordre faubourg Saint-Marceau entre la rue de l'Epée-de-Bois et la rue Neuve-d'Orléans sur la paroisse Saint-Médard. Il y avait déjà réuni comme novices quelques jeunes gens, mais à la nouvelle du retour de Napoléon, la communauté naissante fut saisie d'une telle peur qu'elle se dispersa pour ne plus se réunir. Son téméraire restaurateur devint curé de Lonjumeau et acheva sa carrière comme chanoine à Versailles[2].

Les Eudistes profitèrent également de la chute de Napoléon pour adresser à Louis XVIII dès le mois de juillet 1814 une pétition en faveur du rétablissement de leur ordre. Elle portait la signature de deux des leurs, les PP. Blanchard et Beaumont agissant au nom de vingt-deux de leurs confrères. Ils renouvelèrent cette pétition en 1816.

Après une rapide esquisse de l'histoire de la congrégation fondée en 1626 par Jean Eudes, frère de l'historiographe de France, Mézerai, ils rappelaient le but de leur institution destinée à la fois à former de jeunes élèves pour les fonctions ecclésiastiques et à instruire la jeunesse dans les collèges.

1. Anonyme, *Vie de M. Émery*, tome II.
2. R. P. Joachim, *L'ordre des Carmes*.

Ils étaient avant la Révolution très répandus surtout en Normandie et en Bretagne. Ils exprimaient le vœu de se voir restituer les biens qui leur appartenaient autrefois et qui n'avaient pas été vendus [1].

Un capucin, le Frère Archange de Lyon, le 19 septembre 1814, de son propre mouvement, sans consultation préalable ni adhésion des survivants de son ordre, n'hésita pas à tenter la même entreprise. « Ancien lecteur de théologie, gardien de plusieurs maisons de la province, consulteur du provincial, chef des missions de sa province, il se prévaut de ces titres auprès du roi pour demander le rachat du grand couvent de capucins de Lyon avec les libéralités des fidèles et pour solliciter l'autorisation d'y rassembler les débris de l'ordre. Les fidèles avaient acquis pour eux le monastère de Cret dans le diocèse de Valence et ils trouveraient là un autre asile pour un noviciat [2]. »

Si brève fut la période des Cent Jours que Napoléon, aux prises avec l'Europe entière dans une lutte suprême, dut tourner du côté des frontières tous ses efforts. Cependant, même à cette heure, il n'oublie pas les congrégations. Il veut savoir ce qui est advenu d'elles durant son séjour à l'île d'Elbe et en mai 1815, il prescrit à tous les préfets une enquête à leur sujet. Cette enquête, dans de telles circonstances, ne pouvait être que fort superficielle et elle ne devait donner aucun résultat. Elle n'en donna en effet aucun.

Un certain nombre de préfectures s'abstinrent de répondre. Quant à celles qui répondirent, elles firent connaître qu'en l'absence de Sa Majesté, il ne s'était rien passé d'illicite.

Le préfet du Doubs signale la sortie du diocèse de Besançon d'une quinzaine de jeunes ecclésiastiques ou théologiens qui, sans prévenir leur archevêque, sont allés construire, on ne sait où, une association religieuse.

Le préfet de l'Aisne parle de l'installation de plusieurs Pères de la Foi dans le séminaire diocésain de Soissons.

1. Archives nationales, F19 6284.
2. *Ibidem*, F19 6252.

Le préfet d'Ille-et-Vilaine a entendu parler de quelques Jésuites isolés qui vivent ici ou là, mais ils n'ont aucune influence à l'exception d'un seul qui a la réputation de diriger quelques personnes dans un sens qui n'est pas toujours celui du gouvernement. Ils se conduisent bien.

Son collègue de la Haute-Loire en est réduit à faire mention d'une réunion à Monistrol de quelques vieux missionnaires qu'on dit âgés de plus de 90 ans.

L'ex-Père de la Foi Barat, après avoir été quelque temps desservant dans l'Yonne, a disparu et on n'entend plus parler de lui[1].

C'est tout.

En 1816, 1817, 1818, la Restauration était devenue un fait définitivement accompli. On voit alors un plus grand nombre d'anciens religieux formuler auprès du gouvernement des vœux de rétablissement, mais ils ne sont ni assez nombreux, ni par suite assez puissants pour jouir d'un réel crédit auprès des pouvoirs publics et exercer sur eux une action véritable. C'est le cas de ces trois anciens Bénédictins de Cluny qui en octobre 1816 sollicitent la restitution de l'abbaye de Cluny et du prieuré de Saint-Martin-des-Champs à Paris. « Réunis ou dispersés, ils ont toujours élevé leurs mains suppliantes vers le Ciel pour l'auguste maison des Bourbons. Ils ne cesseront de lui adresser leurs vœux[2]. » C'est encore le cas de ces quelques Capucins et Franciscains de la Corse qui un peu plus tard, en 1818, formant le dessein de reconstituer leur congrégation dans l'île. Enquête faite par les soins du préfet, on constate « qu'ils ont depuis longtemps repris la vie ordinaire avec les mœurs et les usages locaux et partagent l'esprit de vengeance qui règne dans le pays. Il leur est simplement répondu que les lois du royaume s'opposent à leur reconstitution[3]. »

Plusieurs Oratoriens en 1816, réunis au collège de Juilly ou

1. Archives nationales, F19 6283.
2. *Ibidem*, F19 6252.
3. *Ibidem*, F19 6252.

résidant à Paris, présentèrent une adresse au roi pour être autorisés à se grouper en congrégation avec leurs règlements d'avant la Révolution. Ils faisaient suivre leurs douze signatures d'une liste de 40 Pères qui avaient adhéré par des lettres de félicitations pour leur démarche. L'affaire n'eut pas de suites. Consultés par le ministre de l'Intérieur les vicaires généraux du diocèse de Paris témoignèrent une grande indifférence à l'égard du projet qui, d'ailleurs, ne concernait pas Paris puisqu'il s'agissait surtout de Juilly. Quant à la restauration de Juilly par le P. Prioleau, elle n'a rien d'une véritable restauration oratorienne [1].

Les Pères de la Foi ne firent aucune démarche. Ils n'étaient qu'une trentaine et la police napoléonienne les avait dispersés sur tous les points de l'Empire en les obligeant à résider effectivement sous la surveillance des autorités, soit dans leur lieu de naissance, soit dans leur diocèse d'origine. Ils jugèrent plus simple, ne s'étant jamais considérés que comme de futurs Jésuites, d'entrer dans la Compagnie de Jésus partout où elle avait une existence légale.

La Société des Missions à l'intérieur, œuvre du cardinal Fesch, supprimée en 1809, ne pouvait manquer de renaître. Ses statuts furent approuvés par l'archevêché de Paris et elle fut reconnue immédiatement après en 1815. Dans son approbation l'archevêque proclamait ainsi l'utilité des missionnaires : « Les Missions sont le moyen le plus efficace et le seul peut-être pour ramener à la religion, aux bonnes mœurs et à la piété la multitude si longtemps et si profondément égarée par l'incrédulité, l'irréligion, la cessation et l'abandon du culte divin et pour affermir la tranquillité publique par cette soumission à l'autorité et aux lois qui a son principe dans la crainte de Dieu et dans la Conscience [2]. »

La Grande Chartreuse avait été évacuée par les moines en

1. Archives nationales, F19 6253.
2. *Vie du T. R. P. Jean-Baptiste Rauzan* par le P. Delaporte. Pièce justificatives.

1792. On n'avait pas réussi à lui trouver un acquéreur et elle était restée vide. Durant l'Empire quelques Chartreux avaient réussi, on ne sait comment, à vivre en commun à Romans, tandis que les autres s'étaient réfugiés à l'étranger. En vertu d'une ordonnance royale, ils rentrèrent en France en juin 1816. L'*Ami de la religion* dans son numéro du 25 septembre raconte ainsi leur retour : « L'évêque de Grenoble et le préfet accueillirent avec distinction leur vicaire général Dom Moissonnier. Le curé de Saint-Laurent-du-Pont à la tête de sa paroisse alla au-devant de lui. Un des vicaires généraux de Grenoble était chargé de l'installer dans son monastère. Les habitants de Saint-Pierre de Chartreuse firent une décharge de mousquetterie en l'honneur de Dom Moissonnier et à peu de distance du monastère trois Chartreux vinrent saluer leur général[1]. »

Les Trappistes n'attendirent pas la Seconde Restauration pour se reformer en France. Dès le retour du roi en 1814, une de leurs colonies d'émigrés, celle qui, après une installation à Westmale, avait dû se transporter à Munster pour fuir l'invasion des armées françaises et y avait fondé le monastère de Notre-Dame de l'Éternité, établit à la porte de Laval le monastère de Port-du-Salut. Son chef, l'abbé de la Prade, s'était présenté à Louis XVIII en audience en août et avait obtenu de lui l'autorisation de rentrer dans le royaume et de s'y fixer. Au début ils n'étaient que 14, mais ils furent bientôt au nombre de 18 dont 5 prêtres. L'*Ami de la religion* en signalant leur retour les recommande à la charité publique. Les autorités de Laval et des environs avaient adressé une pétition en vue de leur rétablissement[2].

Dom de Lestrange, l'ancien abbé des Trappistes de la Val-Sainte reparut lui aussi avec ses Trappistes. Il revenait du fond de l'Amérique où au moment de l'affaire de la Cervara il était allé chercher un asile. Il se fixa près de Mortagne. « L'Usur-

1. *L'Ami de la Religion et du Roi*, tome IX, 25 septembre 1816.
2. Archives nationales, F[19] 6291.

pateur » avait confisqué le Mont Valérien dont les Trappistes s'étaient rendus acquéreurs. On ne leur restitua pas le Mont qu'occupèrent des missionnaires, mais le montant de leur acquisition leur fut remboursé par le gouvernement [1].

Enfin, en 1817, d'autres Trappistes qui s'étaient retirés en Angleterre pendant la Révolution opérèrent leur rentrée avec l'autorisation royale. Louis XVIII avait même donné des ordres pour qu'un bâtiment allât les chercher. Ils venaient d'acheter dans la Loire-Inférieure sur la paroisse de Meilleray, une ancienne abbaye de Bernardins. Leur établissement compta bientôt de 120 à 130 religieux y compris les frères convers. Ils se livrèrent immédiatement à d'importants travaux agricoles et se signalèrent par leurs améliorations.

III

L'abolition des ordres monastiques par la Révolution avait été un événement considérable dans l'histoire de la nation. Les moines, à l'exception de quelques-uns qui avaient dû leur survivance à des circonstances exceptionnelles comme les Trappistes du Saint-Bernard sous le Directoire et du Mont-Cenis dès les débuts du Consulat, avaient complétement disparu. Dans ce pays où tant de générations durant des siècles avaient été à même de passer en revue leurs costumes de tout genre, il n'était plus donné à personne d'en apercevoir un seul. Seuls rappelaient encore et évoquaient l'image de ces êtres disparus, sans nul espoir, semblait-t-il, de réapparition les monastères qu'ils avaient occupés. Tout ce qu'il avait été possible de vendre de leurs biens avait été vendu. Le reste avait été affecté à des services publics. Quand était venu le moment d'en opérer la liquidation, ces richesses s'évanouirent en grande partie. Elle s'en allèrent en fumée. Il y eut beau-

1. *L'Ami de la Religion et du Roi*, tome II, p. 379, année 1814.

coup d'immeubles invendus parce que, faits pour la vie conventuelle, ils n'étaient nullement adaptés aux exigences de
la vie ordinaire. Aussi quand Louis XVIII se fut définitivement
assis sur le trône de Louis XVI, vit-on affluer les demandes
de restitution.

Les derniers survivants des congrégations religieuses masculines qui, en dépit de tout et de tous, avaient conservé une
âme monastique, crurent de très bonne foi et avec une sorte
de naïveté que tout allait changer par le fait que c'était un
descendant de Saint-Louis qui gouvernait la France à la place
d'un fils de la Révolution. Il n'en fut rien. L'esprit de la
Révolution survécut à la Révolution elle-même et Louis XVIII
fut, en bien des choses, de bon gré ou malgré lui, le continuateur de Napoléon plutôt que de Louis XVI en dépit des
apparences. Du reste, la crainte de tout ce qui est association
religieuse n'est pas une crainte propre à la Révolution et à
l'Empire. L'Ancien Régime la connaissait et cette crainte gouvernementale qui est en même temps une crainte populaire,
la Restauration elle-même la conserva.

Cependant, pas plus dans les cœurs masculins que dans les
cœurs féminins le besoin de la vie monastique n'était mort.
Chez les femmes il était toujours resté très vivant et chez les
hommes, sans être aussi général, il était seulement en léthargie. Au lendemain des grands mouvements sismiques sociaux,
et il n'en est pas de plus grands avec les guerres que les
révolutions, la mysticité que l'on a cru morte ressuscite avec
une vigueur extraordinaire. Pas plus que la foule ignorante
ou prévenue, les purs rationalistes n'arrivent à comprendre ce
phénomène. Les historiens n'ont qu'à le constater en laissant
aux philosophes le soin de l'expliquer.

A la foi, on ne fait pas sa part et on ne lui impose pas de
limites. Il faut la prendre telle qu'elle est, non pas en se
plaçant au point de vue de celui qui, ne l'ayant pas, est incapable de se rendre compte et de sa nature et de ses effets,
mais au point de vue de celui qui la possède et qu'elle possède.

Ce furent les congrégations les plus austères comme celle des Trappistes, qui veillèrent sur la lampe de la vie contemplative et l'empêchèrent de s'éteindre en la transportant à l'étranger. Ce furent aussi ces Pères de la Foi que le gouvernement contraint à changer de vie, auxquels il arrache tout ce qu'il est administrativement possible d'arracher, qui conservent, où qu'ils soient, leur âme toujours semblable à elle-même.

DEUXIÈME PARTIE

LES CONGRÉGATIONS DE FEMMES

CHAPITRE PREMIER

AVANT ET PENDANT LA RÉVOLUTION

I. — Statistique des congrégations de religieuses à l'heure de la Révolution.
II. — Fidélité générale des religieuses. Les religieuses de Paris. Leur vie pendant la Révolution.
III. — Les religieuses en province. Leur existence.

I

Pour les congrégations de femmes, on ne possède aucun travail semblable à celui de M. Léon Lecestre pour les congrégations d'hommes. Dans son « Histoire religieuse de la Révolution française », M. Pierre de la Gorce évalue à environ 35 000 le nombre des religieuses. Lorsque de ce total on distrait le personnel des abbayes et des chapitres de chanoinesses au nombre de 3 000, il reste 32 000 religieuses rendant dans le royaume à la fois à l'Eglise et à l'Etat des services incontestables. 13 000 à 14 000 d'entre elles se vouaient à l'instruction ; 8 000 à 9 000 au service des malades dans les hospices et les hôpitaux, ou bien s'occupaient des orphelins. D'autres sœurs portaient des soins et des secours à domicile. Les plus importantes des congrégations qui se consacraient les unes à l'hospitalisation, les autres à l'enseignement, étaient parmi les hospitalières celle des Sœurs de Saint-Vincent de Paul et parmi les enseignantes, celle des Ursulines[1].

1. Pierre de la Gorce, *Histoire religieuse de la Révolution française,* tome 1, pp. 74 à 83.

II

Les lois qui frappaient les ordres monastiques masculins frappèrent de même les ordres monastiques féminins à la fois quant aux biens et quant aux personnes, mais les effets n'en furent pas identiques sur les religieux et sur les religieuses. A la différence des moines qui, à un certain nombre d'exceptions près, renoncèrent sans beaucoup de peine à leur état, les moniales firent preuve d'une fidélité à peu près unanime à leurs serments. Il suffit de lire leurs déclarations telles que les reproduisent les procès-verbaux des interrogatoires auxquels elles furent soumises pour s'en convaincre. Leurs actes plus encore que leurs paroles témoignent d'ailleurs, non d'une fermeté passagère, mais de la constance de leur attitude.

« Les religieuses, écrit pour la province ecclésiastique de Normandie M. l'abbé Sevestre, furent les meilleurs soutiens du clergé réfractaire. Toujours décidées à ne point abandonner leurs communautés, elles s'étaient pliées aux exigences que leur conscience tolérait, et, selon les prescriptions légales, avaient élu une supérieure et une économe. Elles ne voulurent avoir aucune relation avec le nouveau clergé et fermèrent la porte de leurs couvents aux évêques constitutionnels. Les colères de Fauchet, les menaces du directoire du département du Calvados laissèrent inébranlables la plupart des religieuses du Calvados. Les sœurs de la Providence disséminées dans les campagnes étaient en contact journalier avec les habitants. Elles en profitèrent pour les détourner du schisme. Il leur fallut un certain courage pour adopter une pareille ligne de conduite. Leur opposition leur valut toutes sortes de tracasseries[1]. »

1. Abbé E. Sevestre, *Histoire de la Constitution civile du clergé en Normandie*, pp. 629 à 631.

Il y eut une dissolution effective. Un grand nombre de religieuses rentrèrent dans leurs familles, mais, tout en y rentrant, elles ne changèrent pas pour cela de sentiments intimes. D'autres n'abandonnèrent pas le voisinage de leur ancien monastère et, ne pouvant vivre à l'intérieur de leur couvent, vécurent sous son ombre protectrice. Les liens avec l'ancienne supérieure ne furent pas rompus et elle continua à veiller d'une façon occulte sur son troupeau dans sa dispersion. Il en fut de même des liens avec les compagnes. Ils subsistèrent. Dans beaucoup de villes, au lieu de demeurer dans l'isolement individuel, les religieuses se répartirent par petits groupes et se réfugièrent sous le même toit. Leur foi ne subit pas d'atteintes. Elles restèrent en conctact avec les prêtres insermentés, quelquefois même avec leurs directeurs d'autrefois. Elles se confessèrent, reçurent les sacrements, menant une existence austère, faisant oraison et méditant, récitant aux heures rituelles les offices. Il n'y avait de changé chez elles que le costume. L'âme n'avait point varié. Les faits surabondent dans la France entière pour attester que les choses se sont pas passées à peu près partout ainsi. Et cette ténacité invincible, irréductible se prolongea aussi longtemps qu'il fut nécessaire, jusqu'à la paix religieuse du Consulat.

A Paris et en province le spectacle est le même. Les Carmélites de Paris étaient au nombre de 31 au moment de leur éviction. Elles furent réparties par les soins de leur supérieure en six résidences composées chacune de cinq à six personnes. A la tête de chaque résidence était une présidente qui devait correspondre avec l'ancienne supérieure de l'établissement. Cette dernière leur traça un règlement en leur donnant toutes les dispenses que les circonstances pouvaient exiger et leur laissant la liberté de se voir les unes les autres. Parmi les résidences où elles s'étaient réfugiées, il y en avait une qui par sa disposition permettait de pratiquer la règle. Cette petite colonie était formée de sept religieuses. Les grands vicaires y allaient souvent pour exercer leur ministère. Elles furent découvertes et arrêtées. Six furent condamnées à la déportation et une à mort, mais cette dernière ne fut pas exécutée grâce à la réaction de Thermidor. Les autres furent libérées au bout de deux ans.

Le groupe de la rue Mouffetard occupait une petite maison entre cour et jardin. On avait transformé en chapelle l'une des chambres et elles récitaient l'office en chœur comme au couvent. Deux religieux venaient leur dire la messe. A la suite d'une dénonciation on perquisitionna chez elles. Elles furent arrêtées et envoyées à Sainte-Pélagie, mais on les remit en liberté.

L'une des associées de ce groupe, Marie-Thérèse-Camille de Soyecourt, quand elle quitta Paris se retira aux Moulineaux. Elle faisait tous les huit jours trois lieues à pied pour aller se confesser dans la capitale. Elle n'avait rien changé à l'austérité de sa vie de Carmélite, n'interrompant ni le jeûne, ni le maigre. Elle avait adopté le costume des femmes de la campagne. Plus tard, à Issy, où était venue la rejoindre une sœur converse, elle avait organisé dans sa retraite une petite chapelle où plusieurs ecclésiastiques venaient de temps en temps dire la messe[1].

Les religieuses Pénitentes du Tiers-Ordre de Saint François de l'étroite observance durent abandonner leur couvent de Sainte-Elisabeth le 20 août 1793. La plupart rentrèrent dans leurs familles, mais trois se réunirent. Elles furent bientôt au nombre de six ayant été rejointes par d'autres. Elles furent dénoncées, arrêtées, condamnées à mort et ne durent leur salut qu'à Thermidor. Elles reprirent la vie commune rue Saint-Joseph. Là elles vécurent des bienfaits de l'une de leurs anciennes élèves, Mme de Griency, dont le mari allait leur porter à cheval leurs provisions. Leur nombre ayant augmenté, elles se transportèrent finalement rue des Francs-Bourgeois[2].

1. *Vie de la R. M. Marie-Thérèse Camille de Soyecourt*, par l'auteur du Mois du Sacré-Cœur.
2. *Vie de la R. M. Marie-Thérèse Camille de Soyecourt*, par l'auteur du Mois du Sacré-Cœur.

Les Bénédictines du Saint-Sacrement de l'abbaye de Port-Royal demeurèrent très fidèles à leur vocation. Elles ne quittèrent leur clôture qu'en septembre 1792 après le massacre de leur aumônier. Leur abbesse Mme de Cambise partagea ses filles au nombre d'environ 45 en dix groupes et leur assigna une demeure. Elle veilla sur elles les faisant visiter et pourvoyant à leurs besoins. Le plus souvent possible elle les réunissait pour leur tenir chapitre excepté au plus fort de la Terreur. Après la mort de Robespierre, d'après leurs Annales, elles purent se rassembler pour célébrer ensemble la fête de Saint-Bernard (20 août 1793). Mme de Cambise mourut le 19 mai 1801. La communauté se réunit pour ses derniers moments et pour ses obsèques qui eurent lieu rue des Postes chez les Pères du Saint-Esprit. Dès le lendemain, elles se rendirent chez Mme de Lespinasse pour élire une supérieure. Ce fut la Mère Marie des Anges du Jardin qui établit la communauté[1].

La communauté des Sœurs de Sainte-Marthe de Port-Royal avait été dissoute seulement le 21 mars 1794 et leur maison de la rue de La Muette avait été vendue comme bien national. En réalité, il n'y eut à disparaître que leur personnalité collective. Elles ne s'éloignèrent pas et restèrent à proximité les unes des autres. En 1797 elles étaient déjà regroupées autour de leur supérieure. L'une après l'autre elles avaient reparu dans leurs maisons de la rue des Prêtres Saint-Séverin, de la rue Saint-Denis et de la rue des Poitevins[2].

En leur qualité d'étrangères, les Dames Anglaises de Paris n'avaient pas vu leur maison confisquée comme bien national, mais en 1793 à la suite de la déclaration de guerre de l'Angleterre, elles furent considérées comme otages et leurs biens furent placés sous séquestre. Leur couvent fut alors transformé en maison d'arrêt. Elles ne furent pas expulsées, mais elles eurent à cohabiter avec un grand nombre de femmes de

1. Helyot et Badiche, *Dictionnaire des ordres monastiques,* tome IV.
2. A. Raimbert, *Guide de la vocation religieuse,* tome II.

toute condition. Cependant, elles furent autorisées à garder leurs cellules et à prendre leurs repas dans une salle à part. On les obligea seulement à quitter leur costume religieux [1].

Les religieuses de Saint-Thomas de Villeneuve ne cessèrent pas d'habiter Paris. Leur supérieure générale, la R. M. Walah fut incarcérée pendant plus d'un an, mais la maison chef-lieu de la congrégation, 27, rue de Sèvres, n'avait pas été vendue. Dès qu'elle fut rendue à la liberté, elle y retourna. Ce fut le seul établissement parisien qui fut sans interruption occupé par des religieuses [2].

Les Dominicaines de Paris durent évacuer leur couvent en 1792. Quelques-unes se retirèrent chez leurs parents, mais la plus grande partie suivit la Prieure. Elles se divisèrent en trois groupes. La Prieure et sept de ses filles allèrent demeurer rue de la Cerisaie ; la sous-prieure en amena sept autres rue de la Roquette et la majeure partie s'installa rue de Charonne où il y avait un four et un jardin. Là elles cultivèrent la terre et se livrèrent au commerce des bonbons. La Prieure et les religieuses qui s'étaient retirées avec elle s'occupaient de la fabrication d'éventails, de fleurs artificielles et d'autres petits objets. Ce fut ainsi qu'elles réussirent à vivre sans cesser d'observer leur règle [3].

III

Lorsqu'on parcourt les départements, on découvre partout la même situation. Dans la mesure où il était possible de le faire, les religieuses ont conservé leur vie ancienne.

Non loin de Paris, les religieuses de la congrégation de Notre-Dame naguère fixées à Paris, rue Neuve, sur la paroisse

1. Abbé Cédor, *Un couvent de religieuses anglaises à Paris.*
2. Hélyot et Badiche, *Dictionnaire des Ordres religieux,* tome IV.
3. *Ibidem,* tome IV.

de Saint-Etienne-du-Mont, se réfugièrent à Rungis et continuèrent à suivre leur règle. C'était la misère. Leurs ressources étant devenues tout à fait insuffisantes, elles durent se séparer en 1799. Les unes se retirèrent à Paris même, les autres à Sceaux-Penthièvre. Ces dernières manquant de tout quittèrent finalement cet asile et furent recueillies à Paris. Elles raccommodaient des dentelles. Trois d'entre elles n'avaient pour elles trois qu'une paire de souliers, elles étaient ainsi contraintes de ne jamais sortir ensemble.

Les Bénédictines de Caen ayant dû abandonner leur couvent le 22 août 1792 se retirèrent dans une maison particulière où elles continuèrent même aux plus mauvais jours de la Terreur la récitation de l'office et l'Adoration perpétuelle du Saint-Sacrement. En 1793, elles ne sont pas moins de vingt. La police qui les soupçonne de cacher des prêtres réfractaires les surveille et les visite. Lors du Concordat, deux postulantes se présentent et prennent l'habit des mains d'un vicaire général de Coutances avec les cérémonies traditionnelles au milieu des larmes de la communauté[1].

Les Bénédictines de Calais sortirent de leur couvent le 2 octobre 1792. Elles étaient au nombre de vingt et une religieuses de chœur et de quatre sœurs converses. Elles restèrent ensemble en se répartissant en deux maisons jusqu'en 1795. En septembre 1796, après avoir ouvert un externat, elles furent toutes rassemblées[2].

Les religieuses de la Providence de Rouen s'étaient retirées pour la plupart dans leurs familles, mais quelques-unes qui ne voulurent pas se séparer vécurent ensemble dans cette ville[3].

Une ancienne religieuse Ursuline de la famille Castanet d'Armagnac, en religion Mme Saint-Cyr, avait ouvert à Villefranche de Rouergues une maison où s'étaient réfugiées des religieuses de différents ordres. Elles formaient une sorte

1. Paul Dudon, *Napoléon et les Congrégations*, Etudes, 20 avril 1901.
2. Hélyot et Badiche, *Dictionnaire des Ordres religieux*, tome IV.
3. Abbé Ledouble, *État religieux du diocèse de Soissons*, p. 336.

d'association où chacune de son côté observait sa règle le mieux possible. Le lien qui les rapprochait toutes était l'éducation de la jeunesse[1].

Les Clarisses d'Amiens au lieu de se séparer complètement formèrent de petits groupes qui se répartirent finalement en deux maisons. Elles vivaient dans la solitude. Quoique la clôture ne fût pas rétablie, elles s'interdisaient toute sortie. On ne se réunissait qu'une fois par an. Quand la paix religieuse s'affirma, elles ouvrirent leur porte à des personnes qui venaient prier chez elles. La cour servait de chapelle pour réciter à haute voix les prières de la messe, faire une lecture ou un récit édifiant. Ces pratiques se prolongèrent jusqu'au Concordat de 1801[2].

Les religieuses de Saint-Paul de Chartres avaient pour supérieure en 1789 la Mère Josseaume. Les unes restèrent chez elles, les autres vécurent par petits groupes. La Mère Josseaume, après avoir été emprisonnée et élargie, loua à Chartres une petite maison et s'y installa avec deux sœurs. Un groupe de trois autres sœurs se logea ailleurs. Les unes et les autres subsistaient avec le produit de leurs leçons à des enfants. Il en fut ainsi jusqu'en 1797, date à laquelle elles ouvrirent une véritable école publique sur la demande des familles[3].

Au moment de la Révolution, Mme de Bavoz venait d'émettre des vœux dans l'abbaye bénédictine de Saint-Pierre de Lyon. Lors de la fermeture de l'abbaye, elle se retira dans un faubourg de la ville avec deux autres religieuses. Avant le départ, elle avait juré de ne jamais retourner dans sa famille. Elle tenait sa promesse en conservant la clôture avec ses compagnes[4].

---

1. Léon Aubineau, *Vie de la R. M. Émilie, fondatrice et première supérieure générale de la Sainte-Famille.*

2. R. P. Sellier, *Vie de Sainte-Colette,* tome II, p. 20.

3. Chanoine Vaudon, *Histoire générale de la communauté de Saint-Paul de Chartres,* tome I.

4. Anonyme, *Vie de la R. M. Thérèse de Bavoz, abbesse de Pradines fondatrice des Bénédictines du Très Sacré-Cœur de Marie.*

Les religieuses de Bourbourg passèrent en grande partie en Belgique et se réfugièrent dans des maisons de leur ordre à Bruges et à Gand. Mais leur supérieure resta à Bourbourg avec quelques infirmes. En 1801 les exilées qui avaient dû quitter la Belgique pour chercher un nouvel asile en Hollande, rentrèrent en France et se joignirent à leurs anciennes compagnes. Elles acquirent une maison assez grande pour les loger toutes et se mirent à observer leur règle[1].

D'autres religieuses dont on ne saurait fixer le nombre et qu'il est impossible de suivre dans leur émigration en Belgique, en Hollande, en Allemagne, en Suisse ou ailleurs, s'installèrent dans des monastères étrangers. La plus célèbres d'entre elles sont ces Trappistines du monastère de la Sainte-Volonté de Dieu près de Fribourg dont l'odyssée se confond avec celle des Trappistes de Dom de Lestrange. Le journal de l'une d'elles a été conservé et on en trouve des extraits très intéressants dans le livre consacré par un Trappiste à Dom Urbain Guillet, fondateur de la Trappe de Belle-Fontaine en Maine-et-Loire. Elles traversèrent à deux reprises toute l'Europe pour se rendre dans la Russie Blanche et en revenir.

Ainsi, rien ne fut plus aisé et plus rapide que la reconstitution des congrégations religieuses de femmes parce que les éléments de cette reconstitution se trouvaient déjà tout réunis. Un grand nombre de moniales n'eurent qu'à passer d'une vie occulte ou semi occulte à la vie en plein jour. Elles n'attendirent même pas pour ce faire l'arrivée du Consulat. Et il ne s'agit ici que des membres des congrégations autres que les congrégations hospitalières. Les sœurs hospitalières pour se reformer n'eurent même pas pour la plupart à changer de place. Elles n'eurent qu'à reprendre leur ancien costume, leurs anciens noms de religion en se livrant en toute sécurité à leurs exercices religieux en dehors de leur service. Les

1. A. Raimbert, *Guide de la vocation religieuse.*

autorisations gouvernementales les firent sortir à des dates diverses de leur situation illégale pour leur conférer une situation légale. La France consulaire et la France impériale retrouveront autant de religieuses qu'il leur en faudra pour les besoins des hospices, des hôpitaux et des écoles. On pourra croire que la Révolution n'avait pas passé par là.

CHAPITRE II

LA RÉSURRECTION
DES CONGRÉGATIONS FÉMININES

I. — Persistance des relations entre les anciennes religieuses sous la
Révolution. La nostalgie du cloître et les aspirations mystiques.
II. — Résurrection spontanée des congrégations anciennes et génération
spontanée de congrégations nouvelles. Attitude favorable du
gouvernement consulaire à l'égard des religieuses hospitalières
et des religieuses enseignantes.

I

A la différence des congrégations de religieux dont la destruction fut complète, les congrégations de religieuses, malgré leur dispersion, survécurent pour la plupart. Les religieuses
avaient bien été chassées de leurs couvents. Un certain nombre d'entre elles étaient bien restées à titre définitif dans leurs
familles sans intention de reprendre jamais la vie monastique.
Mais, sans qu'il soit possible de le fixer, le nombre de celles
qui étaient demeurées profondément attachées à leur existence
ancienne, qui de toute leur âme regrettaient le cloître, leur
règle, leur costume, les calmes et paisibles jours disparus de
la communauté, si doux malgré leur austérité, était considérable.

Ces femmes avaient dû abandonner leur monastère, mais elles
n'étaient pas allées bien loin pour la plupart. Elles avaient vécu
souvent, le plus souvent que la chose leur avait été possible,
tout près les unes des autres, soit individuellement, soit par

petits groupes. Elles avaient conservé des relations à la fois entre elles et avec leurs supérieures. Des prêtres insermentés veillaient sur ces brebis plus ou moins disséminées et elles n'étaient pas ainsi sans pasteurs. Ces prêtres les conseillaient, les dirigaient, les confessaient, leur administraient en cachette les sacrements. Il y avait eu pendant la Terreur de ces pieuses servantes du Christ d'emprisonnées, d'autres même avaient été guillotinées pour avoir détourné et caché des objets du culte, donné asile à des réfractaires ou contrevenu de quelque manière aux lois révolutionnaires. Mais ces exemples terribles ne les avaient ni effrayées, ni découragées.

Il ne s'agit pas ici des religieuses hospitalières qui restèrent en foule dans leurs hospices et leurs hôpitaux ou y rentrèrent un peu plus tôt ou un peu plus tard. Il s'agit des religieuses enseignantes et des religieuses contemplatives qui demandèrent leur subsistance aux tâches les plus diverses, mais dans leur dissémination ne perdirent jamais le contact entre elles. Les épreuves, loin d'affaiblir leur foi, n'avaient fait que la fortifier, et chez les contemplatives, l'ardeur mystique d'où naît le besoin de la contemplation, était toujours aussi vive, plus vive même que jamais. Le désir général était de se retrouver à l'ombre du cloître si un jour il y avait de nouveau des cloîtres. Nul ne connaissait l'avenir et n'était à même de le prédire. On n'en avait pas moins confiance en Dieu, et, au fond du cœur, on espérait toujours, même au temps où il ne semblait plus permis d'espérer. C'était une véritable nostalgie.

Chez bien des jeunes filles qui avaient assisté au spectacle pour elles douloureux de la dissolution des maisons conventuelles où elles avaient fait leur éducation, le goût de l'éloignement du monde avait subsisté. Quelques-unes d'entre elles, des privilégiées, avaient même eu des visions. Elle se sentaient appelées non seulement à devenir des religieuses, mais à fonder un jour elles-mêmes des congrégations. Et autour d'elles ne manquaient pas d'autres jeunes filles dont la vocation contenue, dissimulée et latente ferait leurs premières associées.

Plus une époque est troublée, plus une foule d'âmes souhaitent la paix, une paix qui ne se rencontre pas ailleurs pour elles qu'au pied des autels. On ne les comprend pas autour d'elles, et, en effet, les âmes trop distantes des autres, trop dissemblables, n'arrivent pas à se comprendre, mais plus on veut les détourner de leurs fins, plus elles cherchent à s'en rapprocher. C'est en pleine tempête que le marin aspire au port. De même, c'est en pleine Révolution que les aspirations à l'existence monastique se multiplièrent, quoiqu'il fût alors impossible de les satisfaire.

Tous les matériaux, tous les éléments d'une restauration des congrégations se trouvaient donc réunis. Dès que les circonstances le permettraient, ces femmes, condamnées à mener une vie autre que celle qu'elles avaient rêvée ou déjà goûtée, se rassembleraient naturellement. Les novices afflueraient. La jeunesse et la vieillesse se rejoindraient ainsi et feraient alliance.

II

Ce qui devait arriver arriva. Les anciennes religieuses n'avaient pas attendu le Consulat pour se rapprocher les unes des autres. Sous le Directoire, elles s'étaient enhardies au point de reprendre leurs formations d'autrefois là où il leur avait été possible de le faire. Fructidor fut un orage violent, mais l'orage fut court. Après, ce fut réellement la sérénité. La période consulaire fut ainsi témoin à la fois d'une résurrection générale d'une foule de congrégations de femmes et de la génération spontanée de congrégations nouvelles. Il se produisit de cette façon dans la France entière un grand mouvement mystique tout puissant, irrésistible, qui entraîna les âmes féminines vers les diverses formes de la vie monastique.

Bon nombre de monastères avaient été vendus ou attribués à des services publics, mais bon nombre ne l'avaient pas été et étaient toujours disponibles, prêts à recevoir leurs hôtes

d'autrefois si on leur permettait d'y rentrer. Ils avaient plus
ou moins souffert, mais on leur ferait les réparations les plus
urgentes. Des acquéreurs de biens nationaux repentants res-
titueraient parfois eux-mêmes ce qu'ils avaient acquis. Aidées
par des âmes généreuses, les anciennes religieuses se procu-
reraient aisément de l'argent pour racheter leurs couvents et
s'y installer à nouveau. Et quand il s'agirait d'œuvres utiles,
nécessaires, le gouvernement leur viendrait lui-même en aide.
Il restituerait à leurs propriétaires les immeubles devenus la
propriété de la nation et leur accorderait même des subsides,
pour les mettre en état. Les municipalités en firent autant,
surtout pour se procurer des institutrices.

La résurrection des congrégations de femmes dès le Consulat fut donc spontanée et cette résurrection spontanée fut générale. Tout s'opéra de la façon la plus naturelle sans aucun
mot d'ordre, sans aucun plan arrêté à l'avance, par la force
même des choses. Les religieuses manquaient aux populations.
Elles leur manquaient pour tous les services qu'elles rendaient
et qui depuis leur disparition n'étaient plus rendus du tout
ou étaient mal rendus. La plupart d'entre elles, celles qui soi-
gnaient les malades, étaient très populaires. On avait trouvé
pour les désigner une épithète qui n'avait jamais disparu du
vocabulaire du peuple. On les appelait, comme on les appelle
encore, les « Bonnes Sœurs ». Le gouvernement était donc sûr
de ne pas se heurter à un choc en retour de l'esprit révolutionnaire. Il était certain que s'il avait contre lui quelques
sectaires, il avait pour lui l'immense majorité de la nation.

Il ne s'agissait pas de moines. Il s'agissait seulement de
Sœurs. Dans les hôpitaux, au chevet des malades, nul ne
saurait remplacer la religieuse parce que là elle est vraiment
incomparable. Dans les écoles, nul non plus n'est plus capable
qu'elle, sinon d'instruire, du moins d'élever les enfants quand
il s'agit de les élever selon des principes religieux. Lorsque
les couvents se remplissent, les casernes ne se dépeuplent pas
puisque la femme échappe à la conscription. La source de la

maternité ne sera pas tarie. Il restera toujours assez de femmes pour le foyer quel que soit le nombre de celles qu'aura attirées le cloître, parce que un certain nombre de jeunes filles répugnent au mariage par disposition naturelle ou ne se trouvent pas dans une situation qui leur permette de se marier selon leur goût. Les avantages sont donc considérables et les inconvénients presque nuls.

D'ailleurs, il n'y aura que des religieuses hospitalières et des religieuses enseignantes. Il n'y aura point, du moins à ciel ouvert, de religieuses contemplatives. Napoléon qui se place toujours non au point de vue de l'individu dont la liberté ne compte pas pour lui, mais au point de vue de l'État, rejette avec mépris et proscrit la contemplation qui dans le style administratif du temps s'appelle la « spéculation oisive ». Appliquant son principe de l'utilité, il n'autorisera que deux sortes de congrégations, en première ligne celles qui se livrent au soin des malades dans les hospices et les hôpitaux, en deuxième ligne, celles qui se consacrent à l'éducation de l'enfance. Quant aux vieilles congréganistes qui se rassemblent pour mourir ensemble, on fermera les yeux sur leurs réunions.

Le gouvernement veillera sur tout ce monde congréganiste. Aux hospitalières il ne permettra pas de subordonner leurs devoirs professionnels d'infirmières aux pratiques de la dévotion. Il ne permettra pas non plus aux autres de développer outre mesure la mysticité aux dépens de l'éducation du foyer.

Ainsi les congrégations religieuses de femmes vont croître et se multiplier rapidement dès le Consulat et ensuite sous l'Empire non seulement avec le consentement, mais avec l'appui du gouvernement. Mais au milieu de cet accroissement et de cette multiplication Napoléon ne renoncera jamais à ses principes et ne perdra rien de sa circonspection et de sa défiance.

L'hospitalisation et l'instruction seront entièrement confiées par lui à des congréganistes, mais là comme ailleurs, comme partout, il restera le maître souverain, l'arbitre suprême de leurs destinées.

CHAPITRE III

LES RELIGIEUSES HOSPITALIÈRES
A TRAVERS LA RÉVOLUTION

I. — Les Augustines ds l'Hôtel-Dieu de Paris, Filles de la Sagesse de
    Saint-Laurent-sur-Sèvres et religieuses de différentes congréga-
    tions dans divers établissements.
II. — Plaidoyer de l'abbé de Boulogne pour le rétablissement des sœurs.

I

Dans la France d'avant la Révolution, le service des hospices
et des hôpitaux était assuré par les congrégations religieuses.
C'étaient aussi ces mêmes congrégations qui distribuaient
aux malades les soins et secours à domicile. On ne créc pas
du jour au lendemain un corps d'infirmières et les législateurs
révolutionnaires le comprirent si bien que par une disposition restrictive spéciale, les religieuses hospitalières sous
peine d'être privées de la pension que leur attribuait la loi,
furent obligées de continuer leurs fonctions dans les établissements auxquels elles étaient attachées. Lorsque la loi de
1792 acheva la dissolution des ordres monastiques ordonnée
par la loi de 1790, la question se posa de savoir comment
serait maintenue sur toute l'étendue du territoire l'assistance
aux vieillards, aux infirmes, aux orphelins et aux malades.

Où trouverait-on, non pas seulement des infirmières aussi
expérimentées et aussi dévouées que les religieuses, mais
même simplement des infirmières à gages ? Ici ou là, il n'était

pas impossible d'en rencontrer quelques-unes parmi les citoyennes du lieu, mais l'offre ne devait nullé part répondre à la demande. Il s'agissait de remplacer toute une armée de congréganistes par une armée de laïques. Les administrateurs de la Révolution qui décrétèrent et opérèrent la levée en masse des hommes pour la défense de la patrie n'étaient pas à même de prendre ou de réaliser une mesure analogue pour le salut des malades. Force leur fut donc de conserver un peu partout les religieuses non pas provisoirement, mais définitivement. Le Consulat les retrouvera dans une foule d'hôpitaux et d'hospices de la République.

Mais comment concilierait-on ce maintien avec les lois qui prescrivaient l'abolition des ordres auxquels elles appartenaient? Il n'y eut rien de plus simple. Il fut entendu qu'au lieu de rester à titre collectif, elles resteraient à titre individuel. Dans ces conditions, quel que fût leur nombre, il n'y avait plus de congrégation, corporation ou association religieuse. Il n'y avait que des femmes semblables aux autres femmes, des citoyennes comme toutes les autres citoyennes. Elles avaient été libérées par le législateur de leurs vœux, déchargées de leur règle, rendues à la vie civile. Rien ne s'opposait donc à une telle mesure.

Elles conservaient, il est vrai, leur ancienne supérieure, continuaient de vivre sous le même toit, mais il faut partout des chefs, et quand on soigne les malades dans un hôpital, on ne saurait habiter ailleurs. Le port de tout costume religieux était formellement interdit. Les ex-congréganistes seraient donc habillées comme tout le monde. Elles n'auraient plus de robe d'une forme et d'une couleur spéciale non plus que de guimpe. Seulement, comme elles n'avaient pas d'argent pour se payer elles-mêmes de nouveaux costumes, ce seraient les municipalités et les commissions administratives qui les leur paieraient. Elles ne porteraient plus ni croix sur la poitrine, ni chapelet au côté. A leur bonnet ou au coin de leur tablier, elles arboreraient la cocarde nationale. On ne les appellerait plus « Ma Mère » ou « Ma Sœur ». On les appellerait Citoyenne une telle. Ainsi fut fait et cette situation, qui nous semble quelque peu extraordinaire mais qui parut toute naturelle aux contemporains, se prolongea jusqu'au Consulat.

Les documents attestant que les choses se sont passées en nombre de lieux de la sorte sont surabondants.

Paris donne lui-même l'exemple au reste de la France. La prieure des Augustines qui desservaient l'Hôtel-Dieu, malgré ses instances auprès de l'Assemblée Nationale, n'obtint pas l'autorisation de recevoir des novices pour assurer l'avenir de son œuvre. Elle soutint en vain que « sans des engagements aussi solennels et aussi durables que ceux des vœux de profession, on ne pourrait espérer que des hospitalières, en particulier celles de l'Hôtel-Dieu, persévéreraient dans leurs pénibles exercices, dans les dégoûts, dans les veilles, dans les dangers à passer les jours dans une région où l'air est plus ou moins fétide, souvent méphitique et pestilentiel, où le mélange des maladies, les cris déchirants des malades exposent les corps, affligent l'esprit; quittant les malades pour les mourants et les mourants pour ensevelir les morts dont elles se voient tous les jours environnées et souvent prêtes à en grossir le nombre ». Le comité ecclésiastique répondit qu'il ne pouvait être fait d'exception à un principe aussi constitutionnel que celui qui prohibe en France les vœux monastiques de l'un et l'autre sexe. Mais elles demeurèrent à leur poste. La commune de Paris par une délibération du 15 juin 1793 leur accorda une somme de supplément de cent livres à chacune pour achat de vêtements séculiers et le 4 juillet suivant, la supérieure reçut en effet 6 200 francs pour les 62 hospitalières placées sous ses ordres. Bien que le noviciat fût supprimé, les novices qui étaient sur le point de prononcer leurs vœux restèrent à l'hôpital[1].

1. Marcel Fosseyeux, *L'Hôtel-Dieu de Paris sous la Révolution française,* la Révolution française, 14 janvier 1814, pp. 61 et 62.

Les sœurs de la Sagesse de Saint-Laurent-sur-Sèvres au nombre d'une centaine gardèrent la moitié de leur personnel en 1792. En plein foyer d'insurrection vendéenne, elles eurent à soigner tour à tour les Républicains et les Vendéens. Leur maison mère de Saint-Laurent ayant été incendiée, elles ne l'abandonnèrent pas complètement, tantôt vivant dans le voisinage, tantôt se réinstallant dans ses débris. En 1797, on les appelle à la direction de l'hôpital de Cholet. On les appelle en même temps en Basse-Normandie à Valognes où elles étaient entrées en 1758 et d'où elles étaient sorties en 1761 à la suite de difficultés locales momentanées. Elles avaient dû se retirer de l'hôpital de Quimperlé en 1794, mais elles y rentrent trois ans plus tard rappelées par les administrateurs eux-mêmes qui voient que tout est au pillage et à l'abandon : « On y dansait chaque soir et la maison était ouverte à tous ceux qui voulaient s'y divertir, femmes, filles, citoyens de la ville, officiers et soldats. »

C'étaient ces mêmes sœurs qui desservaient à Poitiers l'Hôtel-Dieu et les Incurables. A la suite de leur refus de serment on les emprisonna et on les remplaça. En 1795 elles furent libérées et l'année suivante réintégrées. Des pétitions en leur faveur avaient été adressées aux représentants du peuple, au district et à la municipalité. On y exposait que les malades manquaient de tout.

L'hôpital de Brest était également entre leurs mains à l'heure de la Révolution. Elles n'en sortirent pas et, qui plus est, à la suite de l'incendie de Saint-Laurent, ce fut cet établissement qui devint comme le chef-lieu de la congrégation. Il compta à certains moments jusqu'à 80 sœurs en costume laïque. Elles cachèrent leurs anciens vêtements, s'habillèrent différemment, mais conservèrent toutes sur les épaules leur mouchoir blanc, celui-là même qu'elles portent encore aujourd'hui. En 1794, elles furent menacées d'être habillées en grosse bure comme les forçats et déportées à Cayenne. On recruta trente citoyennes à gages que l'on mit quelques jours avec les sœurs chargées de les former à leur emploi, mais les malades menacèrent de jeter par les fenêtres les nouvelles venues si elles reparaissaient. Il fallut les congédier et faire revenir celles qui devaient partir. Le comité révolutionnaire ayant son siège dans l'hôpital était bien placé pour être renseigné.

En 1794, une épidémie s'étant déclarée sur l'escadre, les religieuses se trouvèrent en nombre insuffisant. Le représentant du peuple Jean Bon Saint-André écrivit aux différents comités de lui envoyer des Filles de la Sagesse qui se trouvaient dans les prisons et ce fut à cette circonstance qu'elles durent leur libération. L'épidémie fut terrible. Elle emporta environ cinquante chirurgiens. Quatre sœurs succombèrent. En 1798, la supérieure générale se rendit à Brest et y acheva son généralat.

En 1797, la municipalité cantonale de Vivonne, à l'instigation des habitants, rappelait dans ces termes les sœurs de Château-Larcher : « Les vents sont apaisés, la mer devient plus tranquille et les vaisseaux qu'elle porte sont moins agités. Que cela vous fasse entrevoir que si vous daignez répondre à cette invitation, vous serez, à n'en pas douter, sous la protection de tous les honnêtes gens de notre commune qui, très certainement, ne seront pas dominés par quelques malveillants dont la tête orgueilleuse et insolente ose s'élever. Venez. Nous vous attendons avec impatience ; nous vous recevrons avec grand plaisir. »

A Cognac, la rentrée en 1795 des Sœurs qui jusqu'en 1794 étaient restées sous le coup de l'expulsion eut un caractère tout à fait à part. Les administrateurs les avaient mises à la porte parce qu'elles avaient refusé le serment de Liberté, Égalité. On les avait incarcérées dans un château du voisinage qui servait de prison. Une épidémie ayant éclaté à Cognac, les mêmes administrateurs durent les faire revenir. Cette fois, elles restèrent définitivement. Les citoyennes qui les avaient remplacées, convaincues d'insubordination et de mauvaise gestion des biens de l'hôpital furent cassées aux gages [1].

Les religieuses de la Présentation dites aussi Sœurs de la Charité de Janville, ne renoncèrent à un grand nombre de leurs écoles que pour se donner en entier à l'assistance aux malades. Elles entrent dans les hôpitaux de la région du Loir-et-Cher et de l'Indre-et-Loire et s'y créent une situation inexpugnable. Elles changent de costume et prennent un un autre nom. C'est tout. Non seulement elles demeurent là où elles étaient, mais elles entrent dans treize établissements nouveaux [2].

A Vire, dans le Calvados, en traversant le pays, le représentant du peuple Laplanche fit expulser de l'Hôtel-Dieu de cette ville les sœurs Augustines qui y étaient demeurées. Le 10 décembre par une proclamation la municipalité invita les « bons citoyens » et surtout les « citoyennes vertueuses amies de l'humanité » à se consacrer au service de l'hôpital militaire, mais cet appel ne fut pas entendu et le service fut mal assuré, Les expulsées rentrèrent le 14 janvier 1794 [3].

A Beaufort en Maine-et-Loire, des Sœurs de Saint-Joseph à la suite du refus du serment de « Liberté, Egalité » avaient été arrêtées en 1794, emprisonnées à Angers et condamnées à la déportation. Dirigées sur Lorient, elles ne furent pas déportées, En avril 1795 elles revinrent à Beaufort, n'y reprirent pas de suite leur situation. Leurs remplaçantes se rendirent à ce point intolérables qu'en 1796 la municipalité réclama en ces termes la reintégration des exilées : « Cette mesure révolutionnaire » (leur expulsion), écrivait-elle, a privé l'humanité souffrante des secours que l'expérience, le zèle et les vertus compatissantes procuraient à l'infirmité. D'un autre côté, le régime intérieur de la maison a singulièrement souffert. Les dépenses se sont multipliées. On ne peut rien attendre

1. R. P. Fonteneau, *Histoire des Sœurs de la Sagesse* (Passim).
2. Docteur Pouën, *Un siècle des Annales de la Présentation.*
3. Paul Nicolle, *Histoire de Vire sous la Révolution*, p. 487.

de personnes qui, quoique fort estimables et zélées personnellement, ne se sont fixées dans cet asile que pour obéir aux réquisitions qui leur furent faites et qui, sans règlement et sans chef, se regardaient comme précairement placées et menacent de quitter si elles ne sont pas payées en numéraire de leur traitement ?

« Les ex-religieuses, au contraire, attachées à leur devoir par un sentiment qui les honorait, étrangères au monde et aux mouvements révolutionnaires, ne s'occupaient que de leur devoir auprès des malades. Aussi ne peut-on leur reprocher ni propos; ni démarches indiscrètes... Ce n'est pas un couvent que nous voulons reformer, c'est un hôpital que nous voulons administrer avec ordre et économie; c'est une institution précieuse que nous voulons rappeler à son utilité première[1]. »

Autorisées à rentrer, les Sœurs ne rentrèrent cependant qu'en 1800. Elles avaient refusé de prêter le serment de haine à la royauté et à l'anarchie.

A Rennes, il fut impossible de se priver du concours des Filles du Cœur Immaculé de Marie parce qu'il ne se trouva personne pour les remplacer. Les laïques que l'on essaya de recruter, après une visite à l'Hospice, reculèrent devant les pansements dégoûtants qu'elles auraient eu à faire. On voulut contraindre les élèves de l'école de médecine à les faire eux-mêmes, mais le directeur de l'école déclara qu'il ne garderait pas ceux de ses élèves qui perdraient ainsi leur temps.

Dans son « Histoire religieuse de la Révolution française » M. Pierre de la Gorce constate sur le vu des documents entre ses mains la même survivance des Sœurs hospitalières dans un grand nombre d'établissements. De 1796 à 1797, les anciennes voient se joindre à elles des nouvelles et il fallut le coup d'Etat de Fructidor pour arrêter ce mouvement général de

---

1. Abbé Uzureau, *Les hospitalières de Saint-Joseph de Beaufort*, Anjou historique, tome XXII, pp. 227 à 232.

réintégration. La cause de ce retour est partout la même :
« Sur le désordre, la détresse et la désorganisation des hôpitaux,
écrit-il, il n'y a qu'une voix. Parmi les assemblées départementales, 84 dénoncent le mal, 22 conseils généraux for-
mulent un vœu très net en faveur des congréganistes .»

II

Qu'était-ce que toutes ces mesures locales prises en violation
de la législation existante ? Quelle était la valeur de cette
tolérance précaire ? Les autorités gouvernementales, complices
par leur silence des autorités locales, ne cédaient qu'à la
nécessité. Il y avait plus et mieux à faire qu'à tolérer ces
congrégations dont on ne pouvait se passer et dont on exal-
tait tous les jours les vertus. Il y avait à les reconnaître officiellement par un statut légal. C'est ce que démontra l'abbé
de Boulogne dans un article publié le 15 avril 1797 sur les
« Hôpitaux Nationaux » et reproduit plus tard dans un de ses
ouvrages [1].

« Mais pense-t-on bien qu'on ne rétablit point de pareilles
institutions comme on fait des Académies, qu'on ne créera
pas ces nouvelles légions d'héroïnes chétiennes comme on
lève des régiments et qu'on ne met pas des réquisitions sur
les vertus et les sublimes dévouements comme on en
met sur les denrées ? Pense-t-on qu'on puisse jamais
rétablir utilement et véritablement les religieuses, ces respectables institutions, si on ne rétablit pas en même temps la
religion qui les soutient, ces pieux instituts où elles puisaient
leur esprit et cette admirable police qui les unissait toutes
sous le lien commun d'une même règle et d'une même
autorité. Enfin, pense-t-on bien que l'on puisse jamais

---

1. *Mélanges de religion, de critique et de littérature*, par M. de Boulogne,
évêque de Troyes, tome I, pp. 224, 225.

atteindre ces biens immenses que produisait l'œuvre de Dieu, si ce n'est pas l'œuvre de Dieu que l'on se propose de nous rendre !

« Mais quoi ? Ressusciter le fanatisme ! Oui, le fanatisme de la charité, le fanatisme de faire le bien qui vaudra bien sans doute le fanatisme de tout renverser, le fanatisme de nous faire vivre de mots et de remplacer les vertus par des livres et les bonnes œuvres par des équations algébriques. Quoi ? Leur permettre de faire des vœux contraires à la nature ! Elles n'ont que faire de la permission de personne pour promettre à Dieu d'aimer le pauvre et de secourir les malheureux aux dépens de leur propre vie. Quoi ! Nous donner des béates qui voudront rétablir le dimanche dans les hospices de la nation ! C'est en effet un grand inconvénient pour la nation. Mais cependant, tout compte fait, il vaut encore mieux laisser aux pauvres ces béates qui leur feront entendre la messe le dimanche après les avoir soignées, que ces infirmières républicaines qui leur feront chômer le décadi après les avoir volés.

« Quoi ! Rétablir les corporations ! Nous avouons que la difficulté est grande et nous laissons le soin de la résoudre à la corporation de l'Institut. Quoi ! Leur donner encore cette terrible coiffe si contraire à l'égalité ! Difficulté beaucoup plus grande encore et que peuvent seuls éclaircir ces grands génies qui ont donné des plumets aux magistrats et des écharpes aux municipaux.

« Quoi ! Nous verrions encore pendre à leur côté ces gros chapelets, emblème du bigotisme ! Nous ne savons pas trop le mal que faisaient ces chapelets. Nous savons encore moins si celui qu'elles porteraient, serait contraire au pacte social. Nous savons seulement qu'elles porteraient bien proprement le bouillon aux malades et à nos pauvres petits enfants le lait et la farine. Nous savons que les uns et les autres seront soignés par des mains pures et désintéressées. Nous savons que ni leur grande coiffe, ni leur gros chapelet, ni leur habit de bure ne coûtaient rien à l'Etat, tandis que ces frères et ces sœurs placés par la philosophie, ne font rien pour rien et demandent beaucoup. Nous savons qu'il faut de toute nécessité pour se livrer aux fonctions rebutantes du service des hôpitaux, ou les âmes les plus élevées par la noblesse de leurs vies, ou des âmes flétries par la plus basse cupidité. »

CHAPITRE IV

LES RELIGIEUSES HOSPITALIÈRES

(*Suite*)

I

« Les hospices sont dans un affreux état. Cela a été dit et
le Consul a déjà fait quelques dispositions pour y remédier,
mais elles sont insuffisantes. Il ne peut faire trop d'efforts
pour réveiller parmi nous ces nobles et généreux sentiments
qui sont les premiers, les plus forts liens de la société. Il ne
peut trop faire pour ranimer les opinions religieuses, source
inestimable, intarissable d'œuvres de bienfaisance. Il faut
qu'il confie les hospices à ces femmes pieuses qui placent leur
récompense dans une autre vie et se dévouent avec tant de
résignation et de courage. Mais pour cela, il faut qu'elles
puissent prier à leur manière. Hélas ! les malheureux ont-ils
un autre dédommagement et les heureux ont-ils un plus puissant mobile pour faire le bien [1] ! »

1. Archives nationales. AF IV 1316.

Telles sont les constatations et tels sont les vœux qu'à la suite de ces constatations expriment la plupart des Conseils généraux et que résume un rapport analytique des procès-verbaux de ces assemblées départementales en janvier 1801.

Le Premier Consul ne pouvait avoir aucun doute. La France entière réclamait le retour des Sœurs Hospitalières pour assurer le service des hospices et des hôpitaux, pour distribuer aux malades des secours à domicile. C'était la voix même de la France qui se faisait entendre pour protester contre le passé. Les religieuses étaient demeurées dans bon nombre d'établissements et c'était même grâce à leur présence que le mal, qui était grand, n'était pas plus grand encore. Mais elles n'étaient que tolérées, souffertes, exposées à des retours offensifs de la violence. Il n'y avait plus pour elles de règle fixe. Privées de leur costume monastique, elles se sentaient diminuées à la fois à leurs propres yeux et aux yeux des malades. Toute réception de novices leur étant interdite, elles ne se recrutaient plus. Un jour n'était pas loin où cette armée qui combat la maladie et la mort n'aurait plus de soldats. C'est ce que comprit le Premier Consul.

Dans ses « Souvenirs sur Napoléon » publiés par son arrière-petit-fils, le comte Chaptal, alors ministre de l'Intérieur, s'attribue à lui-même l'honneur du rétablissement des Sœurs de Saint-Vincent de Paul qu'à des dates diverses devait suivre le rétablissement d'un certain nombre de religieuses hospitalières. Voici comment il rapporte ce mémorable événement si important au point de vue de l'assistance aux malades en même temps qu'en lui-même[1].

« Le rétablissement des Sœurs hospitalières n'était pas aisé. Rétablir une corporation contrastait avec toutes les idées du temps. Cependant, comme je sentais la nécessité, pour couronner l'œuvre des hospices, d'y faire entrer les religieuses, je me décidai sans consulter Bonaparte ni le Conseil d'Etat.

1. Comte Chaptal, *Mes Souvenirs sur Napoléon...* publiés par son arrière-petit-fils le Vte A. Chaptal.

« Ces vertueuses sœurs s'étaient dispersées et classées dans la société. Je parvins à en trouver une que j'avais connue en qualité de supérieure à l'Hôtel-Dieu de Montpellier. Je lui proposai de rétablir son ordre et lui demandai où elle pourrait réunir huit ou dix de ses anciennes compagnes pour établir une maison de noviciat. Sur sa réponse affirmative, je fis disposer à la hâte dans la rue du Vieux-Colombier une maison appartenant aux hospices. Je dépensai 12 000 francs et pus y recevoir en peu de temps 40 novices. Cette maison se trouvant bientôt trop étroite pour recevoir toutes les aspirantes, on fut forcé de lui en donner une autre beaucoup plus grande. »

Quel qu'ait été le rôle du comte Chaptal, il est un autre personnage dont l'intervention est indéniable. C'est celle du conseiller d'Etat chargé des affaires relatives aux cultes, Portalis. On a peine à croire par ailleurs que le Premier Consul ait ignoré une semblable décision de la part d'un de ses ministres.

Le texte de l'arrêté en date du 22 décembre 1800 mérite d'être cité in extenso :

« Le ministre de l'Intérieur, Considérant que les lois du 14 octobre 1790 et du 18 août 1792, en supprimant les corporations, avaient conservé aux membres des établissements de charité la faculté de continuer leurs actes de bienfaisance, et que ce n'est qu'au mépris des lois que ces institutions ont été totalement désorganisées ;

« Considérant que les secours nécessaires aux malades ne peuvent être assidùment administrés que par des personnes vouées par état au service des hospices et dirigées par l'enthousiasme de la charité ;

« Considérant que parmi les hospices de la République, ceux-là sont administrés avec le plus de soins, d'intelligence et d'économie qui ont rappelé les anciennes élèves de cette sublime institution dont le seul but était de former à la pratique de tous les actes d'une charité sans bornes ;

« Considérant qu'il n'existe plus de cette précieuse association que quelques individus qui vieillissent et nous font craindre l'anéantissement prochain d'une institution dont s'honore l'humanité ;

« Considérant que les soins, les vertus nécessaires au service des pauvres doivent être inspirés par l'exemple et enseignés par les leçons d'une pratique journalière ;

« Arrête :

« Art. 1er. — La citoyenne Duleau, ci-devant supérieure des Filles de la Charité, est autorisée à former des élèves pour le service des hospices.

« Art. 2. — La maison particulière des Orphelines, rue du Vieux-Colombier, est mise à la disposition à cet effet.

« Art. 3. — Elle s'adjoindra les personnes qu'elle croira utiles au succès de son institution et elle fera choix des élèves qu'elle croira propres à ce but.

« Art. 4. — Toutes les élèves seront assujetties au règlement de discipline intérieure de la maison.

« Art. 5. — Le gouvernement paiera une pension de 300 francs pour chacune des élèves dont les parents seront reconnus dans un état d'indigence absolue.

« Art. 6. — Les fonds nécessaires pour subvenir aux besoins de l'institution seront pris sur les dépenses générales des hospices. Ils ne pourront pas excéder la somme de 12 000 francs.

« Signé : C. Chaptal. »

Cet arrêté était rédigé avec une prudente habileté de manière à ménager les susceptibilités révolutionnaires. Le rétablissement des Filles de la Charité est en effet présenté non comme un désaveu et une abrogation des lois de la Révolution en matière de congrégations religieuses, mais au contraire, comme une affirmation de ces lois et comme un retour tardif à leur véritable application.

Il s'agit, d'ailleurs, non seulement d'une autorisation, mais d'une véritable protection gouvernementale qui s'affirme à la fois par la concession gratuite d'un immeuble et par l'octroi d'une subvention puisque l'État viendra lui-même en aide aux familles incapables de supporter les frais du noviciat de leurs enfants. L'œuvre de Saint-Vincent de Paul était vraiment érigée en œuvre nationale.

Si les partisans du défunt régime révolutionnaire trouvèrent qu'on était allé trop loin, ses adversaires estimèrent au contraire qu'on n'était pas allé assez loin, que tout au moins dans la rédaction de ce document officiel on avait fait preuve d'une certaine hypocrisie en n'appelant pas les choses par leur nom et en ne prononçant même pas le mot de religion lorsqu'on faisait à la foi religieuse un appel déguisé[1].

« Il est vrai, écrit un rédacteur des « Annales philosophiques, morales et littéraires », qu'elle (la religion) n'a pas l'honneur d'être nommée et qu'on a craint de prononcer son nom trop incommode peut-être encore à certaines oreilles... Il est cependant difficile de ne pas la reconnaître dans ces personnes vouées par état au service des hospices et dirigées par l'enthousiasme de la charité.

« On nous demandera peut-être si le nouvel établissement des Filles de la Charité sera une association religieuse. Et que serait-elle si elle n'était une association religieuse? Vaudrait-il la peine de les réunir si ce n'était pas sous les drapeaux de leur saint fondateur et sous les auspices de cette religion qui les a créées?

« Les Filles de la Charité forment nécessairement une corporation. Où serait donc l'article de la constitution qui s'y oppose? On fait un corps de métaphysiciens, de grammairiens, de géomètres, et on craindrait d'en faire un des bien-

1. *Annales philosophiques, morales et littéraires* (1801), tome III, pp. 52 à 57.

faitrices de l'humanité et des consolatrices de tous les malheureux. On a fait un corps de physiologistes qui dissèquent bien tristement, bien inutilement nos idées et on ne croirait pas dignes de ce privilège ces héroïnes chrétiennes qui portent le bouillon à nos pauvres malades et le lait à nos pauvres enfants, et dont une seule fait plus de bien en un jour, que tous les idéologues ensemble n'en produiront en un demi-siècle. Ah ! S'il est nécessaire d'incorporer une institution à l'État, ce doit être celle sans doute qui fait cause commune avec tous les infirmes et les mourants, les pauvres et les malheureux ; car, qu'est-ce donc que la Nation qu'un vaste composé d'infirmes et de nécessiteux et un déplorable assemblage d'hospices et de tombeaux ? »

Ce fut sans doute bien plus à leur popularité qu'à la recommandation personnelle du ministre de l'Intérieur Chaptal que les Sœurs de Saint-Vincent de Paul durent l'honneur et le privilège du premier acte officiel de restauration d'une congrégation religieuse par le Premier Consul.

De cette popularité rien ne peut mieux donner une idée que l'accueil qui fut fait à Angers à ces religieuses d'après un témoin oculaire, lors de leur rentrée à l'Hôtel-Dieu de cette ville en 1806[1].

« Le traité confiant tous les services de l'Hôtel-Dieu a Angers aux Sœurs de Saint-Vincent de Paul sous l'autorité de la commission administrative fut signé le 22 mai 1806. Huit jours après arrivait par la diligence l'avant-garde des rapatriées. Elle n'était composée que d'anciennes sœurs de la maison d'Angers.

« D'anciennes connaissances les attendaient sur la place Cupif. Quand on aperçut les cornettes blanches, un cri de joie s'échappa de la foule. Chacun s'empressait autour d'elles. On se disputait l'honneur de porter leur léger bagage... On accourait aux portes. On répétait : Voilà les Sœurs ! A cette

1. L. Cosnier, *Les Sœurs hospitalières de Saint-Jean et de Sainte-Marie à Angers*, pp. 58 à 63.

joie se mêlait bien un peu de curiosité. Depuis quinze ans les nombreuses communautés qui donnaient tant de caractère et d'animation à notre ville avaient disparu. Les enfants étaient émerveillés. Ils n'avaient jamais vu de religieuses et les premières qui se présentaient apportaient avec elles le charme des meilleurs souvenirs.

« Bien des yeux étaient humides. On reconnaissait les exilées. On les appelait par leur nom. On se disputait leur attention. Les mères leur présentaient leurs petits enfants et les hommes levaient leur chapeau en l'air. Ah ! Monsieur, c'était un beau jour, me disait un vieux maître maçon de son état ; c'était un beau jour, répétait-il. On était heureux comme à la réouverture des églises ou encore à la première sortie de la procession du Sacre.

« La Commission au complet, le maire en tête, attendait les rapatriées. Cette rentrée se fit par une belle matinée d'été. Au seuil de la grande porte, des enfants offrirent à chacune d'elles un bouquet de roses blanches. Une foule de dames étaient réunies dans la cour pour les accueillir et l'on conçoit, avec transports. La grande salle était décorée de guirlandes de lys, de feuilles de laurier palme et d'immortelles. Quand elles y pénétrèrent, les acclamations des malades presque tous debout résonnèrent gaiement sous la majesté des voûtes. Un *Te Deum* d'action de grâce fut chanté dans la chapelle. »

II

L'arrêté ministériel du 22 décembre 1800 n'était qu'un commencement, le signal de l'ouverture d'une ère nouvelle. D'autres actes du même genre suivirent à bref délai sous une forme ou sous une autre.

Une des premières autorisations accordées par le gouvernement, non par arrêté ministériel comme celle des Sœurs de

Saint-Vincent, mais par simple décision préfectorale, fut l'autorisation des Sœurs de Saint-Maurice dans le département d'Eure-et-Loir, selon d'ailleurs les instructions du ministre Chaptal. En 1802, au cours d'une de ses tournées le préfet avait été vivement frappé de la triste situation des établissements hospitaliers. Informé de la présence à Chartres même de l'ancienne supérieure de la congrégation, il la manda à la préfecture et s'entendit avec elle pour la formation d'un noviciat à Chartres. La congrégation essaimerait aux colonies et fournirait Cayenne d'hospitalières. « Il a été bien démontré, écrivait-il, que les hôpitaux n'ont jamais été mieux desservis que par ces femmes respectables et vouées au soulagement de l'humanité... Je me persuade, citoyen ministre, que vous obtiendrez facilement des Consuls pour cette communauté un arrêté semblable à celui qu'ils ont pris pour relever celle des Sœurs de la Charité de Saint-Vincent de Paul[1]. » Le 5 janvier 1803 un arrêté fixa les conditions du rétablissement.

L'hôpital militaire Aufrédy à La Rochelle était si mal administré depuis le jour où il était tombé entre des mains mercenaires, que les plaintes étaient incessantes. Fatigué de leur renouvellement le commissaire des guerres en référa au général qui commandait la ville. Le maire intervint de son côté. Les démarches locales auprès de l'autorité préfectorale aboutirent. Les Sœurs de la Sagesse de Saint-Laurent-sur-Sèvres avaient posé de leur côté leurs conditions, réclamant un aumônier et le droit de porter leur costume. Satisfaction leur fut donnée. Leur rentrée eut lieu le 2 janvier 1802. Elle fut l'occasion d'une grande manifestation[2].

« Dès le matin tous les soldats de la garnison étaient sur pied et en grande tenue. Les tambours battaient aux champs. Le maire, le commissaire des guerres, le général, le comman-

---

1. Chanoine Vaudon, *Histoire générale de la communauté des Filles de Saint-Paul de Chartres*, tome II, p. 12.

2. P. Fonteneau, *Histoire de la Congrégation de la Sagesse*, pp. 216 et 217.

dant de place, tout l'état-major du régiment, précédés de la musique, se rendirent à la maison des Sœurs qui habitaient rue Grenouilleau. Elles avaient pris leur habit religieux... La foule entière manifesta la plus grande satisfaction, et, dans leur enthousiasme tout chevaleresque, le maire et les officiers supérieurs donnèrent le bras aux sœurs. Le majestueux cortège traversa ainsi toute la ville suivi d'une multitude immense. Le plus profond silence régnait au milieu de la foule pour ne laisser entendre que le son joyeux de la musique militaire à la tête du cortège. « Où peut-on être mieux qu'au sein de sa famille ? » En arrivant à l'hôpital, on trouva rangés en cercle tous les pauvres malades... Le maire en leur présentant la Sœur Eugénie se contenta de leur dire : « Je vous remets votre mère. »

Ce ne furent pas les seules manifestations de ce genre. Ailleurs avec moins de pompe et d'éclat on assista à des scènes analogues.

L'arrêté ministériel qui accordait aux Sœurs de Saint-Vincent de Paul la reconnaissance légale ne fut suivi immédiatement d'aucun autre arrêté semblable en faveur d'autres congrégations. Il ne fut pris que des mesures officieuses qui n'eurent pas la même notoriété, mais produisirent le même effet pour les intéressées.

Par exemple, les Dames hospitalières de Saint-Thomas de Villeneuve qui avaient survécu à Paris à la Révolution, furent autorisées, il est vrai, à constituer un noviciat où elles formeraient des élèves, mais ce fut en vertu d'une simple lettre du ministre de l'Intérieur du 7 février 1801.

De même les Filles de Saint-Charles de Nancy et les Dames de la Charité de Nevers ne furent admises à créer des noviciats que par une permission donnant aux préfets de Meurthe et de la Nièvre tous pouvoirs à cet égard en avril 1802.

Partout ailleurs les religieuses hospitalières se reformaient sous les yeux bienveillants de l'administration sans nul obstacle, mais aussi sans aucune autorisation officielle. Ainsi s'établissait un régime général de tolérance. Ce régime leur donnait une certaine sécurité dans le présent mais ne leur assurait pour le lendemain nulle garantie. Il semble qu'avant d'aller plus loin le gouvernement veuille prolonger l'expérience en tenant compte de l'opinion des populations, mais en craignant de heurter certains esprits. Cette situation anormale devait se maintenir jusqu'au décret du 22 juin 1804.

III

Le décret du 22 juin 1804 (3 Messidor an XII) est le décret qui prononce la dissolution des Pères de la Foi et avec elle celle de toutes les associations non autorisées existant en France. Ce décret par cela même qu'il confondait avec l'association non autorisée des Pères de la Foi toutes les autres congrégations non autorisées, provoqua dans le monde des religieuses hospitalières comme aussi dans le monde des religieuses enseignantes un émoi général. Les unes et les autres à la première heure purent se croire condamnées à mort. Les préfets eux-mêmes d'après les termes de ce document purent penser qu'ils allaient avoir à procéder à toute une série d'exécutions.

Il n'en était rien. Le seul effet de cette mesure, redoutable seulement en apparence, fut de substituer à la période de la tolérance ouverte depuis les premiers jours du Consulat, une période nouvelle, la période de la légalité. Plusieurs congrégations en vertu de ce même décret furent du reste rassurées. Le gouvernement les maintenait, mais à titre provisoire, en les obligeant à lui soumettre dans un délai de six mois leurs statuts et règlements.

Les régularisations suivirent en grand nombre et à brefs intervalles, mais elles ne cessèrent pas de revêtir le même caractère provisoire. Depuis décembre 1805 jusqu'à la fin de novembre 1807, on n'en compta pas moins de trente-quatre.

IV

Ce qui dès le début du Consulat avait frappé le Premier Consul, c'était l'extrême multiplicité des congrégations religieuses de femmes. Un esprit comme le sien passionné d'unité ne pouvait qu'être hostile à une pareille multiplicité. Il lui était impossible de concevoir et d'admettre que pour pratiquer la charité, dans quelque milieu que l'on fût, il fût nécessaire d'appartenir à telle ou telle association particulière distincte des autres associations similaires. Toutefois, il attendit jusqu'à 1805 pour essayer d'unifier les Hospitalières.

Rien d'intéressant comme le rapport fourni à cette occasion à l'Empereur par Portalis.

« Rien ne se ressemble moins, fait observer le ministre, que toutes ces associations religieuses malgré leur apparente ressemblance. Les unes ont une supérieure générale qui régit toutes les communautés de la congrégation répandues dans l'Empire. Les autres ont chacune à leur tête une supérieure particulière et locale sans aucune subordination de leur maison à une autre. Chaque corporation a son fondateur ou sa fondatrice comme elle a aussi son patron. Les pratiques, les habitudes, tout diffère. Un esprit spécial anime chaque corps et cet esprit à part est ce qu'il y a de plus irréductible.

« Que de différences ! Certaines communautés, par exemple, distribuent elles-mêmes les secours aux pauvres, d'autres les font distribuer par des personnes à gages. Celles-ci ont pour principe qu'une religieuse peut toujours passer d'une maison dans une autre ; celles-là, au contraire, qu'elle doit toujours rester attachée à la même maison. Il y en a qui répugnent à sortir du département, du diocèse et il y en a également qui consentent à s'étendre partout. Ici, on admet toute jeune personne qui n'apporte que son travail ; là, on accepte seulement des postulantes en état de payer une pension.

« Il n'existe qu'une congrégation qui pourrait servir à

l'unification de toutes les autres, c'est celle des Filles de la Charité ou Sœurs de Saint-Vincent de Paul, par sa manifeste prééminence. Mais cette réunion aurait pour effet d'appauvrir et non d'enrichir l'œuvre de l'assistance, de l'affaiblir au lieu de la fortifier, et même de la ruiner complètement au lieu de l'édifier sur des bases plus solides.

« ...Une congrégation unique réunie dans tout l'Empire ne saurait garder la discipline nécessaire à son fonctionnement. La discipline ne peut se maintenir que par des fils imperceptibles qui se relâchent en s'étendant et qui se cassent même sans qu'on s'en aperçoive. La discipline d'une congrégation s'affaiblit si on la généralise trop. Elle n'a plus une force proportionnée à la masse qu'elle doit mouvoir.

« Les femmes, en particulier, obéissent à une foule de sentiments, de petits caprices incessants qui se mêlent plus ou moins à leur piété et à leur vertu.

« Malgré l'unité de l'Empire Français, il faut convenir que la grande nation se compose d'une foule de nations particulières dont le sol, le climat, le caractère ont besoin et les mœurs diffèrent toujours plus ou moins. Les institutions politiques ont besoin d'être uniformes, mais non les institutions morales adaptées à toutes ces différences. »

Napoléon ne fut pas convaincu par la sagesse et l'expérience de Portalis. Ses idées d'unification étaient à ce point enracinées dans son esprit qu'il n'y renonça point et se contenta de les ajourner. Elles reparurent au Chapitre général des religieuses hospitalières à la fin de 1807. Mais s'il fut tenace, les hospitalières ne le furent pas moins que lui. Il fut vaincu par des religieuses.

V

Les maisons du Refuge Saint-Michel, en raison de leur caractère particulier, occupent une place un peu à part dans l'organisation des établissements hospitaliers. Elles étaient en effet réservées aux Filles repenties soit à celles qui y étaient envoyées par leurs parents ou y entraient volontairement, soit à celles qui y étaient enfermées en vertu d'une décision de la justice. C'étaient des maisons de correction à l'usage des jeunes filles. Elles dataient de l'Ancien Régime.

Ce fut le 30 septembre 1807 que fut rendu le décret impérial qui autorisa les Sœurs du Refuge dont la supérieure était Mme Duquesne.

A la différence des autres établissements congréganistes, les maisons du Refuge étaient soumises au contrôle du ministère de la justice parce qu'elles avaient à recueillir des pensionnaires envoyées chez elles par des décisions des tribunaux : « Le gouvernement qui connaît votre charité et votre prudence, leur avait-on écrit, n'avait pas lieu de craindre que dans les établissements dont la direction vous est confiée, il se passe rien de contraire aux lois, mais en soumettant les Sœurs du Refuge à une surveillance particulière, il a voulu avoir une garantie suffisante contre les abus qui auraient pu avoir lieu dans la suite. Cette mesure n'a donc rien qui doive alarmer votre zèle. Elle ne servira au contraire qu'à constater de plus en plus le bon esprit dont les Sœurs du Refuge sont animées en même temps que l'étendue et l'importance des services qu'elles rendent à la religion et à la morale[1]. »

En 1810 un nouveau décret, non plus provisoire mais définitif, conféra aux Dames du Refuge l'approbation officielle. Le rapporteur au Conseil d'Etat avait été Regnaud de Saint-Jean d'Angely. Nécessaires de tout temps, les maisons de ce genre étaient plus nécessaires que jamais à la suite d'une longue période de troubles[2] :

« La débauche, écrivait ce conseiller d'Etat, ravit tous les jours aux familles des filles victimes de la séduction et du

---

1. Archives nationales, F^{19} 136 (Registre f° 101 recto.)
2. Bibliothèque du Sénat. Collection de Regnaud de Saint-Jean d'Angély, tome XXI.

mauvais exemple. Leurs déréglements sont aussitôt suivis d'une misère profonde et de maladies infâmes.

« En vain auraient-elles la volonté de sortir de cet abîme de maux ; la société les rejette; leurs parents que leurs désordres ont outragés, les repoussent avec horreur... L'expérience a prouvé que l'institution des Sœurs du Refuge est la seule qui puisse assurer du succès pour guérir ou du moins pour diminuer une pareille plaie. C'est par leur patience à toute épreuve, par la distribution de travaux variés suivant les dispositions et surtout par le respect que leurs vertus inspirent que les Sœurs du Refuge parviennent à ramener un grand nombre de filles à la vertu...

« Outre les filles débauchées qui sont envoyées par la police et celles qui d'elles-mêmes chercheraient un pareil asile, le code Napoléon a prévu le cas où des pères et des mères se trouveraient dans la nécessité de provoquer contre leurs enfants une détention plus ou moins longue. Ce n'est pas dans une prison, avec des criminels, qu'on peut confondre une jeune personne dont les écarts ne sont peut-être que les suites de l'inexpérience ou d'une séduction passagère. Un père, pour corriger sa fille, ne voudrait point la couvrir d'un opprobre ineffaçable qui pourrait rejaillir sur lui-même quel que fût d'ailleurs le degré de son mécontentement. »

Sept Refuges furent successivement autorisés. A Paris le 26 décembre 1810, à Lyon le 20 janvier 1811, à Nantes le 6 juin 1811, à Caen le 29 juin, à Rennes le 14 août et à Saint-Brieuc le 10 octobre de la même année[1].

Au Chapitre général des religieuses hospitalières de 1807, des efforts furent tentés pour unifier les maisons de Refuge des départements sous la direction de la maison de Refuge de Paris. Mais ces efforts n'aboutirent pas. Chaque établissement conserva son autonomie avec sa supérieure propre et son noviciat à lui.

1. Archives nationales, F¹⁹ 6244 (Note sans date).

CHAPITRE V

LE CHAPITRE GÉNÉRAL
DES RELIGIEUSES HOSPITALIÈRES

I

Depuis 1804, l'ancien hôtel de Brienne, aujourd'hui hôtel du ministre de la Guerre, rue Saint-Dominique, était occupé par la mère de Napoléon, Marie Lætitia, Son Altesse Madame Mère, selon son titre officiel dans la hiérarchie de la famille impériale. Elle avait quitté à cette époque l'hôtel Montfermeil où demeurait son frère le cardinal Fesch et elle était venue s'installer dans ce riche immeuble acheté par elle à son fils Lucien. Elle avait maintenant des armoiries, une maison, une grosse dotation. Rien ne lui manquait pour tenir avec dignité la haute situation qui était la sienne immédiatement après l'Impératrice.

Sous l'Ancien Régime, c'était un privilège traditionnel des reines douairières d'être placées à la tête de toutes les institutions de bienfaisance du royaume. Madame Mère, malgré son origine révolutionnaire, était naturellement désignée pour remplir par assimilation la même charge. Un décret en date du 23 mars 1805 la lui avait conférée dans tout l'Empire. Les religieuses hospitalières et les Filles de la Charité auraient désormais une protectrice et cette protectrice, ce serait elle. L'hôtel de la rue Saint-Dominique était ainsi devenu comme un ministère de la bienfaisance et elle en était devenue en droit sinon en fait la titulaire. On l'avait entourée d'un conseil chargé de centraliser et d'examiner toutes les affaires de son ressort. Un des membres les plus influents et les plus éminents du clergé de l'époque, M. Émery, avait été désigné pour en faire partie, mais il avait refusé.

Le surlendemain même de sa nomination, le 25 mars 1805, comme pour prendre possession de ses fonctions et affirmer aux yeux de tous sa sollicitude pour l'institution nouvelle, Madame Mère avait assisté chez les Sœurs de Saint-Vincent de Paul à une messe célébrée par le cardinal Fesch. A l'occasion de la fête de l'Annonciation, il s'agissait d'inaugurer solennellement la reprise par les Filles de la Charité de leur costume d'avant la Révolution, la robe de bure grise et la cornette aux grandes ailes blanches. Le *Journal des Débats* n'avait pas manqué d'informer ses lecteurs de cette importante et imposante manifestation.

Pourquoi en 1807, l'Empereur provoqua-t-il sous le nom de Chapitre général des religieuses hospitalières et des Filles de la Charité un congrès des congrégations hospitalières ? On ne sait. Il semble bien que sa principale et même sa seule pensée fut de frapper l'opinion publique par le spectacle extraordinaire de ces religieuses accourues de tous les points de l'Empire pour délibérer sous la présidence de son Auguste Mère. Ces assises de la bienfaisance, au milieu de tout l'éclat et de tout le faste dont il eut soin de les entourer, devaient agir sans doute sur l'esprit des Français comme ces grandes revues qu'il aimait à passer à la veille des batailles ou au lendemain des victoires. Les Français appprendraient ainsi qu'il y avait une armée hospitalière, qu'elle avait un général en chef et que derrière le fauteuil de Madame Mère, la dépassant de toute sa hauteur, ce chef n'était autre que lui-même. Et vraisemblablement les soldats de cette armée en cornettes, quand elles rentreraient dans leurs couvents, rediraient avec enthousiasme son génie et sa gloire. Faibles, nuls peut-être seraient les résultats matériels qu'il eût été aisé de réaliser plus simplement et plus commodément par l'intermédiaire des préfets et des évêques sans déplacer personne, mais très grand serait l'effet moral au dedans et au dehors du monde des hospices et des hôpitaux.

Aux termes du décret impérial complété par une circulaire du ministre de l'Intérieur : « Chaque députée devait réunir l'expérience, les lumières et la droiture pour remplir dignement les vues de Sa Majesté. » Elle devait en outre « être instruite à fond de la fondation, des statuts, du régime intérieur, des rapports avec les administrations civiles, de l'état du noviciat, de tous les besoins ainsi que des ressources de tout genre de la communauté ». Des avances calculées sur le taux de 18 sols par lieue pour le transport de la personne et de ses effets et de 5 francs par jour pour sa nourriture et les autres dépenses, seraient remises à chacune par le préfet du département. La plus stricte économie était recommandée et il conviendrait de rester, si possible, au-dessous des indemnités consenties[1].

Le maximum des déléguées avait été fixé à trente par l'Empereur et il ne fut pas dépassé. Trente congrégations se firent représenter comme possédant un chef-lieu, ce qui était une condition nécessaire pour être admis à la représentation. Quatre autres, quoique sans chef-lieu, participèrent à la représentation. Mais trente communautés non convoquées envoyèrent des mémoires qui furent examinés et compris dans le travail général.

La plupart des députées descendirent à Paris dans des mai-

---

1. *Moniteur universel*, 4 octobre 1807, p. 1073.

sons religieuses, mais quelques-unes furent reçues par des particuliers. L'une d'elles fut même hospitalisée par le cardinal Fesch en personne[1].

II

Ce fut le 30 novembre 1807 que dans l'hôtel de la rue Saint-Dominique s'ouvrit le Chapitre. Avant de commencer ses travaux, il se réunit dans la chapelle de Son Altesse Impériale Madame. La messe fut célébrée par le premier aumônier l'évêque de Verceil, Canavery. On chanta le Veni Creator.

Une des plus belles salles du palais attendait les congressistes. Après l'office, elles y furent introduites. Son Altesse s'assit au fauteuil de la présidence. A ses côtés prirent place le cardinal Fesch, grand aumônier de l'Empire, l'abbé de Boulogne chargé de l'office de secrétaire, et le secrétaire des commandements de Madame, Guieu, membre de la cour de cassation.

Nulle gravure n'a conservé la physionomie générale du Chapitre non plus que les traits de ses membres. Pour s'en faire une idée, il n'existe que le procès-verbal officiel pareil à tous les procès-verbaux, c'est-à-dire muet sur une foule de détails, ceux-là mêmes qu'il y aurait le plus d'intérêt à connaître. Il n'y eut que deux séances, une séance d'ouverture le 30 novembre et une séance de clôture le 2 décembre. Mais des conférences privées avaient précédé le congrès et ce fut dans ces conférences que fut fait le travail vraiment utile[2].

Le portrait de Madame Mère a été souvent tracé. Le plus ressemblant peut-être est celui que la duchesse d'Abrantès a inséré dans ses Mémoires[3].

« A l'époque où Madame fut nommée Madame Mère, elle pouvait avoir 53 ou 54 ans. Elle avait été parfaitement belle

1. Archives nationales, F[19].6247.
2. *Ibidem*, F[19] 6247.
3. *Mémoires de la duchesse d'Abrantès*, tome VI, pp. 4 et suiv.

dans sa jeunesse et toutes ses filles (Mme Bachiochi exceptée), la rappelaient et donnaient une idée de sa beauté. Sa taille était celle qui plaît dans les femmes, cinq pieds, un pouce à peu près. Mais en vieillissant, ses épaules s'étaient arrondies et lui faisaient ainsi perdre de sa taille quoique sa démarche fût toujours assurée et convenable. Les pieds et les mains étaient et sont encore des modèles. Son pied surtout est le plus remarquablement petit et le plus charmant que j'aie vu jamais. Il est rond, menu, le cou-de-pied et le pied nettement maigres. Il rappelle le mot de l'Arioste, ritondetto... Elle avait encore à cette époque toutes ses dents, et, comme tous les Benaparte, le plus charmant sourire ainsi qu'un regard fin, perçant et très spirituel. Les yeux ne sont pas grands, très petits même, très noirs et jamais d'une expression méchante, ce qui n'est pas ainsi de quelques-uns de ses enfants... Madame était fort soignée sur sa personne, et surtout, très convenablement habillée. Toujours les plus belles étoffes de la saison et faites d'une manière que la critique ne pouvait aborder. Elle représentait enfin fort bien... Le seul inconvénient qu'avait Madame, et j'avoue qu'il était réel, c'était à la fois sa timidité et sa difficulté de s'exprimer en Français. »

Beugnot dans ses Mémoires ne représente pas autrement Madame : « Si Raphaël l'eût eue sous la main lorsqu'il peignit son admirable figure de Sainte-Anne qui résume admirablement ce que le temps n'avait pu enlever à ses traits originairement si beaux, qu'en les considérant, le respect que l'âge impose, se mélange toujours de quelque amour... Elle n'a reçu ni plus ni moins d'instruction qu'une femme de son époque et de son pays. Elle en a conservé l'accent très prononcé et quelques locutions vulgaires qu'elle ne prend pas la peine de traduire et qu'elle ferait bien de supprimer[1]. »

La pièce avait été bien montée. Les rôles avaient été distribués à l'avance. Chacun savait le sien. Le grand metteur

---

1. *Mémoires de Beugnot*, tome I, p. 415.

en scène, celui qui avait réglé tous les détails, n'était autre que l'abbé de Boulogne. Ce fut lui qui composa discours et adresse. Les procès-verbaux sont de sa main.

« MESDAMES,

« Si jamais la Providence s'est montrée à nous d'une manière bien sensible, c'est sans doute dans le rétablissement de ces associations charitables et de ces congrégations pieuses, témoignages illustres de la piété de nos aïeux et les plus beaux sans doute de tous les monuments que les hommes aient élevés au Christianisme.

« Qui jamais nous eût dit qu'aux jours de vos épreuves et de vos tribulations succéderaient si tôt des jours de calme, de protection et de justice, que vos saintes institutions si imprudemment détruites, seraient soudainement relevées, que vous reprendriez encore les ornements de votre gloire et les vêtements de votre salut, que vous seriez encore couronnées solennellement au pied de vos autels tout étonnés, ce semble, de se trouver encore debout; et qu'enfin, telle serait votre faveur auprès du Souverain, que d'un bout de la France à l'autre vous viendriez pour ainsi dire tenir vos assises dans le palais de son Auguste Mère. Quel changement heureux prélude de tant d'autres !

« Gloire donc et actions de grâce au héros réparateur qui au milieu des plus hauts faits dont l'histoire fasse mention, n'a pas dédaigné de jeter un regard favorable sur vos pieux asiles et qui vient par un nouveau décret leur donner un nouveau gage de leur durée, comme un garant de plus de leur prospérité : génie unique qui suffit à tout et auquel rien ne semble suffire ; qui ne laisse rien échapper à sa vigilance ainsi qu'à sa valeur, qui ne trouve rien au-dessous de sa sollicitude ainsi que rien au-dessous de sa puissance ; qui ne s'occupe pas moins des sœurs de la charité que de ses capitaines ; qui élève à la fois des hospices et des arcs de triomphe ; et qui, non moins habile dans la science des détails que dans ces vastes aperçus qui embrassent l'ensemble, tient jusqu'au dernier fil de l'administration et trace un décret sur les hospitalières de cette même main qui balance le sort des rois et signe le destin du monde.

« Honneur et actions de grâce à l'illustre Protectrice sous les auspices de laquelle s'ouvre cette assemblée vénérable, qui vient par cette démarche solennelle prendre possession de l'honorable Protectorat que lui décernent ses vertus encore plus que son rang, qui sait si bien tempérer par la bonté l'éclat que réfléchit sur elle toute la gloire dont son fils est environné, et qui, aussi sensible que chrétienne, serait bien peu jalouse d'être la mère des rois si elle n'était en même temps la mère des malheureux et des pauvres.

« Honneur et actions de grâce à ce pontife illustre qui seconde si heureusement les vues bienfaisantes de son auguste sœur !

« Quel est le but de cette assemblée ? Vous voir de plus près pour mieux vous écouter, pour mieux entendre ce que vous ne pouvez pas écrire, pour mieux entrer dans vos vues, pour mieux apprécier ce que vous valez, tout ce que méritent vos soins et vos services, tout ce que vos vertus inspirent de confiance, tout ce que vos besoins inspirent d'intérêt...

« Il a paru, Mesdames, que vous aviez d'abord conçu quelques inquiétudes sur certains changements qui se présentaient au premier coup d'œil sous un jour favorable, mais ne vous en paraissent pas moins contraires au bien-être de vos congrégations, et sur certaines dispositions qui, quoique belles et grandes dans la spéculation, auraient pu, selon vous, souffrir les plus grandes difficultés dans la pratique.

« Nous n'insisterons pas ici pour calmer vos craintes. Nous nous bornerons à vous dire que le dessein de l'Empereur n'est pas de changer, bien moins de détruire, mais de conserver, mais de consolider, mais d'améliorer vos premiers statuts et de songer bien plus à ce qui est que de s'occuper de ce qui peut être. Eh ! Qui donc a su mieux que lui se défendre de l'illusion des vaines théories et de la séduction des hommes à système? Qui a senti mieux que lui qu'il ne faut pas chercher à être plus savant que le temps ni à mieux faire que l'expérience! Il laissera donc faire le temps qui mûrit tout et l'expérience qui apprend tout. Et s'il est aujourd'hui quelques changements qu'il juge nécessaires et quelques modifications que sa sagesse croit devoir adopter, elles seront toujours coordonnées dans l'esprit de votre état qui ne doit jamais varier et avec la sainteté de vos règles qui est tout à la fois le principe de vos vertus et la source de vos consolations.

« Que de choses nous aurions encore à vous dire, Mesdames, sur cette mâle fermeté dont vous avez donné l'exemple aux jours de nos discordes et qui a démontré à un siècle pervers que les âmes les plus douces et les plus compatissantes sont aussi les plus fortes et les plus courageuses! Combien nous aurions à admirer votre empressement à rentrer dans votre saint état et à reprendre ces chaînes honorables qui vous liaient irrévocablement au service des malheureux.

« Nous ne vous fatiguerons pas, Mesdames, par des séances longues et multipliées. Nous connaissons déjà tous vos besoins et toutes vos demandes ont été déjà discutées[1]. »

Ces rassurantes paroles de l'abbé de Boulogne ne rassurèrent pourtant pas tout à fait ses auditrices. Elles avaient toutes la sainte volonté de faire le bien, mais elles tenaient à le faire, non pas sous une règle commune, avec un même costume, mais chacune avec la règle propre à sa congrégation, à l'abri de sa cornette distincte de toutes les autres cornettes. Elles étaient jalouses de leur autonomie, de leur personnalité religieuse. Elles formaient non une unique famille, mais tout un groupe de familles ayant un fondateur ou une fondatrice, des traditions, un esprit, en un mot tout ce qui donne plus de cœur, plus de courage en suscitant une émulation des plus désintéressées.

1. Chanoine Pouän, *Un siècle des Annales de la Présentation*, tome I, pp. 489 à 492.

C'étaient là de belles paroles. Les religieuses auraient préféré des décrets qui auraient été des actes. Et, avant de se disperser, elles tinrent à faire remettre au suprême arbitre de leurs destinées une adresse. Ce fut l'abbé de Boulogne lui-même qui la rédigea à leur place, mais il avait fait siennes leurs idées et exprimé avec une réelle expérience de leur âme leurs sentiments.

« Dès la publication de ce Chapitre, leur faisait-il dire, un bruit sourd et général se répandit qu'il s'agissait de nous réunir en deux ou trois congrégations. Nous avouons, Sire, que nous conçûmes à cet égard une inquiétude d'autant plus grande qu'au premier aspect ce projet paraît grand et digne de figurer parmi les vastes conceptions de votre génie et analogue même à cette forme de gouvernement sous lequel nous avons le bonheur de vivre, car on ne peut se dissimuler que cette variété de congrégations toutes différentes par la forme quoique à peu près les mêmes pour le fond, n'entre parfaitement dans les plans de la Providence et dans l'ordre de la nature qui produit cette diversité de goûts, d'esprits, de caractères d'où naît cette variété de vocations.

« Nous croyons que la discipline d'une congrégation ne pourrait que s'affaiblir si on la généralisait trop parce qu'elle n'aurait plus alors de proportion avec l'étendue de son gouvernement, que la noble concurrence qui existe entre plusieurs prévient l'indifférence et la tiédeur et que cette fusion de toutes nos associations dans quelques-unes détruirait cette précieuse émulation qui règne entre elles, et cette heureuse rivalité qui consiste à faire le bien même par des moyens divers[1]. »

Les conflits étaient nombreux encore ici ou là entre les religieuses hospitalières et les administrateurs des hospices. Ils naissaient en général des survivances de l'esprit révolutionnaire chez des hommes encore peu habitués à comprendre la tolérance et à la pratiquer à l'égard d'un personnel qui n'était

---

1. Archives nationales, F¹⁹ 6247.

pas un personnel de citoyennes à gages. De certaines entraves apportées à leur liberté de conscience les religieuses se plaignent. Elles réclament par exemple le droit de faire maigre quand l'Eglise le commande, « de n'avoir pas à subir de mauvais procédés de la part de gens grossiers ou hostiles à la religion, faux philanthropes qui rougissent d'être chrétiens sans se douter que la plus sûre des philanthropies, c'est l'Evangile ». Elles ont des aumôniers. L'accès auprès du lit des malades ne doit pas être interdit à ces ministres du culte par des incrédules qui « se soucient fort peu que les mourants meurent sans assistance et sans consolation parce qu'ils vivent eux-mêmes sans religion et sans principes ».

Un statut définitif s'impose au double point de vue et des congrégations elles-mêmes et des populations au milieu desquelles elles vivent et exercent leur mission. Leur avenir ne saurait sans danger rester indéfiniment incertain : « Rien n'est plus contraire à la prospérité de nos associations, disent-elles, qu'un état provisoire qui, dénué d'une garantie perpétuelle, leur laisse toujours un caractère décourageant d'incertitude et d'instabilité qui peut suspendre le zèle des fidèles, ralentir la bonne volonté des donateurs et dégoûter même plusieurs personnes d'entrer dans des maisons dont l'existence provisoire ne paraît que précaire et qui par là ont bien moins l'air d'être autorisées que tolérées et soufflertes. »

La deuxième et dernière séance du Chapitre eut lieu le 2 décembre. Ce fut le secrétaire des commandements de Madame, le conseiller à la cour de cassation Guieu qui y prit la parole au nom de Madame, ou plutôt au nom de l'Empereur dont Madame était la simple mandataire. Son rapport fut un véritable historique de la renaissance hospitalière, œuvre personnelle de son auguste souverain.

Dès la première heure, la pensée de Napoléon avait été de réorganiser les institutions charitables ruinées par la Révolution: Ces institutions ont droit à la vie, et c'est le devoir du gouvernement d'assurer leur existence.

Une vaste enquête a été faite à leur sujet dans l'Empire. Elle a permis d'en distinguer jusqu'à 334. Les évêques, les préfets, les sous-préfets, les maires y ont collaboré avec les conseillers d'Etat et les ministres.

Le grand principe napoléonien en matière de congrégations est rappelé avec force. La reconnaissance après une vérification préalable des statuts est la condition essentielle de l'existence de tout groupement congréganiste : « Sans ce recours à la puissance du souverain, les associations ne jouiront que d'une existence précaire. Jamais elles n'auraient droit aux bienfaits d'un gouvernement qui ne leur aurait pas imprimé le sceau de son autorité[1]. »

III

L'Empereur tint à faire suivre le Chapitre général au lendemain de sa clôture d'un certain nombre de mesures, les unes légales, les autres gracieuses.

Des immeubles invendus furent restitués aux Sœurs hospitalières pour assurer leur développement et des subventions leur furent accordées pour alléger leurs charges. Une somme de 182000 francs fût inscrite à cet effet au budget des Cultes.

L'approbation définitive de leurs statuts se fit, il est vrai, attendre quelques mois, mais la question était résolue en principe. Vingt et une congrégations furent autorisées à la fin de juin 1808.

En attendant ces décisions capitales, le gouvernement témoigna sa sympathie aux congressistes par une audience générale et par une série d'audiences particulières du ministre de l'Intérieur. Avant de les congédier, il leur adressa une allocution et remit à chacune d'elles une médaille d'honneur,

1. Archives nationales, F[19] 6251.

une de ces « médailles à l'effigie de Sa Majesté consacrées aux actes éclatants de dévouement envers les citoyens secourus dans de grands dangers ». Il y joignit une gratification de 300 francs.

Les discours et allocutions du Chapitre furent imprimés sous forme de brochures et envoyés aux établissements qui y avaient été représentés. Les supérieures ne manquèrent pas d'en accuser réception [1].

« Votre Excellence, écrivit la Sœur Josseaume, supérieure des Hospitalières de Saint-Maurice de Chartres, voudra bien recevoir mes remerciements et actions de grâce pour l'admirable discours adressé à toutes les députées au Chapitre général. Elles ne peuvent mieux témoigner leur reconnaissance à Votre Excellence qu'en adressant au Ciel des vœux pour sa conservation [2]. »

« J'ai eu l'honneur, lit-on dans une lettre de Mme Duquesne, supérieure générale des religieuses du Refuge de Paris, de recevoir la médaille que Sa Majesté Impériale et Royale nous avait destinée et que vous avez eu la bonté de m'envoyer. Vous ne pouvez douter de ma sincère reconnaissance pour cette preuve nouvelle de protection et d'intérêt dont le gouvernement a daigné nous honorer. Je me ferai toujours un plaisir et un devoir de répondre aux témoignages de bienveillance dont il ne cesse de nous combler. Votre Excellence a daigné y mettre un intérêt particulier. Croyez que je n'ai pu m'empêcher d'en apprécier toute la délicatesse [3]. »

« J'avais écouté, dira à son tour la supérieure des Sœurs de la Providence d'Evreux, chaque mot de ce discours avec trop de plaisir pour que je ne me sois pas empressée de le communiquer à ma communauté rassemblée. Cette lecture ne pouvait manquer de redoubler dans nos très chères sœurs leur zèle et

1. *Moniteur universel*, 5 décembre 1807.
2. Archives nationales, F19 312-313.
3. *Ibidem*, F19 312-313.

leur ferveur pour les travaux et les devoirs auxquels elles se
sont consacrées. Après les récompenses du Ciel, pouvions-
nous en espérer une plus magnifique et plus honorable que ce
témoignage si authentique de la satisfaction de notre Très
Auguste Souverain et de la bienveillance d'un ministre, qui a
mérité celle du plus grand souverain du monde[1]? »

L'abbé de Boulogne pour qui le Chapitre général n'eut pas
de secrets a laissé des Mémoires dont un de ses biographes a
eu connaissance. On y lit au sujet du Chapitre de 1807: « Le
véritable but de sa convocation était de faire une parade
destinée à rehausser la Mère de l'Empereur. »

Il semble bien en effet, que le Chapitre ne fut qu'une parade.
L'œuvre utile avait commencé avant et se poursuivit après.

1. Abbé Delacroix, *Monsieur de Boulogne*, p. 193.

CHAPITRE VI

LES CONGRÉGATIONS ENSEIGNANTES

I. — Maintien de l'instruction féminine dans les petites écoles et les pensionnats par les ex-congréganistes sous la Révolution.
II. — La renaissance de l'enseignement congréganiste à Paris et dans les départements avec l'appui des autorités locales et la tolérance gouvernementale au début du Consulat.

I

Sous la monarchie, il existait deux enseignements des jeunes filles. L'un était donné dans les petites écoles, l'autre dans les établissements dits de « demoiselles ». Le premier s'adressait aux classes populaires, le second était réservé aux jeunes filles de classes plus élevées. Tous deux étaient assurés par des congrégations religieuses.

En supprimant les congrégations, les assemblées révolutionnaires supprimèrent du même coup à la fois les petites écoles et les établissements de demoiselles et ne mirent rien à la place. Il est impossible de donner une idée même approchée d'après les documents de ce que devint l'éducation des femmes en France depuis les débuts de la Révolution jusqu'à l'ouverture du Consulat. On ne peut guère que l'imaginer.

Les religieuses des différentes congrégations, quand elles durent quitter leurs couvents attribués avec leurs revenus à la nation, n'eurent plus pour vivre — quand elles l'eurent — qu'une très modique pension, et elles se virent obligées d'assurer leur existence par leurs propres moyens. Pour ce faire, elles eurent recours aux occupations les plus diverses. Celles d'entre elles qui avaient appartenu à des ordres enseignants retournèrent naturellement à l'enseignement et celles qui, sans y avoir appartenu, étaient par leurs facultés et par leur culture générale à même d'enseigner, enseignèrent également. Elles donnèrent, c'était le plus aisé et le moins dangereux, des leçons particulières dans les familles qui faisaient appel à leur concours, acceptèrent le rôle de gardiennes d'enfants, d'institutrices privées et de gouvernantes.

Mais, là où la chose fut possible sans s'exposer à des poursuites, elles allèrent plus loin. Les autorités locales ne sachant comment organiser soit à la ville, soit au village l'instruction en commun de l'enfance, s'adressèrent souvent à elles ou les laissèrent agir à leur gré sans les inquiéter. Les choses se passent alors à peu près de la même manière en tous lieux et voici comment.

Une ancienne congréganiste réunit chez elle dans sa petite chambre quelques fillettes auxquelles elle apprend contre une modeste rémunération à lire et à écrire. Quand elle réussit, que les élèves deviennent trop nombreuses pour un local aussi exigu, elle loue une maisonnette ou des personnes charitables la louent pour elle. La clientèle s'augmente encore. L'installation de fortune devient insuffisante et il faut se mettre en quête d'une autre plus vaste et moins inconfortable. Tel ou tel immeuble conventuel n'a pas été vendu. Il est inoccupé. Il n'est pas toujours très difficile d'en obtenir la cession soit à titre gratuit, soit en échange d'un faible loyer.

La ci-devant congréganiste qui au début a enseigné toute seule ne peut suffire à la tâche quand le chiffre de ses disciples devient trop élevé. Elle s'adressera alors à certaines de ses compagnes avec lesquelles elle est restée en relations, soit dans la même localité, soit dans des localités du voisinage. On admet des pensionnaires à côté des externes quand on ne commence pas par là. L'établissement se dédouble et se scinde en deux parties. Il devient en même temps une petite école à l'usage des enfants pauvres et une sorte de maison de demoiselles réservée aux enfants à l'aise. Aux premières on donne un enseignement tout à fait rudimentaire, très élémentaire, aux dernières un enseignement à peine plus élevé, mais en ajoutant aux connaissances de première nécessité, les travaux manuels et les arts d'agrément, musique et dessin.

De programme, il n'y en a point et il ne saurait d'ailleurs y en avoir lors de ces humbles et obscurs débuts dans ces pauvres institutions où l'on apprend aux autres ce que l'on a appris soi-même et où on le leur apprend comme on l'a appris. On se conforme aux pratiques, aux usages d'autrefois. Ce n'est pas une instruction nouvelle qui apparaît, c'est l'instruction ancienne qui reparaît.

Les institutrices sont toutes d'anciennes religieuses appartenant aux ordres les plus variés. Ces femmes ont dû renoncer à leurs habits religieux. Elles n'ont pas pour cela changé de conscience. Elles sont restées en rapports avec des prêtres insermentés qui sont encore leurs directeurs. Ces directeurs sont devenus quand ils l'ont pu leurs aumôniers secrets, venant célébrer des offices clandestins dans des chambres transformées en oratoires. Leur foi est donc toujours aussi vive, aussi ardente ; elle l'est même davantage, car les violences, loin d'affaiblir leurs convictions, ont eu pour effet de les fortifier. L'éducation donnée à leurs élèves par de telles maîtresses est une instruction essentiellement religieuse et le catéchisme y figure à la place d'honneur. C'est encore, c'est toujours l'éducation d'antan qui revit ou qui s'efforce de revivre.

En agissant de la sorte, les institutrices sont non pas en désaccord mais en harmonie avec les parents qui s'adressent à elles. La destruction des croyances, surtout dans certaines régions, a été bien plus apparente que réelle. Elle est demeurée toute de surface et n'a pas atteint le fond des âmes. Les pères et plus encore les mères sont restés religieux, tout au moins d'instinct et l'instinct est tout puissant.

Tel est le spectacle que présente dans toutes ses parties la France entière. Selon que l'on considère telle ou telle période, les scènes successives varient avec les circonstances. Durant la Terreur on se cachera et il n'y aura que des essais craintifs et peu nombreux de reconstitution scolaire. Après la réaction de Thermidor, la hardiesse reviendra par degrés dans le monde des anciennes congréganistes comme elle reviendra dans le monde des prêtres insermentés avec le régime de la liberté des cultes. La réaction de Fructidor produira le même effet sur les écoles que sur les églises. Beaucoup d'écoles seront fermées temporairement, leurs directrices étant inquiétées, parfois même emprisonnées.

Avec le 18 Brumaire commence une ère nouvelle, non plus provisoire mais définitive de calme, de tolérance et de paix. C'est alors partout une brusque et générale germination d'écoles avec les restes mêmes du personnel d'autrefois. On ne se cache plus comme si l'on faisait le mal. On opère au grand jour. Ce n'est pas que le gouvernement consulaire ait abrogé les lois anciennes, mais il ferme les yeux. Il tolère. Il fait même mieux. Il encourage par des actes significatifs d'une haute portée.

La reconnaissance officielle des Sœurs de Saint-Vincent de Paul en 1800 avant la proclamation même du Concordat, eut un grand retentissement. C'était un joyeux signal. C'était dans un ciel en train de redevenir bleu l'apparition de la première hirondelle annonçant le retour du printemps. L'arrêté ministériel du 22 décembre 1800 ne visait, il est vrai, qu'une association de religieuses hospitalières, mais pour les religieuses enseignantes il était une sorte de promesse. L'hospitalisation et l'instruction n'avaient jamais été bien séparées avant la Révolution et le même ordre en même temps qu'il soignait les malades dans les hôpitaux et hospices, instruisait les enfants dans les écoles. Pourquoi et comment interdirait-on d'enseigner à ces mêmes femmes que l'on autorisait à soigner?

A partir de 1800, la renaissance de l'enseignement féminin

donné par des congréganistes au double degré et sous la double
forme des écoles et des pensionnats de demoiselles est tellement générale, tellement intense, qu'il est à peu près impossible de la suivre partout où elle se produit non seulement
dans les villes, mais dans les campagnes pour en donner un
tableau complet. Ce ne sont pas en effet seulement des congrégations anciennes qui renaissent, ce sont des congrégations
nouvelles qui naissent. A leur berceau, les unes et les autres
ne sont souvent que des réunions minuscules composées seulement de quelques personnes, mais ce n'en sont pas moins
des associations religieuses. Certaines mourront, d'autres vivront et fourniront une longue existence.

La contemplation est interdite. Le gouvernement, sans
porter de décret à cet égard, ne l'admet point. Quiconque veut
s'y livrer est obligé de la dissimuler sous une œuvre matérielle utile. Sur le conseil même de leurs évêques, conseillés
par le ministre des Cultes, nombre de religieuses ouvriront
des petites écoles et des pensionnats. Elles se feront enseignantes pour pouvoir se livrer dans l'intervalle de leurs classes
en toute sécurité aux pratiques de la vie de leur choix, la vie
comtemplative. A l'Etat, par la multiplication de leurs établissements gratuits ou payants, elles rendront un grand service
qu'il reconnaîtra en approuvant leurs statuts et autorisant leur
existence. C'est ainsi qu'à défaut d'un enseignement public de
jeunes filles se constituera un enseignement privé qui en sera
l'équivalent. Donné par des religieuses, cet enseignement
sera essentiellement religieux. A ce point de vue, il répondra
exactement aux conceptions et aux désirs de Napoléon qui
estime la religion nécessaire à la femme parce qu'elle est nécessaire au foyer. La Restauration n'aura donc pas à innover,
elle n'aura qu'à poursuivre l'œuvre napoléonienne. La rechristianisation de la France, dans le domaine de l'enseignement
comme dans bien d'autres domaines, n'aura pas été une entreprise de Louis XVIII et de Charles X, mais bien un grand
dessein de Napoléon.

II

Durant toute l'époque révolutionnaire, jusqu'aux derniers jours du Directoire, l'instruction des jeunes filles n'existe partout que dans un état chaotique et anarchique, mais elle existe cependant grâce au concours des anciennes congréganistes. Il se passera là sous une forme sporadique quelque chose d'analogue à ce qui s'est passé pour les hôpitaux et hospices.

A Paris, bien que placées sous les yeux mêmes de la police, d'ex-religieuses ouvrent des écoles que l'on surveille, mais que l'on n'inquiète pas. Ainsi dans le faubourg Saint-Germain, rue du Pot-de-Fer, les Sœurs Grises ne seront pas troublées dans leurs classes bien qu'on les accuse de « ne s'entretenir que du roi, de la confession et autres hochets de l'Ancien Régime ». Rue Saint-Denis, l'école des Filles-Dieu, installée dans le couvent même d'autrefois, est très prospère et les maîtresses qui y enseignent, quoique dénoncées pour avoir reçu « un ancien évêque non assermenté et autres prêtres et même des émigrés » ne sont pas poursuivies non plus. Dans le quartier du Marais, il y a plusieurs anciens couvents à louer. Ils sont recherchés pour l'installation de ci-devant religieuses. Sur la Montagne Sainte-Geneviève, les religieuses Anglaises de la rue des Fossés-Saint-Victor, rendues à la liberté, tiennent un pensionnat des plus réputés.

Tout ceci se passe en 1795 et 1796. A la fin de 1797 les municipalités parisiennes sont même obligées de reconnaître l'impuissance des écoles officielles à soutenir la concurrence[1].

Il n'est pas un département où l'on n'assiste à une semblable résurrection et le détail en serait infini autant que monotone. Il est tel que pour le donner il faudrait des pages et des pages même sous la forme d'une sèche nomenclature.

1. Joseph Grente, *Le culte catholique à Paris sous la Terreur et le Consulat*, pp. 57, 58 et 59.

Pour ne parler que des renaissances les plus importantes, ce sont dans l'Eure-et-Loir, le Loir-et-Cher et l'Indre-et-Loire, les Sœurs de la Présentation dites Sœurs de Janville qui à la sollicitation des familles se mettent en 1797 à instruire les enfants dans les petites villes de la Beauce et de l'Orléanais. Ce sont en Vendée les religieuses de Saint-Laurent-sur-Sèvres qui un peu plus tôt même, après n'avoir reçu que des externes en 1795, installent en 1798 un pensionnat important à Saint-Laurent. Ce sont les Sœurs de Saint-Maurice de Chartres qui à la suite de démarches personnelles du préfet, reprennent leur mission éducatrice. Ce sont à Lyon les Bénédictines, à Charleville les Sœurs de la Providence qui en font autant. Ces dernières avaient émigré d'abord en Belgique, puis à l'approche des armées françaises, avaient dû se retirer à Essen. Elles y étaient encore en 1801 quand un certain nombre de parents sollicitèrent leur retour. Les autorités intervinrent elles aussi. On leur rendit leur couvent et tous les corps de métier leur prêtèrent spontanément leur concours pour le réparer.

Mais de toutes ces résurrections, la plus importante parce que la plus étendue est celle des Ursulines, qui reprennent dans toutes les parties de la France où elles étaient disséminées leurs formations d'avant 1789. On les voit en effet surgir partout à la fois.

Dans le Nord, à Aire-sur-la-Lys où elles ont débuté au nombre de trois en 1800, la municipalité leur cède en 1803 un bâtiment pour leur permettre de se développer. Il en est de même à Gravelines ainsi qu'à Boulogne qu'elles n'avaient pas quitté d'ailleurs et où elles avaient réuni les enfants même au plus fort de la Terreur.

En Normandie, sans parler de Bayeux où on en avait vu revenir en 1797, vingt-cinq Filles de Sainte-Ursule se rassemblent à Caen dans un faubourg de la ville et reprennent leur enseignement. Il en est de même au Havre et à Rouen où trois professes rentrent dans la maison même qu'elles occupaient avant leur arrestation en 1793.

Dans le Centre, à Bourges, en 1803, sous la direction de leur ex-supérieure alors âgée de 86 ans, six Ursulines se rassemblent avec l'autorisation de l'archevêque, louent une maison dans le voisinage de la cathédrale et y fondent un pensionnat.

Dans l'Est, dans un simple village du Jura, à Bletteran, cinq autres Sœurs de leur ordre, après avoir mené une vie cachée durant la période révolutionnaire, sans cesser pour cela de soigner les malades et d'instruire les enfants, reparaissent ouvertement. En réunissant leurs économies, elles achètent un enclos voisin du presbytère et commencent une construction d'une maison avec classes. L'architecte estime lui-même leur projet insensé, mais elles ne perdent pas courage. On les vit porter elles-mêmes le bois de construction, pétrir le mortier et se faire maçons.

Dans l'Ouest, le couvent de la congrégation à Dinan avait été sous l'Ancien Régime un des plus importants de la Bretagne. Il comptait cinquante religieuses, possédait un pensionnat très fréquenté, plus 500 petites filles dans les écoles gratuites.

En Provence, l'archevêque d'Aix, Champion de Cicé, appelle d'abord deux Ursulines. D'autres se joignent à elles. Des écoles s'ouvrent et sont de suite très fréquentées.

Dans le Sud-Ouest, non loin d'Agen, à Montpezat, quatre Ursulines avaient loué l'ancienne sacristie pour y vivre en commun. Elles avaient dû se séparer, mais sans perdre le contact. En 1800 elles se rassemblent à nouveau, ouvrent une école et leur effectif scolaire augmentant, obtiennent la restitution de leur ancien couvent.

Ainsi, dès le début du Consulat et de l'Empire l'ordre de Sainte-Ursule, dont les racines n'avaient pas été arrachées, a retrouvé une grande partie de sa vigueur. Il ne lui restera plus qu'à grandir, fleurir et prolifier à nouveau[1].

1. *Histoire de Sainte-Ursule de Merici et de tout l'ordre des Ursulines* par l'abbé Postel, tome II (*Passim*).

CHAPITRE VII

LES CONGRÉGATIONS ENSEIGNANTES

(Suite)

I. — Situation dans l'Empire des écoles populaires et des maisons d'éducation de jeunes filles congréganistes.
II. — Une institution d'État pour les jeunes filles. Mme de Lezeau, les maisons d'orphelines de la Légion d'honneur et la congrégation de la Mère-Dieu.

I

Un seul document d'un caractère général permet de se faire une certaine idée de la situation des écoles populaires et des pensionnats payants à l'usage des jeunes filles sous le règne de Napoléon. C'est une pièce non datée mais appartenant visiblement aux dernières années de l'Empire et qui en tout cas ne saurait être antérieure à 1808[1].

Dans cet état les congrégations purement enseignantes sont rangées par ordre alphabétique diocèse par diocèse. Tous les diocèses y sont mentionnés y compris ceux de Borgo, San-Gobino, Casal, Gand, Gênes, Ivrée, Liège, Malines, Mayence, Namur, Parme, Saluce, Sézane, Savone, Trèves, Tournay, Turin et Vintimille.

Pour chaque congrégation sont indiqués : les communes où sont situés les établissements, le nombre des maisons, le nombre des élèves soit gratuites, soit payantes.

1. Archives nationales, F^19 6293.

Il est impossible de reproduire un état de ce genre. Mais en faisant les totaux des diverses données statistiques qu'il renferme, on constate l'existence dans l'Empire de 467 maisons avec 6 817 religieuses et 764 novices. Le nombre des élèves gratuites s'élève à 15 926 et celui des élèves payantes à 10 280.

Quelques rapports locaux permettent de se rendre compte, d'une façon d'ailleurs très insuffisante, des résultats de l'enseignement sur certains points

Les petites écoles du diocèse de Nancy, d'après une notice de juin 1808, étaient pour la plupart antérieures à la Révolution. Les Sœurs de la Doctrine chrétienne dites Vatelottes, du nom de leur fondateur, n'avaient pas tout à fait abandonné l'enseignement durant la période révolutionnaire. Elles avaient lutté au prix de grands efforts contre la misère. Depuis la paix consulaire, leur situation s'était améliorée. Les communes leur venaient en aide pour subsister. On les logeait, on leur fournissait du bois et les écolages leur produisaient des ressources pécuniaires. Dans les localités importantes et riches, on allait plus loin, on leur donnait un traitement fixe. On leur abandonnait la rétribution scolaire des élèves payants en y ajoutant un supplément en raison de son insuffisance. Il était ainsi assuré à chaque sœur de 200 à 300 francs pour vivre[1].

Dans un rapport au ministre des Cultes au mois de juillet suivant, le préfet du Haut-Rhin ajoute que l'écolage n'était que de 10 à 15 centimes par semaine. Au point de vue de l'ordre, de la tenue et des progrès des enfants, il n'y avait rien à critiquer et l'on se montrait satisfait[2].

La situation semble moins favorable dans le diocèse d'Agen d'après une lettre de l'évêque au ministre des Cultes le 8 juillet 1808. Les pensionnats de jeunes filles périclitent faute de ressources : « Ce sont, Monsieur, écrivait le prélat, de pareils établissements qu'il faudrait consolider. Sans cela, l'éducation

---

1. Archives nationales, F¹⁹ 6298.
2. *Ibidem*, F¹⁹ 6301.

de la moitié du genre humain n'aura bientôt plus de ressources. Les religieuses manquent de moyens. Les villes, en général, ne veulent pas ou ne peuvent pas leur en procurer. Les
départements y ont peut-être assez d'intérêt pour qu'on les
invite à s'en occuper[1]. »

Certains établissements, aux prises avec les difficultés des
débuts, répandaient autour d'eux des prospectus pour se faire
connaître. Le prospectus de l'un d'eux, le pensionnat installé
dans la Haute-Vienne à Solignac, à la porte de Limoges, par
M\ :sup:`me` Sainton ancienne prieure de l'ordre de Fontevrault, peut
donner une idée de l'éducation et de l'instruction de l'époque
dans cette maison et dans les maisons du même genre[2].

« On sait qu'autrefois plusieurs princesses de France ont
reçu une éducation distinguée dans les maisons de l'ordre de
Fontevrault.

« Une maison d'éducation établie à la campagne offre des
avantages inappréciables pour la santé des jeunes personnes
et pour la pureté des mœurs. Elles y seront à couvert de la
contagion du luxe et des mauvais exemples. Moins d'objets
les distraient de leurs occupations. Elles sont plus à leurs
devoirs et moins à leurs amusements.

« La vie y est plus simple que dans les villes ; elle est aussi
plus économique. Le prix de la pension plus modéré est à la
portée du plus grand nombre de pères de famille.

« Il est vrai qu'elles ne peuvent y acquérir tous les talents
agréables que les grandes villes procurent, tels que les maîtres
de dessin, de langues vivantes, etc…, des artistes qui enseignent les raffinements de la danse et du maintien, etc… Il
faut se borner dans une campagne à ce qui est possible et,
si l'on fait attention à ce qui est possible, c'est l'essentiel de
l'éducation aux yeux des parents sensés et qui veulent sincè-
rement le bonheur de leurs filles, plutôt que de les voir briller
dans le monde, quelquefois aux dépens des mœurs.

1. Archives nationales, F\ :sup:`19` 6294.
2. *Ibidem*, F\ :sup:`19` 6296.

« Inspirer à des jeunes filles les vertus sociales fondées sur la morale de Jésus-Christ, leur faire connaître les devoirs qu'elles auront à remplir dans leurs familles ; leur donner le goût de l'ordre, de la vigilance, des occupations solides, leur en faire contracter l'heureuse habitude ; leur enseigner à lire, à écrire d'une manière correcte et expéditive, à se complaire dans la lecture des bons livres, à faire les comptes et calculs usuels ; à exécuter les ouvrages de leur sexe avec intelligence et économie ; leur enseigner ce qu'il n'est pas permis d'ignorer de l'histoire, de la géographie, même de la musique, les former à un maintien toujours modeste et décent, sans gaucherie ni affectation, telle est la base des instructions qui leur seront données.

« Les dimanches et jours de fêtes chômées, il y aura cercle dans l'appartement de Mme la Supérieure. Les maîtresses y conduiront les pensionnaires. Chacune d'elles récitera par cœur l'Évangile du jour, quelques traits d'histoire, des fables, l'abrégé des sciences et un prix en sera la récompense.

« Le prix de la pension est de 400 francs. »

Quant au gouvernement, il se montrait très content des rapides succès obtenus au point de vue moral par les religieuses vouées à l'instruction dans les petites écoles : « On remarque partout, écrira Portalis au préfet du Puy-de-Dôme, que les mœurs publiques et privées se sont améliorées depuis l'existence de ces associations. M. le ministre de l'Intérieur et M. le ministre de la Police générale m'ont transmis à cet égard des résultats positifs [1]. »

II

Aux yeux du ministre des Cultes, l'enseignement donné par des laïques dans des maisons qui ne sont que des maisons de

1. Portalis, *Discours, rapports et travaux inédits sur le Concordat de 1801.*

commerce ne peut soutenir la comparaison avec l'enseignement donné par des congréganistes.

« Je ne nie point, lit-on dans un rapport de ce ministre à l'Empereur en date du 24 mars 1807, que des institutrices qui ne tiennent à aucune association religieuse, ne puissent donner une bonne éducation. Mais je soutiens que les pensionnats particuliers régis par des institutrices ne sont en général que des entreprises intéressées, de véritables spéculations de commerce. Ces pensionnats se succèdent rapidement. Ils s'élèvent et ils tombent au gré des intérêts privés des personnes qui les ont fondés. Pendant leur courte durée, ils ne sont régis que par des maîtresses salariées que l'institutrice principale a choisies au rabais et qui ne sont unies entre elles par aucun lien commun. De pareils pensionnats n'ont aucun caractère de stabilité. Ils inspirent peu de confiance. J'en appelle au témoignage des pères et des mères de famille qui sont les seuls et vrais juges en cette matière[1]. »

Napoléon partageait sans nul doute les idées de Portalis. Seules les deux maisons de la Légion d'honneur d'Ecouen et de Saint-Denis furent confiées à des laïques. Quand il s'agit de doter d'un personnel les six nouvelles maisons impériales réservées à des orphelines ce fut à une religieuse, à la supérieure de la congrégation de la Mère-Dieu, Mme de Lezeau, qu'il s'adressa[2].

Marie-Marguerite de Lezeau était née en 1755 à Rouen d'une famille noble. Ancienne élève du couvent de la Visitation de sa ville natale, après un court séjour dans le monde, elle était entrée définitivement chez les Visitandines. Plusieurs de ses compagnes furent arrêtées et emprisonnées sous la Terreur, mais elle se réfugia à Paris et réussit à échapper à toute recherche.

En 1800 elle avait été appelée à diriger non loin de son

1. Portalis, *Discours, rapports et travaux inédits sur le Concordat de 1801.*
2. Abbé de Verdale, *Vie de Marie-Marguerite de Lezeau (Passim)*

domicile rue des Saints-Pères les enfants des deux sexes employés sous le patronage d'une société de bienfaisance dans une filature. Ce fut alors qu'elle entra en relations avec la supérieure d'un établissement d'orphelines, les Orphelines de la Mère-Dieu, dans cette même rue. Les religieuses de la Mère-Dieu ne s'étaient pas dispersées durant la plus grande partie de la Révolution et n'avaient été obligées de fermer leurs portes qu'en 1797 sous l'accusation de donner asile à des prêtres insermentés. Elles rentrèrent chez elles à la faveur de la paix consulaire. La supérieure étant venue à mourir, ce fut à Mme de Lezeau que l'on songea pour la remplacer. Relevée de ses vœux de Visitandine, elle en prononça de nouveaux et fut ainsi à même de se mettre à la tête de l'Institution des Orphelines.

En 1806, à la suite de la guerre contre l'Angleterre, il se produisit une crise dans l'industrie du coton. La filature dut fermer ses portes et les jeunes filles qui y étaient occupées furent congédiées. Mme de Lezeau leur assura un asile avec le concours de personnes charitables dans la maison des Orphelines. Elles travaillaient et le produit de leur travail contribuait à assurer la vie commune. Quant au règlement de l'établissement ainsi accru et réorganisé, c'était l'ancien règlement de la Mère-Dieu.

L'œuvre fut à ce moment consolidée. La directrice s'entoura d'un conseil d'administration formé en partie d'ecclésiastiques, en partie de hauts fonctionnaires de l'Etat comme le directeur général des Postes, le comte de la Valette, comme le comte Regnaud de Saint-Jean d'Angély qui en fut président d'honneur. Des dames de la haute société apportèrent aussi leur concours.

Enhardie par ces heureux débuts Mme de Lezeau obtint des appuis plus élevés encore, entre autres celui du prince Louis Bonaparte et de sa femme la future reine Hortense qui payèrent chacun des pensions d'orphelines. L'Impératrice elle-même créa des bourses sur sa cassette. Enfin le 4 juillet 1806, la fondatrice fut autorisée à faire placer au-dessus de l'entrée de l'établissement une inscription attestant officiellement cet auguste patronage.

A partir de ce moment l'institution change de clientèle. Désormais elle ne sera plus un asile pour des déshéritées du peuple ; elle sera une véritable maison d'éducation pour des jeunes filles d'une condition plus élevée dont la place n'est pas dans les hospices. « Ce sont, écrit la directrice dans un mémoire à l'Empereur, des filles de militaires morts au service de la patrie, mais qui n'avaient pas le grade, ni la décoration nécessaires pour obtenir d'être placées dans la maison d'Ecouen. D'autres sont des enfants de négociants malheureux, d'honnêtes bourgeois ou de personnes qui ont eu l'honneur d'être employées dans votre maison. D'autres enfin appartiennent à d'anciennes familles que la Révolution a réduites à être sans pain. Ces enfants sont logées, nourries, entretenues et reçoivent dans cette maison l'éducation nécessaire pour ne pas être à charge dans la suite à la société. En sortant, à l'âge de leur majorité, toutes ces jeunes filles auront les connaissances qui pourront les rendre utiles. Ces connaissances sont la lecture, l'écriture, l'arithmétique, l'orthographe et les ouvrages en linge et en broderie de tout genre. Voilà, Sire, l'éducation que je me propose de leur donner en l'appuyant sur les principes de la religion et de la morale. »

Nul programme ne pouvait mieux répondre aux idées de Napoléon.

Après avoir soumis ces statuts au gouvernement, Mme de Lezeau se vit accorder l'autorisation légale par décret du 2 mars 1809. Dotée d'un noviciat son association devint une véritable congrégation sous son ancien titre de congrégation de la Mère-Dieu.

L'année suivante, l'Empereur associa la jeune et vieille congrégation à son œuvre des Maisons de la Légion d'honneur.

Un premier décret du 15 juillet 1810 créait six maisons placées sous la tutelle de la princesse déjà protectrice des maisons impériales de Saint-Denis et d'Ecouen, c'est-à-dire de la reine Hortense, fixait à 600 le nombre total des élèves qui seraient reçues de 4 à 12 ans et resteraient jusqu'à 21 ans et en confiait la gestion aux religieuses de la Mère-Dieu [1].

Un second décret détermina le siège des trois premiers établissements organisés. Le premier s'ouvrirait rue Barbette, un second à Saint-Germain-en-Laye, un troisième sur les bords de la Seine à Fontainebleau, tous les trois dans d'anciens couvents.

C'était le cardinal Fesch qui avait fait porter le choix impérial sur Mme de Lezeau.

A l'origine la congrégation se réduisait à six religieuses qui n'avaient même pas encore fait de vœux et les prononcèrent dans une grande cérémonie solennelle. Mais de nouvelles recrues se présentèrent aussitôt. Il y eut une deuxième profession qui porta à trente-six le nombre des associées.

1, *Moniteur universel*, 19 juillet 1810.

CHAPITRE VIII

LES CONGRÉGATIONS ENSEIGNANTES

(Fin.)

I. — Les projets napoléoniens.
II. — La congrégation des Ursulines.

I

A côté de ce qu'a fait Napoléon, il y a ce qu'il aurait voulu faire. Ce qui est demeuré à l'état de projet et comme tel dort encore sous la forme de décrets auxquels il ne manque que la signature, n'est pas moins intéressant, est plus intéressant peut-être que ce qu'il a réalisé parce qu'il porte la marque indélébile des constantes préoccupations de son esprit et la trace de ses véritables pensées.

Dès 1803, sous le Consulat, Nspoléon est hanté par l'idée d'une congrégation unique a la fois hospitalière et enseignante à laquelle serait dévolue la mission d'instruire toute la jeunesse féminine de France. Sept ans plus tard, en 1810, toujours hanté par la même idée, après avoir donné à son ministre de l'Intérieur des directives à la fois simples, claires, précises et pratiques, sans cesser d'être hardies, il aboutit au plan suivant qui comme l'esquisse antérieure ne sera pas suivi d'exécution[1].

1. Archives nationales, AF$_{IV}$ 884.

II

Dans l'Empire, l'enseignement des jeunes filles, depuis l'enseignement élémentaire destiné à tous les enfants du peuple jusqu'à l'enseignement plus élevé réservé aux classes supérieures, sera confié à une unique congrégation dite d'Enseignement.

Cette congrégation comprendra 50 Maisons placées dans les 44 villes dont les maires sont appelés au couronnement, dans la ville d'Amsterdam et dans cinq autres villes à désigner par le ministre de l'Intérieur.

Le mobilier et l'entretien des bâtiments seront à la charge des municipalités.

Avec l'autorisation du gouvernement, chaque maison pourra accepter des dons et legs.

La durée des études sera de six ans, les élèves entrant à dix avec un rudiment d'instruction proprement primaire pour en sortir à seize avec un supplément de connaissances plus étendues quoique encore très limitées.

« Les élèves, est-il précisé, apprendront à lire, à écrire, à compter, les travaux manuels propres à leur sexe; les éléments de la musique, ceux de la géographie et de l'histoire ; mais les premières bases de l'instruction seront les principes de la religion, les devoirs envers les pères et les mères, et, en général, ce qui peut former le cœur et l'esprit afin que les élèves deviennent des épouses vertueuses et de bonnes mères de famille. »

« Chaque maison impériale sera exclusivement un pensionnat et, comme telle, recevra un contingent uniforme de 200 élèves. Elles ne dépasseront pas un total de 10000 pensionnaires. Sur cet effectif, 5000 pensionnaires seront admises soit à titre absolument gratuit, soit à titre semi-gratuit. Les bourses complètes et les fractions de bourses seront réservées de préférence aux enfants des militaires et aux enfants de ceux qui auront servi le plus de temps ou au moins dix ans la magistrature judiciaire, administrative et municipale. » En première ligne devaient venir les filles des militaires « toujours prêts à faire à la patrie le sacrifice de leur existence ».

Au point de vue spirituel, chaque maison sera placée sous la juridiction de l'évêque diocésain. Au point de vue temporel, elle sera soumise à la surveillance d'un bureau d'administration « composé des premiers fonctionnaires qui par leur esprit, par leur zèle, par leur dignité inspireront confiance et assureront le bon ordre ». Ce sont le préfet du département, l'évêque, le premier président et le procureur impérial du tribunal de première instance. « Les membres de ces bureaux, est-il observé, sont sur les lieux. On ne pourra pas leur en imposer, comme eux-mêmes ils sont incapables de tromper. »

Quant à la congrégation chargée de cette tâche, elle n'était autre que celle des Ursulines. Leur grande notoriété sous l'Ancien Régime, les souvenirs qu'elles avaient laissés et surtout l'esprit que révélaient leurs statuts leur avaient valu l'honneur de ce choix. Ne pourraient-elles pas redevenir ce qu'elles avaient été en France avant la Révolution à l'époque où au nombre de 9 000 réparties dans 350 monastères, elles étaient les éducatrices de la majeure partie de la nation ?

« Les Dames de Sainte-Ursule, écrivait en décembre 1807 le fils de Portalis dans un rapport où il établissait une comparaison entre les statuts, règles et observances des différentes associations de religieuses enseignantes, s'emploient de tout leur pouvoir à l'instruction des jeunes filles. Elles sont obligées d'instruire non seulement les pensionnaires, mais aussi les jeunes filles externes. Elles enseignent aux pensionnaires à lire, à écrire, à coudre, à faire toutes sortes d'ouvrages honnêtes et convenables à leur sexe et à leur âge, et les instruisent de la doctrine chrétienne, se tenant simplement au texte du catéchisme. Elles forment (ce sont les propres expressions de ces Institutions) les mœurs des filles à la bienséance et honnêteté des plus sages et vertueuses chrétiennes qui vivent dans le siècle honorablement, se gardant bien d'y rien entremêler de ce qui est le propre de la vie religieuse, et, beaucoup plus encore, de vouloir les y attirer par paroles ou autres sollicitations tacites » (Constitutions. Chapitres I, VI et VIII)[1].

Nul programme d'éducation féminine ne répondait mieux que celui-là aux sentiments personnels de Napoléon.

Pourquoi et comment ce décret demeura-t-il à l'état de projet ? On l'ignore. On ne sait même pas si le Conseil d'État eut à l'examiner.

En 1813, la question de l'instruction des jeunes filles était toujours en suspens. Dans une séance du 17 septembre 1813, les Conseillers d'État formulaient l'avis suivant :

Le Conseil,

Considérant qu'il devient chaque jour plus nécessaire que le gouvernement prenne des mesures générales sur l'éducation des filles ; que des congrégations de femmes organisées convenablement et dirigées dans un bon esprit peuvent rendre de grands services ; mais qu'il importe de tracer les règles à observer, soit relativement à l'approbation des statuts, soit relativement aux secours à accorder aux congrégations qui s'en occupent, par les villes ou par le gouvernement,

Considérant que Sa Majesté lorsqu'elle a rendu au mois de février 1811 son décret sur les Sœurs hospitalières, a ordonné qu'il fût sursis à toute mesure relative aux congrégations chargées de l'éducation des filles, jusqu'à ce qu'il ait été présenté un décret général sur ce sujet,

Est d'avis :

Qu'il ne doit pas être procédé par décrets partiels à l'établissement de ces sortes de sociétés, mais que le ministère

1. Archives nationales, F19 1075.

des cultes doit conformément à la décision prise par Sa Majesté en son Conseil, faire un rapport général sur l'éducation des filles, sur les congrégations qui s'y consacrent, sur celles dont les statuts mériteraient de préférence l'approbation du gouvernement et sur les moyens que l'on pourrait employer pour assurer leur existence dans les lieux où leur existence serait reconnue nécessaire et que jusque-là toute disposition qui les concerne doit être ajournée [1].

A ce moment, Napoléon était à Mayence. Le 6 novembre 1813, au-dessous de cet avis du Conseil d'État, il fit mettre par le comte Daru la mention : « Approuvé ».

La débâcle impériale survint. Tout était toujours à faire en 1815.

[1]. Archives nationales, F^{19} 1075.

CHAPITRE IX

LES CONGRÉGATIONS NOUVELLES

I. — L'esprit mystique féminin et la naissance d'un grand nombre de
congrégations dans toute la France.
II. — Deux types de congrégations. Les religieuses du Sacré-Cœur.
Sophie Barat et le P. Varin — Les Sœurs de la Miséricorde de
Saint-Sauveur-le-Vicomte et Marie-Madeleine Postel.

I

A côté des congrégations anciennes qui renaissent, il y a
les congrégations nouvelles qui naissent. Loin d'avoir été
tarie par les longues années de la Révolution, la source religieuse à laquelle s'alimentent les communautés, est aussi
abondante qu'avant 1789. De quelque côté que l'on se tourne,
on aperçoit en effet une foule de petites réunions féminines
qui se forment pour mener la vie commune sous une même règle.
Ces réunions sont si nombreuses qu'il est impossible d'en dresser la liste complète. Cette liste le gouvernement lui-même
ne la possédera jamais malgré les enquêtes répétées et multiples avec les états statistiques dressés par les préfets. Les
unes prospéreront et se développeront ; les autres, au contraire,
ne feront que végéter et disparaîtront plus ou moins rapidement parce qu'elles n'auront pas rencontré un ensemble de
circonstances favorables à leur existence. Celles-là même qui
plus tard connaîtront des jours heureux auront des débuts
très difficiles et seront à plusieurs reprises sur le point de
succomber.

Si général, si intense est à cette époque chez les femmes le besoin de se retirer du monde, de goûter dans les calmes asiles des cloîtres une paix profonde, que certaines autorités ecclésiastiques s'en émeuvent autant que les autorités civiles. Le gouvernement n'accorde d'autorisation qu'aux établissements justifiant leur existence par des services rendus à la société, à ceux qui se vouent au soin des malades dans les hospices ou à domicile, qui travaillent au retour au bien des Filles repenties, ou qui se consacrent à l'instruction des enfants, en particulier des enfants pauvres. Il refuse son approbation aux œuvres contemplatives qu'il regarde sinon comme dangereuses, du moins comme inutiles. Cependant le besoin de la contemplation chez les âmes mystiques est tellement puissant, tellement irrésistible, que pour le satisfaire, les personnes qui l'éprouvent auront recours à toutes les combinaisons, à tous les subterfuges pour obtenir à défaut d'une reconnaissance légale une tolérance qui dans le présent en sera à peu près l'équivalent.

C'est ce que signalera lui-même l'évêque de Poitiers dans une communication que reproduira la police dans un de ses bulletins[1].

« L'évêque de Poitiers consulté par le ministre des Cultes répond qu'il y a treize maisons religieuses dans son diocèse, que le nombre des sujets excède 130 indépendamment des novices. L'union, dit ce prélat, est loin de régner dans quelques-unes de ces maisons. Les unes se subdivisent. Toutes ne veulent que leurs anciens statuts. On ne les sortira pas de là. Elles trompent le gouvernement quand pour obtenir leur approbation elles se présentent sous les couleurs qu'elles savent lui plaire. Toutes se disent également vouées au service des pauvres, des malades et à l'instruction publique. C'est là le prétexte. Le fond de la chose est l'ancienne règle monastique. »

1. D'Hauterive, *La police secrète sous le Premier Empire*, tome III p. 363.

Le prélat va même plus loin et accuse même ces maisons de compromettre le progrès du sentiment religieux au lieu d'y travailler : « On ne peut décider ces femmes à sortir de la ville pour se rendre dans les postes du diocèse qui manquent de moyens d'instruction et de soulagement pour les infirmes. Ces maisons sont des foyers de mysticité, de petit esprit, qui ont une grande influence et qui rendent impraticables toutes les mesures qui tendent à épurer, à anoblir l'exercice du culte... Le foyer de toutes ces pauvretés est dans les couvents. Il n'y a point d'exercice du culte noble et élevé avec de pareilles institutions. Les intentions de Sa Majesté ne sont pas remplies à cet égard. Elle a voulu des maisons hospitalières et des maisons d'instruction, et, sous ce titre respectable, on a établi des maisons et des corporations purement mystiques. »

La création de ces communautés, dont le sort sera très différent, se produit toujours à peu près de la même manière. Tantôt elle est l'œuvre d'un initiateur qui s'y donne tout entier, provoque les vocations, va chercher là où il pense pouvoir la trouver une femme répondant à ses vues, la dirige de ses conseils sans l'abandonner à aucun moment. C'est lui qui travaille à réunir les ressources pécuniaires nécessaires à la subsistance, qui se met en quête d'un immeuble, qui le loue ou qui l'achète,

Tantôt, au contraire, l'initiative part d'une femme soit connue, soit inconnue. C'est elle alors qui fait tout ou presque tout. L'idée vient d'elle et elle cherche elle-même les moyens d'exécution. Au début, elle sera seule ou n'aura auprès d'elle que deux ou trois compagnes. Un vaste local ne lui sera pas nécessaire. Elle s'accommodera d'une maisonnette en ruines, du plus pauvre logis. Elle y mènera avec ses associées l'existence la plus dure, la plus pénible, se demandant souvent la veille où elle trouvera le pain du lendemain. Mais elle ne se rebute ni ne se décourage. Une grande force la soutient. C'est sa foi.

Dans plus d'un cas, la fondatrice obéit à des ordres venus

d'En Haut. Elle a été chargée d'une mission soit par le Christ, soit par la Vierge qui l'ont visitée. Elle a eu des visions dont le souvenir ne s'efface pas en elle. Et alors, elle marche, elle marche toujours jusqu'à ce qu'elle ait atteint le but qui lui a été indiqué.

Ces humbles commencements de beaucoup de petites communautés dont plusieurs deviendront grandes, sont conservés dans leurs Archives, et en y pénétrant avec les aumôniers et les ecclésiastiques qui les ont utilisées pour des monographies, il est aisé de saisir chacune d'elles à son berceau, au milieu des langes qui l'enveloppent et de surprendre ses premiers pas hésitants et trébuchants.

Tellement nombreuses sont ces créations religieuses disséminées par tout l'Empire, jusque dans des villages, qu'il n'est même pas possible d'en dresser la liste. Des destins inégaux les attendent et l'on ne saurait même pas passer en revue rapidement celles d'entre elles qui ont eu le plus bel avenir.

Laissant de côté des congrégations aussi importantes plus tard que la congrégation du Sacré-Cœur dite Société de Picpus fondée en province, puis transférée à Paris par le P. Coudrin, comme celle des Sœurs de Chavagnes en Vendée, comme celle des Sœurs de Saint-Joseph de Cluny créée par la R. V. Javouhey qui naquit dans un petit village de la Côte d'Or avant d'essaimer par toute la Bourgogne et jusqu'à l'île Bourbon et au Sénégal, comme celle des Sœurs de la Charité de Saint-Louis, œuvre de Mme Molé, fille du marquis de Lamoignon Basville, président à mortier du Parlement de Paris et garde des sceaux, ou encore comme celle des religieuses de la Miséricorde de Bordeaux due à Thérèse de Lamouroux et au P. Chaminade, il suffit de prendre deux types congréganistes très différents. L'un sera celui des Religieuses du Sacré-Cœur de Jésus avec Sophie Barat ; l'autre celui des Sœurs de la Miséricorde de Saint-Sauveur-le-Vicomte (Manche) avec la Mère Marie-Madeleine Postel.

La congrégation des religieuses du Sacré-Cœur dont la création est due en apparence à une toute jeune fille, Sophie Barat, sœur d'un des Pères de la Foi, eut en réalité pour créateur le supérieur même des Pères de la Foi, le P. Varin. Les destinées des deux associations ne cessèrent d'ailleurs à aucun moment d'être liées de la manière la plus étroite[1].

Ce fut le P. Barat qui en 1800 fit connaître à son chef, sa sœur âgée d'une vingtaine d'années qui avait alors l'idée d'entrer au Carmel. C'était une jeune fille remarquable par sa culture. Elle avait appris le latin et le grec et rien ne lui était étranger des littératures des deux antiquités. Le P. Varin, qui avait de secrets desseins, la détourna du Carmel et lui conseilla de fonder plutôt une congrégation nouvelle qui porterait le nom du Sacré-Cœur.

Rien ne fut plus modeste que les débuts. Trois amies s'étant jointes à elle, la jeune fondatrice s'installa à Paris dans le quartier du Marais et y vécut cachée. Le 13 novembre elle se rendit avec ses compagnes dans la chapelle des Pères de la Foi et ce fut là qu'eut lieu leur consécration au Sacré-Cœur.

Mais ce ne fut pas Paris, ce fut Amiens qui devint le véritable berceau de la communauté naissante. Les Pères de la Foi possédaient dans cette ville un important collège et, à l'ombre tutélaire de leur direction, elle pourrait grandir mieux que nulle part ailleurs. Elle s'y transporta donc et s'y fixa. Officiellement les nouvelles religieuses s'étaient donné le nom de Dames de l'Instruction chrétienne, mais le public ne les connaissait pas autrement que sous celui de Dames de la Foi ou de Dames de la Vraie Foi.

Ce qu'on ne sut pas, du moins tout d'abord, c'est que l'association n'était qu'une filiale d'une grande association dont le siège était à Rome, celle des « Dilette », ou « Filles Aimées ». Si elles n'osaient ni prendre le nom, ni porter l'insigne du Sacré-Cœur, c'était parce que cet insigne, qu'on avait vu

----

1. Abbé Baunard, *Histoire de la Vénérable Mère Madeleine-Sophie Barat,* (*Passim*).

naguère sur la poitrine des royalistes vendéens, était considéré comme séditieux.

Les débuts à Amiens furent non seulement très obscurs, mais très durs. L'installation matérielle était des plus misérables. Une mansarde en planches prise sur le grenier avait été transformée en chapelle. Les religieuses portaient un petit bonnet rond et un costume un peu bizarre composé à dessein. Pour subvenir à leurs besoins et en même temps pour ne pas être inquiétées par les autorités en tant que contemplatives, elles se livraient à l'enseignement. Une classe gratuite reçut d'abord les enfants pauvres, et peu après, quand le permit l'acquisition d'un nouvel immeuble suffisamment vaste, un pensionnat à l'usage des jeunes filles de la classe aisée y fut annexé.

Sur ces entrefaites, une déléguée envoyée par Rome était venue présider avec le P. Varin à l'élection de la Supérieure. Cette Supérieure ne fut naturellement que la fondatrice, Sophie Barat. Elle n'avait que vingt-trois ans.

Les religieuses du Sacré-Cœur ne cessèrent pas pour cela de rester sous la tutelle des Pères de la Foi. Ce furent eux qui non seulement les dirigèrent au point de vue spirituel, mais présidèrent à leurs études et leur donnèrent leur formation intellectuelle. Leur principal maître ne fut autre que le P. Loriquet, préfet des études et professeur au collège.

Les recrues ne manquèrent pas. On compta parmi elles Mlle de Cassini, la fille du célèbre directeur de l'Observatoire, mais elle ne resta pas. A ce recrutement le P. Varin travaillait lui-même et ses coopérateurs y travaillaient aussi au cours de leurs missions. C'est ainsi que de Lyon il envoya une ancienne élève de Saint-Cyr, Mlle Marie du Terrail, puis du Velay, Mlle Catherine de Jussac.

Lorsqu'en 1804 les Pères de la Foi se séparèrent des Pacanaristes Romains, les Filles du Sacré-Cœur se séparèrent en même temps des « Dilette » de Rome.

Ce fut à ce moment que la congrégation commença à

essaimer. Deux filiales furent fondées, l'une d'abord à Grenoble ; l'autre ensuite à Poitiers. Quand les évêques diocésains demandèrent les constitutions, on leur soumit le sommaire de celles de la Compagnie de Jésus. A la suite de ces fondations, Sophie Barat devint supérieure générale.

Pour perpétuer l'œuvre, un noviciat faisait encore défaut. A l'appel des Pères de la Foi, il s'était constitué à Bordeaux un groupement de jeunes filles. Elles s'étaient logées dans une maisonnette et y menaient la vie pénitente des vierges du désert. De nouvelles compagnes se joignirent à elles. Il leur fut alors donné une règle. Telle était l'ardeur générale, « qu'on accourait en foule et qu'une sainte contagion avait gagné les jeunes chrétiennes de la ville ». Ce ne fut pas à Bordeaux, mais à Poitiers cependant que fut fixée la maison des novices. Elle débuta le 8 septembre 1806 par onze prises d'habit.

La dissolution des Pères de la Foi n'atteignit pas le Sacré-Cœur et la congrégation continua si bien à se développer que trois établissements nouveaux furent créés en 1808, près de Clermont-Ferrand, à Gand et à Niort.

A la chute de l'Empire, l'œuvre du P. Varin comptait déjà six succursales. Une maison fondée à Rome en 1814 ayant été immédiatement érigée en chef-lieu, il se produisit à cette occasion dans l'association une division passagère. Finalement. sur les ordres du pape, le Sacré-Cœur français dut se rallier au Sacré-Cœur Romain. La Mère Barat se soumit en 1815 et sa soumission termina ce duel gallican.

La société conserva dans la suite les caractères de ses débuts. Elle resta un ordre à la fois actif et contemplatif composé de deux sortes de religieuses, les unes spécialement employées aux travaux manuels, les autres affectées à la récitation en commun des offices. Ce fut l'archevêque de Reims Alexandre de Talleyrand Périgord qui en devint le supérieur général. La maison mère se fixa à Paris rue des Postes. La Mère Sophie Barat après avoir été béatifiée a été proclamée sainte en 1925.

II

La fondatrice de la congrégation des Sœurs de la Miséricorde de Saint-Sauveur-le-Vicomte (Manche), la R. M. Marie-Madeleine Postel a été également canonisée par l'Église en 1925. Sa personne est très différente de celle de Sophie Barat et l'association qu'elle a créée présente également des caractères tout autres[1].

Avant la Révolution, à Barfleur son pays natal, Marie-Madeleine Postel, après avoir été instruite par les Bénédictines de Valognes, est déjà institutrice toute jeune encore. Elle dirige une petite école avec pensionnat où sont reçus les pauvres et les orphelins. On y enseigne la lecture, l'écriture, le calcul, un peu d'histoire et le catéchisme. On y apprend aussi les travaux manuels utiles ou agréables dans un ménage.

Survient la Révolution. La jeune institutrice se donne en entier à la sauvegarde des prêtres insermentés, cachant les objets du culte, installant chez elle un oratoire, assistant à toutes les messes nocturnes qui se disent dans le voisinage, et, pour que la foi ne se perde pas, répandant l'instruction religieuse parmi les enfants en cette pointe extrême du Cotentin. On la vit même se faire en quelque sorte ministre du culte et porter le viatique aux malades.

Le 21 avril 1804, une de ses élèves sur le point de rendre le dernier soupir, lui dit : « Vous fonderez une communauté au milieu de grandes tribulations. Vous demeurerez à Tamerville pendant de longues années. Vos filles seront très peu nombreuses et on n'en fera nul cas. Des prêtres vous conduiront dans une abbaye et c'est là que se développera votre congrégation. » Ces paroles d'une mourante décidèrent de la vie entière de Marie-Madeleine Postel.

1. Mgr Legoux (Arsène), *La bienheureuse Marie-Madeleine Postel* (*Passim*).

Dès lors, elle n'a plus qu'une pensée, fonder une communauté qui serait vraiment son œuvre. Elle commence par installer à Cherbourg une simple école où elle enseigne selon les principes de Jean-Baptiste de la Salle. Deux amies la rejoignent et se font ses auxiliaires. C'est avec ces trois personnes que naît la congrégation. Le 8 septembre 1807, elles prennent toutes les trois l'habit religieux et se donnent une règle très rigide. Elles choisissent en même temps le nom de « Pauvres Filles de la Miséricorde ».

Ne pouvant se développer à Cherbourg, la petite congrégation qui a déjà fait quelques recrues se transporte dans une bourgade ignorée de l'arrondissement de Valognes, Octeville-la-Venelle. Là pour s'établir les religieuses ne trouvent qu'une vieille maison délabrée, la veille encore à l'usage d'étable. Elles manquent de tout et sont si misérables que les gens du voisinage répètent qu'elles mourront toutes les unes après les autres. Elles quittent alors Octeville-la-Venelle pour une autre bourgade aussi obscure et aussi peu peuplée, Tamerville, non loin de Valognes. « Le déménagement ne fut pas difficile à effectuer. On les y aida d'autant plus volontiers que leur complet dénuement effrayait les personnes pieuses. Leur maigre mobilier, leurs pauvres hardes, tout cela trouva facilement place dans une charrette traînée par un seul cheval. »

L'existence ne fut pas moins rude à Tamerville. Avec les six compagnes qu'elle avait alors, Marie-Madeleine Postel doit opérer bientôt un nouveau déménagement aussi misérable et s'établit à Valognes même. Là tout est contre elle. Des religieuses appartenant à des congrégations connues sont en possession de l'enseignement et il n'y a point de place pour les nouvelles venues. C'est le dénuement. Tel est leur renom de misère que l'une d'entre elles étant venue à décéder, on fait courir le bruit qu'elle est morte de faim.

Faute d'élèves, elles n'ont pas encore ouvert d'école et elles se contentent de donner quelques leçons. Elles vivent surtout du produit du travail de leurs mains.

Au bout de deux ans, il leur faut se résigner à un nouvel exode. C'est un retour à Tamerville. Là, elles ont recours pour vivre à tous les métiers : « Les sœurs font des parapluies d'une solidité à toute épreuve. Elles filent la laine et le lin, fabriquent des tissus de divers genres. Plus tard on brodera des aubes et jusqu'à des objets de toilette. Une sœur est boulangère et une autre jardinière. L'une d'elles porte les légumes au marché de Valognes ; elle y porte aussi des ballots de confections à pied, ployant sous le faix. »

Le clergé ne les soutenait point. Le curé de Valognes considérait comme une folie une semblable entreprise et l'évêché de Coutances partageait les sentiments du curé de Valognes. Marie-Madeleine Postel, ainsi abandonnée de tous, ne se découragea pas cependant. Grâce à la protection du prince Lebrun, duc de Plaisance, propriétaire dans la région, l'école communale de Tamerville lui fut confiée. La minuscule congrégation avait enfin un gîte avec un peu de pain.

Tamerville n'était pas la dernière étape des Sœurs de la Miséricorde. C'était dans une abbaye, l'abbaye de Saint-Sauveur le-Vicomte, que sous la Restauration elles devaient se créer un foyer définitif. Elles y sont encore aujourd'hui et leur congrégation est une des plus importantes et des plus populaires du département de la Manche. Après avoir été hospitalières et enseignantes, elles ne sont plus qu'hospitalières en conformité avec les lois nouvelles. Elles s'étaient même installées à l'étranger, en Hollande et en Prusse. A une date toute récente les religieuses Prussiennes refusant de rester alliées aux Françaises, le Vatican a dû opérer la séparation.

Les Filles de Sainte-Marie-Madeleine Postel ont toujours leur maison mère à Saint-Sauveur-le-Vicomte. La fondation de leur ordre est un exemple remarquable de ce que peut une volonté invincible mue par une foi sans égale. Née le 28 novembre 1756, la fondatrice ne mourut que le 16 juin 1846. Plus heureuse que beaucoup d'autres, « elle put conduire au port, transformé en véritable vaisseau, le frêle esquif qui avait subi tant de tempêtes et, à trois reprises, failli faire naufrage [1]. »

1. Mgr Georges Grente, évêque du Mans, *La bienheureuse Marie- Madeleine Postel (1756-1846)*.

CHAPITRE X

LES CONGRÉGATIONS NON AUTORISÉES

I. — Silence du gouvernement au sujet des reprises de costumes religieux et des cérémonies de profession.
II. — Tolérance générale à l'égard des anciennes religieuses qui vivent en communauté et des groupements contemplatifs qui se déguisent.

I

On ne peut fixer le nombre, ni dresser la liste complète des congrégations non autorisées qui, en dépit du défaut d'autorisation, n'ont pas cessé d'exister, certaines même depuis les premiers jours du Consulat et avant le Consulat jusqu'aux derniers jours de Napoléon. Nous ne saurions connaître ce qu'ignorait le gouvernement lui-même. Il naît en effet tous les jours des groupements religieux formés tantôt d'éléments anciens, tantôt d'éléments nouveaux, tantôt d'un mélange des uns et des autres. C'est une poussière que dispersera un souffle du vent, qui est soit ici, soit là et que les mains administratives ne parviennent pas à saisir parce qu'elle est par sa nature presque impalpable. Même d'importantes congrégations de l'avenir, comme la congrégation des Sœurs de la Miséricorde de Saint-Sauveur-le-Vicomte, échapperont aux yeux de lynx des autorités départementales.

Consulaire ou impérial, le gouvernement a, depuis les débuts du Consulat jusqu'à la chute de l'Empire, laissé subsister volontairement sous les regards avertis mais indulgents de la

police, un certain nombre d'associations religieuses féminines. Cette tolérance est générale et elle se manifeste dès l'avènement de Bonaparte. Elle n'est pas une preuve de faiblesse
de la part du pouvoir, elle est plutôt en beaucoup de cas une
marque d'indifférence et de dédain. Autant le chef de l'Etat est
rigoureux quand il s'agit de moines, autant il est volontiers
débonnaire quand il s'agit de moniales. Ces femmes sont pour
lui une quantité négligeable. Quel nom, d'ailleurs, donner à
des réunions d'une demi-douzaine de personnes qui sont le
plus souvent d'anciennes religieuses ayant repris la vie en
commun dans les conditions les plus modestes et les plus ef-
facées ?

Même à propos de certains actes publics qui rappellent à
s'y méprendre le passé, qui en sont une véritable résurrection
le gouvernement fait semblant de ne pas voir et garde le silence. Il n'autorise pas ; il ne défend pas non plus : il laisse
faire. C'est ce qui a lieu en particulier au sujet de la reprise
du costume monastique et des cérémonies où sont prononcés
en grande solennité des vœux qui au regard de la loi ne sont
jamais perpétuels, mais pour la conscience de celles qui les
prononcent le deviennent. En nombre d'endroits les autorités,
et non les moindres, assistent à des vêtures, à des professions
et leur présence devient un encouragement et une approbation. Certaines religieuses ont parfaitement compris cette
attitude expectante du Premier Consul. La relation de ce qui
s'est passé à Beaufort en Anjou chez les Sœurs hospitalières
adressée le 12 avril 1803 aux Sœurs hospitalières de Saint-
Joseph établies à Nîmes, par la Sœur Frédéric, Olympe, Char-
lotte du Breuil du Bost de Gargilesse, est d'une remarquable
lucidité et d'un rare bon sens [1].

« Nous croyons, écrit-elle, qu'il est d'une grande prudence
de ne pas presser le gouvernement pour nos maisons. Son
silence est tout ce qu'il peut nous accorder de plus favorable

1. *L'Anjou historique*, années 1910-1911, pp. 267-208-269.

les lois contre nous n'étant pas rapportées. Il laisse dans sa sagesse les esprits s'accoutumer peu à peu au bien afin de l'établir plus sûrement. Il ne faut donc pas le presser d'aller plus vite qu'il ne veut.

« Il est certain que l'année dernière Bernier fit faire à Paris la profession de vœux solennels à une hospitalière sans que le Consul se soit plaint.

« Au regard des pensions, c'est inutile. L'État ne peut pas. Pour les sujets, il ne dit mot. Le forcer à parler ne procurera peut-être que des entraves.

« Après être restées à peu près deux ans et demi comme paralysées, au mois de juin dernier, le jour de la Saint-Pierre, nous reprîmes notre costume religieux tout de nous-mêmes. Tout le monde y applaudit. Il y en avait qui pleuraient de joie et nos pauvres malades étaient dans l'enchantement. Ils croyaient nous reconquérir une seconde fois.

« Le 20 janvier dernier, notre digne mère Ciret, qui par la nécessité des circonstances gouvernait depuis seize ans, voulant absolument quitter la place, nous procédâmes canoniquement à l'élection de notre très honorée mère Lemaître.

« Nous avons commencé d'admettre des sujets. Nous avons deux postulantes de chœur et une converse et deux autres de chœur reçues. Elles font leur noviciat comme à l'ordinaire, et, si on ne nous en empêche pas, ce que nous ne nous procurerons pas, elles prendront l'habit et feront profession au bout de leur temps, avec la précaution de n'y pas mettre trop d'éclat, c'est-à-dire, de faire la cérémonie de grand matin, portes de l'église fermées. Nous craignons plus pour cela notre évêque que le gouvernement. Il n'a permis à nos Sœurs de Baugé que des vœux annuels d'ici deux ans. Nous verrons ce que la Providence dirigera. »

L'abbé d'Astros, lit-on dans une vie du cardinal d'Astros, fut un des premiers à profiter de la permission donnée par le Premier Consul de porter le costume ecclésiastique. Le jour où il se montra en public coïncida avec le Carnaval de Paris. Les

Parisiens à la vue de ce costume inusité crurent à un travestissement. Il était si recueilli que la foule émerveillée s'écriait : « Ah ! pour le coup en voilà un qui est bien déguisé ! » Elle ne reconnut son erreur qu'en le voyant entrer à Notre-Dame[1].

Ce fut le 25 mars 1805 seulement que d'après les *Annales littéraires et morales* les Sœurs de la Charité à l'occasion du renouvellement de leur vœu de servir les pauvres, reprirent solennellement leur cornette blanche aux larges ailes et leur robe de bure. Son Eminence le cardinal Fesch, grand aumônier de France, avait tenu à dire lui-même la messe à la chapelle de leur principale maison, et Madame, mère de l'Empereur et protectrice de toutes les maisons de charité de France, assistait à la cérémonie[2].

Mais, bien avant cette date, nombre de religieuses, non pas en cachette mais sous les yeux mêmes des autorités locales, avaient revêtu les anciens habits de leur ordre. C'est ce qu'avaient fait entre autres les Sœurs de la Sagesse en plein hôpital maritime à La Rochelle.

Les prises d'habit ne s'opéraient pas non plus comme à Beaufort au petit jour, loin du public. Elles se faisaient en nombre d'endroits en grande pompe. Les préfets voient dans ces cérémonies des infractions à la loi parce qu'ils identifient ces pratiques avec les vœux perpétuels. Les évêques, au contraire, les présentent comme de simples traditions rituelles n'ayant rien de commun avec les vœux qu'elles accompagnent. C'est ainsi qu'en 1801 le préfet du Pas-de-Calais signale au ministre de la police générale Mlle de Sainte-Agnès qui a pris solennellement l'habit religieux « avec toutes les cérémonies usitées avant l'abolition des communautés ». L'évêque avait donné lui-même l'autorisation voulue, « la simple prise d'habit n'étant pas contraire à la loi qui ne prohibe que les vœux[3] ».

---

1. Caussette, *Vie du Cardinal d'Astros, archevêque de Toulouse*.
2. *Annales littéraires et morales*, tome III, p. 385.
3. D'Hauterive, *La police secrète du Premier Empire*, tome I, p. 184.

Le procureur de Blois dénonce trois communautés établies dans la ville. Elles reçoivent des novices et elles font prendre le voile. « Le fanatisme, ajoute-t-il, soutient ces réunions[1]. »

Le sous-préfet de Saumur, dans un rapport au préfet de Maine-et-Loire, reproche aux congrégations hospitalières du chef-lieu de son arrondissement de recevoir les vœux des novices « en dehors des autorités civiles et non pour un temps limité ». « Cette infraction, écrit-il, peut entraîner des suites d'autant plus fâcheuses que ces religieuses peuvent avoir la prétention de ne relever que de l'autorité ecclésiastique et de ne tenir en rien à l'autorité civile, et peut-être, de se refuser à certaines de leurs obligations en raison de ce qu'elles leur seraient rappelées par cette dernière autorité[2]. »

« Quinze à dix-huit communautés de femmes portant le costume de religieuses et qu'on dit être établies rue des Postes, d'Enfer et dans le Marais, sont désignées comme ayant ajouté aux anciens vœux celui de prier plusieurs fois par jour pour la conversion des pécheurs à la tête desquels elles mettent Sa Majesté, la famille impériale et les autorités. » Vérification faite, le fait fut reconnu faux. « Ces religieuses prient séparément comme dans les prônes pour les personnes qui sont en état de péché mortel. Ce sont autant d'objets distincts qu'il ne faut pas confondre. »

Tous ces rapports s'accumulent dans les cartons. Ils demeurent sans effet et ne provoquent même pas de réponses. Les agents du gouvernement ont souvent quelque peine à s'adapter à cette politique nouvelle pour eux. Ils ont conservé leur zèle ancien et l'esprit combattif d'autrefois dans le milieu restreint qui est le leur. Le gouvernement voit les choses à la fois de plus loin et de plus haut. Il veut pacifier et il pacifie par son mutisme sur toutes les questions irritantes.

1. D'Hauterive, *La police secrète du Premier Empire*, tome I, p. 15.
2. *Archives de Maine-et-Loire*, série V. Congrégations. Saumur.

II

La tolérance gouvernementale va beaucoup plus loin. La reconstitution clandestine d'une foule de communautés lui est signalée tous les jours sur tous les points du territoire, mais il ne s'en inquiète pas et n'a nulle part recours à des mesures de répression. C'est de sa part un système. Il ne veut pas abroger les lois révolutionnaires. Il les applique avec sévérité toutes les fois qu'il a intérêt à le faire, mais il ne descend point jusqu'aux tracasseries locales.

En avril 1801 le ministre de la police Fouché avait prescrit au préfet de police de rechercher toutes les maisons où se rassemblent d'anciennes religieuses pour y vivre en communauté. Dans son rapport du 28 la préfecture fait connaître qu'on a découvert à Paris 404 religieuses vivant par petits groupes dans 62 maisons. Ce n'étaient que des débris des congrégations supprimées ou dispersées. Environ 42 religieuses réparties en 8 maisons s'occupaient d'œuvres charitables et 54 divisées en 10 maisons se livraient à l'enseignement. On citait aussi des Carmélites. Le plus grand nombre tiraient leurs principales ressources de travaux à l'aiguille. Quelques-unes y ajoutaient le mince supplément de la pension ecclésiastique[1].

Sur un état statistique des congrégations religieuses du diocèse de Paris qui ne porte pas de date, mais qui doit être de 1807 ou de 1808, sont mentionnées onze congrégations non approuvées.

Cette situation n'est pas particulière à Paris et les rapports des préfets en signalent une toute pareille en province.

Dans l'Ouest, à Quimper, le préfet du Finistère, Miollis, dénonce avec d'autant plus d'âpreté les agissements congréga-

---

1. Boulay de la Meurthe, *Documents sur les Négociations du Concordat,* tome IV, p. 534, note I.

nistes qu'en les dénonçant, il pense atteindre son ennemi personnel, l'évêque du diocèse, Dombideau de Crouseilles. Les Dames de la Retraite sont une œuvre de l'évêché. C'est une raison pour qu'il essaie de provoquer leur disparition [1].

« Ces dames, écrit-il au conseiller d'État Réal, chargé du Iᵉʳ arrondissement de police, donnent des retraites. Ces exercices font entrer dans leur maison neuf ou dix fois par an, une foule considérable de personnes du sexe qui y accourent de tous les points du département et même des îles et viennent y chercher ce que les prêtres appellent la perfection.

« Elles y restent enfermées parfois au nombre de 150 à 200 pendant dix jours. Elles y observent un silence très rigoureux, assistent chaque jour à différentes instructions données par les prêtres, font une confession générale et terminent par la communion.

« Ces rassemblements ne peuvent qu'électriser les têtes dans lesquelles il est dangereux dans ces départements de l'Ouest d'introduire l'exaltation en fait d'idées religieuses. Elles tendent à soumettre en peu de temps toute la population à la domination de l'évêque.

« Ces femmes en revenant chez elles communiquent l'impulsion reçue à leurs maris et à leurs enfants. Elles peuvent être employées, si l'on veut, à diriger une aversion générale et héréditaire contre les acquéreurs de biens nationaux et même contre les actes des dépositaires de l'autorité civile. Ces sortes de pèlerinages sont déplacés en enlevant toutes ces personnes à leur ménage et à leurs soins domestiques.

« Les têtes sont si fanatisées par ces retraites auxquelles les prêtres excitent vivement, qui si l'on venait à apprendre dans ce pays que je vous ai écrit avec franchise, j'y perdrais sur-le-champ la confiance de la plus grande partie du clergé et de tous ceux que son influence dirige ici, je veux dire la confiance de la presque généralité.

1. Archives nationales, F7 8071.

« Si le gouvernement se décide à intervenir, il ne devra le faire qu'à une époque éloignée, en employant des moyens qui ne fassent pas soupçonner qu'il a été averti par des magistrats. »

Le gouvernement n'intervint pas.

Le gouvernement n'intervint pas davantage au sujet des Dames de la Visitation de Quimper qui beaucoup plus tard, en septembre 1811, seront dénoncées au ministre des Cultes comme « menant une vie contemplative oisive » et « éludant par une formule arbitraire du serment et par une restriction mentale la loi qui proscrit les vœux perpétuels ». Leur régime est extrêmement opposé à la raison, aux lumières du siècle, et à la politique de Sa Majesté. On y vit cloîtré sous une règle sévère qui s'applique également aux pensionnaires dont l'éducation sert d'excuse à l'objet véritable de l'institution.

« Vous aurez peine à croire, Monseigneur, lit-on dans le rapport du préfet, que ces enfants ne sont plus à la disposition de leur famille, qu'un indiscret prosélytisme les charge de l'habit, du voile, du crucifix des religieuses, et qu'ils ne peuvent jamais franchir la grille du couvent avec l'espérance d'y rentrer même en cas de mort de leurs parents [1]. »

Le préfet de la Mayenne adresse au même conseiller Réal une relation détaillée sur des faits analogues à Laval [2].

Il ne fut donné aucune suite à ces dénonciations.

Dans un long mémoire de juillet 1804, le procureur général de Poitiers, Moreau, se plaint vivement de ce qu'il n'y ait rien de changé dans le régime des maisons non autorisées.

« On continue à tenir clôture, à recevoir des sujets: Il est de notoriété publique que l'on y fait des vœux. Ces maisons ont des oratoires, des aumôniers spéciaux. La règle y est d'une austérité atroce, la nourriture mauvaise et insuffisante, et déjà plusieurs familles ont à regretter de malheureuses victimes dont la jeunesse et la santé n'ont pu résister aux épreuves

1. Archives nationales, F19 6299.
2. *Ibidem*, F7 8071.

du noviciat et qui ont péri sans même pouvoir jouir des derniers embrassements de leurs parents.

« De toutes parts s'élèvent des cris d'indignation contre ces associations subversives de l'intérêt général et dont le résultat est la spoliation des familles, le sacrifice absolu d'une liberté inaliénable et la perte totale pour la société de jeunes personnes intéressantes qui, cessant cet abus de séduction, seraient devenues d'excellentes mères de famille.

« Ces maisons vivent dans l'ombre et le mystère. Les précautions les plus sévères sont prises pour écarter tout œil profane et ce serait en vain qu'on essaierait d'arracher la vérité de la bouche des victimes. Un secret inviolable est la première loi qu'on leur impose, et, pour se dérober à la surveillance des autorités, le mensonge et le parjure sont les premières vertus qu'on leur apprend à pratiquer [1]. »

Le mémoire se termine par une demande d'instructions. Il ne vint pas d'instructions.

Les religieuses de l'Union chrétienne de Poitiers étaient-elles au nombre des associations ainsi signalées par le procureur général Moreau ? Probablement. Elles furent dissoutes par ordre du préfet, sans difficulté du reste, au début d'août 1804 parce qu'elles n'avaient pas voulu recevoir pour aumônier un ecclésiastique soumis au Concordat. La Petite Eglise sévissait dans le Poitou et il s'agissait sans aucun doute de sœurs associées à la Petite Eglise. On ne déploya à leur égard aucun appareil judiciaire et tout se fit avec discrétion.

Le préfet des Bouches-du-Rhône Thibaudeau tenait au sujet des Sœurs de la Solitude du diocèse d'Aix un langage semblable à celui du procureur général de Poitiers [2].

Ce haut fonctionnaire s'élevait contre cette communauté de femmes « dont la vie était toute de jeûnes et de mortifications », qui « manquaient des choses les plus nécessaires » et « recru-

1. Archives nationales, F7 8071.
2. Lévy-Schneider, *L'application du Concordat par un prélat d'Ancien-Régime Mgr Champion de Ciré, archevêque d'Aix (1802-1810)*.

taient de pauvres filles pour les faire à la lettre mourir de faim et de misère dans la plus dégoûtante malpropreté ».

Il raconte qu'à la suite d'une mortalité extrême, « des mères demandèrent à grands cris qu'on leur rendît leurs filles exténuées par les macérations et menacées par la contagion ».

Une descente de police opérée dans le local de la congrégation y trouva « un cloaque habité... par de hideux squelettes qui loin de se plaindre se félicitaient de gagner le ciel en se faisant mourir ».

D'un autre côté, on assurait que la mortalité était due seulement à l'humidité de l'immeuble.

Portalis refusa de présenter les statuts des Sœurs de la Solitude à l'approbation de l'Empereur si on n'y introduisait pas quelques dispositions rassurantes.

L'affaire des religieuses de Blois prit d'assez grandes proportions et mit aux prises, d'un côté le préfet et le procureur impérial, de l'autre l'évêque d'Orléans qui n'était autre que l'ancien abbé Bernier, un des plus actifs négociateurs du Concordat.

Le préfet du Loir-et-Cher, Corbigny, à la suite du décret du 22 juin 1804, avait fait connaître au conseiller d'État Réal l'existence à Blois d'une réunion de Carmélites, d'Ursulines, et de Dames de Sainte-Marie non autorisées. Le procureur impérial était allé plus loin en faisant auprès de tous les ministères des démarches pour obtenir leur expulsion de la maison où elles s'étaient rassemblées.

Mais l'évêque soutient énergiquement ses religieuses. Leur expulsion produirait partout le plus mauvais effet, car partout il y a des réunions semblables. Rien qu'à Paris, il en existe plus de vingt. Il n'y a qu'à les laisser vivre en les empêchant de se perpétuer, ce à quoi il veillera. Et, de la défensive passant à l'offensive, il attaque à son tour le préfet, lui reprochant d'avoir lui-même donné l'exemple de ce dont il fait un crime à l'autorité épiscopale. Le préfet s'est fait évêque en prétendant régler la discipline intérieure d'une communauté qui est son œuvre, œuvre d'ailleurs mal venue parce que composée de religieuses dissidentes, de brebis égarées.

« Si la loi qui prohibe les vœux a été violée, écrit Bernier au ministre des Cultes le 17 août 1804, elle l'a été par M. le préfet. Il a de son propre mouvement et de sa seule autorité rétabli la congrégation des Sœurs de Montoire qui faisaient des vœux. Il leur a permis de se perpétuer par des novices. Il a fixé leur chef-lieu à Vendôme. Il leur a enjoint de lui présenter des règlements de discipline intérieure qu'il approuverait. Cela vous étonne. A peine en croirez-vous vos yeux quand vous lirez que M. Corbigny se constitue régulateur de la discipline intérieure d'une congrégation de filles. Robert d'Arbriselles ne s'attendait pas à trouver un jour un tel rival. Cependant, tout cela était consigné dans un long arrêté. Je m'en suis plaint, et l'Empereur sur le rapport du ministre des cultes a cassé l'arrêté. Comment après cela Corbigny peut-il m'accuser d'avoir violé la loi ? Que sera-ce si j'ajoute que cette communauté fondée par lui n'était composée que de religieuses fanatiques et dissidentes qu'il a été obligé de chasser lui-même du département par ordre du Grand Juge [1]. »

Le 30 juillet 1804, à l'occasion du décret du 22 juin qui visait surtout les Pères de la Foi, mais dans sa teneur littérale était susceptible d'une large extension, le ministre des Cultes Portalis dans une lettre au conseiller d'Etat Réal fixait lui-même la ligne de conduite toute bienveillante à garder à l'égard des anciennes religieuses et il la justifiait d'une manière très humaine [2].

« Les personnes qui composaient les anciens monastères existent encore pour la plupart. Elles n'ont qu'une modique pension qui ne suffirait pas pour les faire subsister d'une manière isolée. Il me paraît donc aussi humain que raisonnable qu'on ne les empêche pas de vivre en commun, pour qu'en réunissant leurs moyens, elles aient plus de facilité

1. Archives nationales, F⁷ 8063.
2. *Ibidem*, F⁷ 8063.

pour vivre. Elles se servent mutuellement. La vie commune est moins coûteuse pour chacun des individus qui se rassemblent sous le même toit. Les personnes âgées ou infirmes sont secourues par celles qui ont le plus de santé et le plus de forces. On doit veiller seulement à ce qu'elles ne reçoivent plus de novices et à ce qu'elles ne fassent plus faire de professions solennelles à des agrégées. »

En dehors des grandes congrégations reconnues par l'Etat, il a pu ainsi subsister dans l'Empire une foule de minuscules communautés non autorisées par lui. Par prudence, elles ne sont pas sans prendre quelques précautions, et, quand elles ont affaire à des procureurs ou à des préfets très zélés et très rigoristes, elles ne sont pas sans inquiétude sur leur sort toujours incertain et précaire. Elles subsistent néanmoins. Elles vivent, et, en vivant, elles attendent. Le temps est un grand maître, un souverain monarque. Même réunies elles sont bien peu nombreuses à côté de l'immense armée approuvée et subventionnée soit par le gouvernement lui-même, soit par les municipalités. Dans cette grande armée, elles représentent à peine un régiment.

Mais ce seront elles qui assureront la continuité des congrégations contemplatives. Elles seront comme les tisons qui dorment sous la cendre et dont on soupçonne à peine la présence. Que la cendre vienne à être écartée, qu'un souffle de vent se fasse sentir, et le feu se réveillera. C'est ainsi que sous la Restauration les ordres contemplatifs se développeront à nouveau. Tous ces petits foyers dispersés grandiront, s'agrégeront les uns aux autres. Ces religieuses disséminées un peu partout fourniront les cadres des grands ordres contemplatifs qui naîtront ou qui renaîtront.

CHAPITRE XI

TABLEAU GÉNÉRAL DES CONGRÉGATIONS DE FEMMES DE L'EMPIRE FRANÇAIS D'APRÈS LES ENQUÊTES DU GOUVERNEMENT

En 1806, à la suite du Chapitre général des Religieuses hospitalières, l'Empereur fit procéder dans tout l'Empire à une grande enquête sur la congrégations religieuses de femmes. Cette enquête fut menée à la fois par les préfets et par les évêques. Elle ne fut pas sans donner lieu à de nombreuses difficultés. Les intéressées n'en comprirent pas en général le but et prêtèrent au gouvernement des intentions autres que les siennes. C'est ainsi qu'elles en arrivèrent à croire que leur existence même était en danger. Quand on leur demandait des renseignements sur leurs ressources d'ordre divers, elles se montraient peu disposées à les faire connaître parce qu'elles pensaient que cette inquisition préparait quelque spoliation prochaine.

« Mes tableaux, écrit l'évêque de Valence, Bécherel, ont donné beaucoup d'embarras pour leur confection. On se défie ici, je ne sais pourquoi, de tout ce qui vient du gouvernement. On ne veut pas s'expliquer parce qu'on a des craintes. Sur quoi ces craintes sont-elles fondées ? Je n'en sais rien. Il en est de même sur les renseignements qu'on a demandés relativement aux revenus des églises, des fabriques. Des mal intentionnés ont répandu le bruit que le gouvernement ne faisait ces perquisitions qu'afin de s'emparer de ce qu'on pouvait avoir. Sans doute, c'est une calomnie, mais il n'en est pas moins vrai qu'elle a été répandue et qu'on refuse les éclaircissements nécessaires[1]. »

Les évêques de Meaux, de Dijon, de Cahors ne s'expriment pas autrement. Les préfets de la Haute-Marne, du Calvados ne tiennent pas non plus un autre langage. Malgré les précautions prises, malgré les ménagements, ils ne parviennent pas à dissiper l'inquiétude générale[2].

« Des demandes de ce genre, déclare le préfet du Loiret, répandent d'ordinaire parmi les associations dont il s'agit, tant de petites inquiétudes et sont l'objet de tant de minutieux ménagements de la part des autorités locales, que ce n'est qu'à force d'insistances et en les réitérant sans cesse qu'on obtient des renseignements... Beaucoup de petites associations ne demandent qu'à rester dans l'obscurité et même dans l'espoir de l'incognito qui les dérobe aux changements de forme, ou de direction, ou de dénomination qu'elles présument que le gouvernement veut exiger d'elles[3]. »

A côté de la statistique matérielle qui a pour objet de faire connaître à propos de chaque congrégation le nombre de ses maisons, de ses membres, des malades qu'elle soigne, des enfants qu'elle instruit, ou encore, les ressources dont elle dispose, il est une autre statistique, la statistique morale qui porte sur la discipline, les tendances, l'esprit en un mot des congrégations. Si nous possédons la première, la seconde nous fait à peu près complètement défaut. Au point de vue matériel même, les revenus de chaque association nous échappent, parce que pas plus que les individus, ces collectivités ne veulent révéler au gouvernement leur fortune. Les données numériques en ce qui concerne les hospitalisés et les élèves doivent aussi être accueillies sous réserves.

1. Archives nationales, F[19] 6294.
2. Ibidem, F[19] 6295 et 6296.
3. Ibidem, F[19] 6299.

II

Les congrégations religieuses à la fois hospitalières et enseignantes sont installées dans 1 132 maisons. Elles comptent 5 977 religieuses dont 815 novices soignant 52 513 malades. instruisent 35 846 élèves dont 24 470 gratuites et 11 376 payantes.

En première ligne, au point de vue de l'importance figurent les Sœurs de Saint-Vincent-de-Paul avec 274 maisons, 1 653 religieuses et 121 novices, soignant 28 819 malades.

Après elles viennent les sœurs de la Charité de Nevers avec 363 membres dans 76 maisons ; les Sœurs de Saint-Thomas-de-Villeneuve avec 332 membres dans 34 maisons ; les sœurs de Saint-Laurent-sur-Sèvres avec 549 membres dans 87 maisons ; les sœurs de la Doctrine chrétienne ou Vatelottes de Nancy avec 207 membres dans 93 maisons, les Sœurs d'Ernemont avec 138 membres dans 49 maisons, les Sœurs de la Charité de Besançon avec 172 membres dans 32 maisons ; les Sœurs de la Charité d'Evron avec 257 membres dans 80 maisons.

Les établissements purement hospitaliers au nombre de 268 renfermaient 2 955 religieuses soignant 22 644 malades.

Les congrégations exclusivement enseignantes exerçaient dans 594 maisons avec 6 790 sœurs et donnaient l'enseignement à 27 779 élèves dont 16 872 gratuires et 10 907 payantes.

Enfin, les maisons de Refuge en y ajoutant quelques autres maisons étaient au nombre de 63 avec 745 religieuses.

En totalisant tous ces chiffres, on se trouve finalement en présence dans l'Empire de 2 057 maisons religieuses qui abritent 16 447 religieuses, secourent 94 915 malades et distribuent l'enseignement à 63 948 élèves dont 41 563 dans les écoles gratuites et 22 385 dans les écoles payantes.

Quant aux observations qui accompagnent les données statistiques, elles se résument dans un éloge de tous les établissements autorisés.

« En général, conclut l'auteur du rapport d'ensemble, les religieuses enseignent à leurs élèves les principes de la religion, la lecture, l'écriture, l'arithmétique, l'orthographe, la géographie et les éléments et l'histoire. Presque partout elles leur apprennent en outre des travaux manuels et toujours le produit du travail des élèves tourne à leur propre avantage ou au secours des pauvres ainsi que le produit des pensions lorsqu'il excède les besoins de la maison.

« Il n'est parvenu jusqu'à ce jour des réclamations que de la part des préfets du Puy-de-Dôme et du Cantal. Encore ces réclamations portent-elles moins sur l'existence de ces congrégations que sur les formes monastiques qu'ils avaient reconnues dans quelques-unes. D'ailleurs les autorités ne cessent de rendre les témoignages les plus encourageants aux Sœurs, à leurs vertus, à leur zèle et aux avantages produits par leur institution. MM. les évêques, les préfets et les maires sont tous d'accord sur ce point[1]. »

La ville de Paris intéressant d'une façon particulière le gouvernement, ses établissements sont l'objet d'une surveillance spéciale portant à la fois sur l'esprit des supérieures et de leurs subordonnées, ainsi que sur celui de leurs aumôniers et de leurs directeurs spirituels. Ce n'était pas un policier qui avait rédigé les fiches concernant tout le personnel congréganiste parisien, c'était un ecclésiastique chargé par la police de cette mission. C'est ce qu'apprend lui-même le ministre de la police Savary dans une lettre à l'Empereur :

« L'état de ces couvents, écrit-il, a été dressé par la Préfecture et les notes qui sont dans la colonne d'observations ont été faites par un prêtre d'un bon esprit, mais qui connaît le monde ». « Votre Majesté remarquera, ajoutait-il, que plusieurs de ces couvents ont des pensionnaires et soignent l'édu-

1. Archives nationales, F[19] 6293.

cation. Je pense que le ministre des Cultes doit prendre en grande considération les abus qui peuvent résulter des principes qui animent ces religieuses, mais il y aurait de l'inconvénient à les supprimer toutes parce que ce sont à peu près les seules maisons qui se livrent à l'éducation des demoiselles à Paris [1]. »

1. Archives nationales, F[19] 6310.

CHAPITRE XII

VUES D'ENSEMBLE FINALES

La question de la résurrection et de la vie des congrégations religieuses au temps de Napoléon est inséparable d'une autre question qui la domine, celle de la rechristianisation de la France par Napoléon. Le ciment le plus nécessaire aux sociétés humaines, c'est à ses yeux le ciment religieux, parce qu'il n'en est pas de plus pur, de plus homogène, et, par là même, de plus solide. Ses convictions à cet égard n'ont rien de sentimental. Son point de vue est tout réaliste, exclusivement politique, sociologique même, comme diraient nos philosophes contemporains. Une nation est une armée et cette armée, qui comprend le pays tout entier, ne peut être forte que si elle est soumise à une robuste discipline morale, et il n'est pas de plus robuste discipline de ce genre que la discipline catholique. La pacification des consciences opérée dès le début du Consulat par le Concordat est donc seulement le commencement et non l'achèvement de l'œuvre napoléonienne au point de vue religieux. Elle doit se poursuivre, se fortifier et se compléter par une pénétration étendue et profonde des croyances dans toutes les classes, en particulier dans les classes les plus nombreuses, les plus sujettes aux troubles sociaux, les classes populaires.

« Moi aussi, je suis philosophe, avait-il déclaré tout haut aux curés de Milan dans une réception officielle, et je sais que dans une société quelle qu'elle soit, nul homme ne saurait passer pour vertueux et juste, s'il ne sait d'où il vient et où il va. Nulle société ne peut exister sans morale et il n'y a pas de morale sans religion. Il n'y a donc que la religion qui donne à l'État un appui ferme et durable. Une société sans religion est comme un vaisseau sans boussole. »

« La France instruite par ses malheurs a enfin ouvert les yeux ; elle a reconnu que la religion catholique était comme une ancre qui seule pouvait la fixer dans ses agitations. »

Quoi que l'on pense et de la religion et des congrégations religieuses dont la religion est l'âme, on ne peut nier la toute-puissance du sentiment religieux attestée par ses effets. C'est ce sentiment porté à un très haut degré, au degré supérieur de la mysticité, qui est le principe générateur de la vie monastique. Quand des hommes ou des femmes se rassemblent pour mener une telle vie, qu'ils poursuivent tous le même but de toutes leurs facultés individuelles centuplées par l'associa_tion, ils constituent une force collective dont aucune autre n'approche.

Au lieu de travailler pour lui-même et pour les siens, le Congréganiste qui des siens s'est volontairement séparé ne travaille que pour la Société à laquelle il appartient. A côté du Ciel, la terre ne compte pas, et les seules, les vraies récompenses qu'il attende sont non entre les mains des hommes, mais au pouvoir de Dieu. Ce qui pour d'autres est lourd et difficile, devient ainsi pour lui léger et aisé. Tout son être, tant physique que moral, est au service de cette vaste famille qu'est l'ordre dans lequel il est entré. Son honneur, son avenir, son existence se confondent avec l'honneur, l'avenir, l'existence de cette famille. De là la merveilleuse puissance des congrégations, créatrice de grandeur, de richesses, de prospérité pour toutes les œuvres auxquelles elles se consa-crent, parce que chacun de ses membres s'y donne sans réserves, de tout son cœur.

Cette puissance merveilleuse, dont on ne trouve nulle part ailleurs l'équivalent, même les moins clairvoyants et les plus obstinés à se crever les yeux, sont obligés de la reconnaître et, la reconnaissant, de l'admirer s'ils lui sont favorables, de l'envier et de la craindre s'ils lui sont hostiles. Napoléon, avec son intuition de psychologue, ne pouvait la méconnaître, et, dans l'intelligence qu'il en avait, ne pas l'utiliser. Il a alors entrepris de la capter comme on capte les sources d'un fleuve dont on règle le cours, distribue les eaux, en le canalisant, le contenant par des digues, pour l'asservir à tous les besoins de l'agriculture et de l'industrie humaine.

L'Empereur est une « Seconde Providence » et le service de l'Empereur se confond avec le service de Dieu, la Première Providence. Mais, Dieu est loin et Napoléon est près. C'est ainsi qu'en fait, sinon en droit, la Seconde Providence passe avant la Première, prêtant à Dieu ses propres fins, et se faisant, en son nom même, servir avant lui et à sa place. C'est ainsi que des Congrégations il fait ses servantes, des servantes qui n'ont aucun droit et qui ont tous les devoirs. Il leur accorde la vie et, quand il leur a concédé la vie, il croit qu'elles lui doivent tout et qu'il ne leur doit rien.

Adorer Dieu en ne faisant qu'adorer Dieu, n'est pas licite, et la contemplation, la « spéculation oisive » est interdite. Napoléon laissera vivre ou plutôt mourir au fond de quelques couvents obscurs des religieuses septuagénaires, mais il condamnera à mort ces réunions en leur défendant tout recrutement. Pour avoir la faculté légale de s'associer, il faut se mettre au service de l'État par un contrat. A ce contrat l'État trouve tout bénéfice. Il restitue quelques immeubles confisqués qui ont échappé à la vente des biens nationaux et dont il ne sait que faire. Il complète ces restitutions par de parcimonieuses subventions. C'est tout. En retour, les congrégations soigneront dans les hospices, les hôpitaux ou à domicile les infirmes, les vieillards et les malades, elles élèveront les orphelins, elles corrigeront les filles repenties. Elles ouvriront des écoles où les enfants pauvres seront admis gratuitement, et, en échange de quelques sous à peine suffisants pour assurer leur existence, elles dirigeront des écoles communales. L'assistance publique et l'instruction publique ne coûteront de la sorte à peu près rien au Trésor.

Passionné d'unité, l'Empereur a l'ambition d'unifier les congrégations. S'il lui était donné de la satisfaire, il n'y aurait dans l'Empire que deux congrégations, une unique congrégation hospitalière et une unique congrégation enseignante formée de toutes les congrégations enseignantes. La première aurait le monopole de l'assistance, la seconde, le monopole de l'enseignement. De l'éducation nationale, il serait ainsi le maître dans les écoles de tout degré et de toute nature. Le culte de l'Empereur, de sa famille auquel se rattache le culte des institutions impériales, serait inscrit en tête de ses statuts.

Cet audacieux projet si napoléonien n'a pas été réalisé. L'Empereur incapable de vaincre l'individualisme des religieuses hospitalières ne parviendra pas à les unifier. Le temps lui fera défaut pour unifier les religieuses enseignantes, et sa pensée, à cet égard, n'arrivera même pas à se fixer. Il incorporera bien à l'Université les Frères de la doctrine chrétienne, et, par cette incorporation, il préparera un monopole congréganiste de l'enseignement primaire ; mais, dans l'enseignement secondaire, en dépit de ses efforts pour en faire une congrégation laïque à défaut d'une congrégation religieuse, l'Université n'aura pas cette unité morale qui fait les congrégations.

Très différente est l'attitude de Napoléon à l'égard des associations masculines et à l'égard des associations féminines. C'est qu'il ne craint presque pas la femme et qu'il redoute l'homme. Confinée dans sa mission hospitalière ou enseignante, la femme, au foyer religieux comme au foyer domestique, vit obscure et cachée. A la vie administrative, politique et sociale, elle n'est point mêlée, ne portant pas ses regards pardessus les murs de son couvent. Il en va autrement de l'homme. Même sous le froc, il ne cesse pas d'être citoyen. Seul l'ermite tel que le connut le christianisme des premiers âges demeure étranger à la cité qu'il a fuie pour se retirer au milieu des déserts où n'arrive aucun écho humain. Mais, du moment qu'il est un actif, qu'il prêche ou qu'il enseigne, il devient dangereux aux yeux de l'Empereur parce qu'en sa personne il voit toujours non un soldat à lui soumis à la discipline générale de son armée, mais un soldat d'une armée étrangère, servant sous d'autres drapeaux, les drapeaux du pape.

Le marché que Napoléon passe avec les congrégations est pour elles au point de vue humain un véritable marché de dupes. Cependant, ce marché de dupes, elles l'acceptent, non seulement avec empressement, mais avec reconnaissance, et, une fois qu'elles l'ont signé, en observent scrupuleusement les clauses. C'est qu'elles ne se placent pas à ce point de vue humain, mais au point de vue divin, peut-être intelligible pour elles seules, c'est que les enflamme ce que dans le décret de reconnaissance des Sœurs de Saint-Vincent de Paul, on appellera « l'enthousiasme de la charité » et qui, de son vrai nom, s'appelle l'amour de Dieu.

En payant à un si haut prix matériel le droit d'exister, les Congrégations connaîtront-elles la paix et la sécurité ? Non. Telle est la crainte qu'elles inspirent toujours à Napoléon, qu'il les charge de chaînes. C'est lui qui signe leur acte de naissance. C'est lui qui, en les plaçant sous la juridiction des évêques, les place en réalité, sous sa propre juridiction. C'est lui qui les soumet au contrôle incessant de tous ses agents, magistrats, préfets, sous-préfets, commissaires généraux et commissaires spéciaux. La vie faite aux associations religieuses sous le Consulat et l'Empire est très dure et très pénible pour elles.

Depuis 1800 jusqu'à la date de l'ouverture du duel entre l'Empereur et le pape, il n'y a pas de cause grave de conflit entre le gouvernement et les congrégations, à part l'affaire des Pères de la foi qui faillit se terminer pacifiquement ; mais, à partir de cette date, tout change. Les Trappistes se voient chassés des monastères où ils étaient entrés avec l'autorisation impériale, où même ils avaient été appelés. Les Prêtres des Missions Etrangères, les Lazaristes, les Pères du Saint-Esprit se voient retirer leur approbation. Les Sulpiciens sont mis à la porte de leurs séminaires. Il n'est pas jusqu'aux religieuses, jusqu'aux Filles de la Charité qui ne se voient menacées. Tous les couvents de Paris sont épiés par les policiers, et le préfet de police dans ses fiches proposera la suppression de tous ceux qui ont ou auxquels on prête des idées extraordinaires.

Quels prodiges, avec l'immense, l'infinie puissance des Congrégations, n'aurait pas cru ne pouvoir réaliser Napoléon si en même temps qu'empereur il eût été pape ! Au lieu d'être subordonnées à deux autorités différentes, l'une temporellement l'autre spirituellement supérieure, les congrégations n'auraient été soumises qu'à une seule et même autorité à la fois temporelle et spirituelle incarnée dans la même personne. A cette autorité elles auraient obéi comme on obéit à Dieu même. Il n'y aurait pas eu de troupes plus vaillantes, plus dévouées et plus disciplinées. Elles auraient remporté toutes les victoires. Elles auraient construit la France à l'image de sa pensée parce qu'il aurait été le maître de leur âme.

Mais leur âme, les Congrégations ne voulurent pas la livrer à Napoléon, et, c'est en raison de ce refus qu'il ne se départit point à leur égard de cette rigueur qui est un effet de la crainte. De quoi a-t-il donc peur ? Il a peur d'un principe mystérieux invisible, subtile, si subtile qu'il échappera toujours aux Fouché et aux Savary, qu'il lui échappera toujours à lui-même. Il a peur de l'esprit, de cet esprit dont il est jaloux parce qu'il n'est pas à lui, qu'il est à Dieu.

____

SOURCES

Archives départementales de Maine-et-Loire. — Série V. Congrégations.

Archives du Ministère des Affaires Étrangères. — Correspondance Rome 935 à 944.

Archives Nationales.

AF^{IV} 1036
1054
1065
1316

F^7 2259-2260
3001-3002
3021
6294
6486
6497
6509
6558
6573 à 6577
8058 à 8071
8397
8484 à 8486

F^{19} 136
312-313
474
481
1075
5659 à 5707
6252
6283 à 6301
6310
6424 à 6428

BIBLIOGRAPHIE

Annales de l'institut des Frères des écoles chrétiennes, 2 vol. in-8°. Paris, Procure générale, rue Oudinot, 1883.

Annales philosophiques, morales et littéraires ou *Suite des Annales catholiques*. Paris, chez Leclère. Tome I (1800). — Tome II (1800). — Tome III (1801).

Annales morales et littéraires. Paris, Adrien Leclère. Tome I (an XII-1804). — Tome II (an XII-1804). — Tome III (1805).

Anonyme, Souvenirs d'un écolier des Jésuites en Angleterre (New-Monthly Magazine), traduction de M. Lesourd, *Revue de Paris*. Tomes VI et VII, année 1829.

Anonyme, *Histoire populaire illustrée de l'abbaye de Maison-Dieu. Notre-Dame de la Grande-Trappe* par un Religieux de ce monastère, Librairie religieuse Oudin, Paris, 1895, 1 vol. in-8°, ix-285 p.

Anonyme, *Vie du R. P. Dom Urbain Guillet, fondateur de la Trappe de Bellefontaine* par un Religieux de ce monastère, La Chapelle-Montligeon, Imprimerie-Librairie Notre-Dame de Montligeon, 1899.

Anonyme, *Vie de la Très-Révérende Mère Thérèse de Bavoz abbesse de Pradines, fondatrice des Bénédictines du Très-Sacré-Cœur de Marie*, Paris, Victor Palmé. Angers, Lachèse-Belœuvre et Dolbeau, 1 vol. in-8°, 1870.

Anonyme, *Histoire abrégée de l'ordre des Clarisses de Sainte-Claire d'Assises*, édition des monastères de Clarisses, Desclées, Lyon, 1906, 2 vol. in-8°.

Anonyme, *Vie du R. P. Loriquet, de la Compagnie de Jésus* écrite d'après sa correspondance et ses ouvrages inédits, Paris, Poussielgue-Rusand, 1 vol. in-18, 1845, viii-386 p.

Anonyme, *Notes sur les anciennes communautés religieuses à Calais. Religieuses bénédictines*. Calais, Imprimerie Le Roy, 1865.

Anonyme, *Vie de la R. M. Marie-Thérèse de Soyecourt. Carmélite,* précédée d'une notice sur le monastère de la rue de Grenelle et de précieux souvenirs contemporains par l'auteur du Mois du Sacré-Cœur, Paris, Jules Vic, 1878, 1 vol. in-8°, xlviii-300 p.

Anonyme, *Un ancien aumônier du Sacré-Cœur. Vie de Mme de Gerlache, religieuse de la Providence puis du Sacré-Cœur de Jésus de Charleville.* H. Castemain, Tournai, 1869, 1 vol. in-8°, ix-436 p.

Aubineau (Léon), *Vie de la R. M. Emilie, fondatrice et première supérieure générale des Religieuses de la Sainte-Famille à Villefranche-de-Rouergue (Diocèse de Rodez).* Paris, Louis Vivès, 1855, 1 vol. in-8°, 450 p.

Aulard (A.), *Paris sous le Consulat,* 4 vol. in-8°, Paris, Léopold Cerf, Maison Quentin.

Barrau (abbé), *Vie de Mme de la Girouardière, fondatrice de l'hospice des Incurables et des filles du Sacré-Cœur de Marie de Baugé.* Angers, Lachèse et Dolbeau. Paris, Lethielleux, 1879, 1 vol. in-8°, 459 p.

Batault (abbé), *Notice historique sur l'association des Dames de la Miséricorde de Châlon-sur-Saône.* Châlon-sur-Saône, janvier 1878.

Baunard (Mgr), *Histoire de Mme Duchesne, religieuse de la Société du Sacré-Cœur de Jésus et fondatrice des premières maisons de cette société en Amérique.* 1 vol. in-8°, xxxi-507 p.

Baunard (Mgr), *Histoire de la Vénérable Mère Sophie Barat, fondatrice de la Société du Sacré-Cœur de Jésus,* 2 vol. in-8°. Paris, Poussielgue, 1883.

Bellevue (Comte de), *L'hôpital Saint-Yves de Rennes et les Religieuses augustines de la Miséricorde.* Rennes, 1895, 1 vol. in-12.

Boulogne (Mgr de), évêque de Troyes, *Mélanges de Religion, de Critique et de Littérature,* 3 vol. in-8°. Paris, Leclère, 1827.

Bouyac (abbé), *La R. M. de la Fare, supérieure du Saint-Sacrement de Bollène et fondatrice des maisons d'Avignon et de Carpentras.* Avignon, Roumanille, 1888, 1 vol. in-8°, xii-364 p.

Bulletin des Lois (Collection du).

Burnichon (Joseph), *La Compagnie de Jésus en France. Histoire d'un siècle (1814-1914),* tome Ier. Paris, Beauchesne, 1914, 1 vol. in-8°.

Calhiat, *Mme Genyer, fondatrice des Sœurs de la Miséricorde de Moissac.*

Cedor (abbé Th.), *Un couvent de religieuses anglaises à Paris.* 1891, 1 vol. in-18.

Chalubert (abbé G.), *Un prieuré de Fontevrault au XIXe siècle. Sainte-Marie de Fontevrault de Chemillé.* Angers, Imprimerie du Patronage Saint-Vincent de Paul, 1 vol. in-12, xviii-320 p.

CHAPIET (abbé), *Vie de la R. M. Alex. Le Clerc et l'histoire de la Congrégation de Notre-Dame.*

CHAPTAL (Comte), *Souvenirs du comte Chaptal sur Napoléon,*

CHEVALIER (Alexis), *L'Hôtel-Dieu de Paris et les Sœurs Augustines.* Paris, Champion, 1901, 1 vol. in-8°, xxiv-533 p.

— *Les Frères de la Doctrine chrétienne et l'Enseignement primaire avant la Révolution.*

COSNIER, *Les Sœurs hospitalières d'Angers. Souvenirs de Saint-Jean et de Sainte-Marie.* Paris, Lecoffre, 1882, 1 vol. in-12.

COUANIER DE LAUNAY, *Histoire des religieuses hospitalières de Saint-Joseph.* 2 vol. in-8°, Paris, 1867.

COUDRIN (Auguste), *Vie de l'abbé Coudrin, fondateur de la Congrégation des Sacrés-Cœurs de Jésus et Marie et de l'Adoration perpétuelle du T. S. Sacrement.* Paris, 1846.

DELACROIX (abbé), *Monseigneur de Boulogne, évêque de Troyes.* Paris, 1886.

DELAPLACE (R. P.), *La R. M. Javouhey, fondatrice de la Congrégation Saint-Joseph de Cluny. Histoire de sa vie, des œuvres et missions de la Congrégation.* Paris, Lecoffre, 1886, 2 vol. in-12.

— *Vie du T. R. P. Jean-Baptiste Rauzan, fondateur de la Société des Missions de France.* Paris, Rue François Ier, 1892, 1 vol. in-12, xxiii-416 p.

DUDON (Paul), Articles divers dans les *Études.*

DURAND (abbé Albert), *Un prélat constitutionnel. Jean-François Périer.* Paris, Bloud, 1908, in-8°, xix-416 p.

FAIN (Baron), *Mémoires* publiés par son arrière-petit-fils. Paris, Plon, 1 vol. in-8°.

FRANCOZ (Louise), *Le Mont Cenis sous Dom Gabet. Histoire générale de Dom Gabet.* Lyon, Imprimerie catholique, 1877, 1 vol. in-12, ix-216 p.

FILLON (abbé G.). *Marie de Longevialle, en religion sœur Marie Bernard. Trappistine.* Lyon, Briday. Paris, Doniel.

FONTENEAU (R. P.), *Histoire de la Congrégation de la Sagesse.* Paris, Oudin, 1878, 1 vol. in-8°, 546 p.

GAZIER (Cécile), *Après Port-Royal. L'ordre hospitalier des Sœurs de Sainte-Marthe de Paris (1713-1918).* Paris, Librairie Ambert, ix-308 p.

GIRARD (abbé), *Vie de la Bienheureuse Françoise d'Amboise.* 2 vol.

GRANDIDIER (Père F.), *Vie du R. P. Achille Guidée.* Paris, Victor Sarlat. Amiens, Lambert-Caron. 1867, 1 vol. in-12, vi-420 p.

— *Notices historiques sur quelques membres de la Société du Sacré-Cœur,* Paris, Doniol, 1860, 2 vol. in-12.

GRANDMAISON (Geoffroy de), *La Congrégation (1804-1830)*. Paris, Plon et Nourrit, 1890.

GRANDMAISON (Léonce de), *Sainte Sophie Barat*. Collection « Les Saints ».

GRENTE (Mgr Georges), *Sainte Marie-Madeleine Postel*. Collection « Les Saints ».

GRENTE (abbé Joseph), *Le culte catholique à Paris de la Terreur au Concordat*. Paris, Lethielleux, s. d., 1 vol. in-12, II-405 p.

GUILLAUME (abbé), *Vie épiscopale de Mgr Antoine-Eustache Osmond, évêque de Nancy*. Nancy, Wagner, 1862, 1 vol. in-8°, 695 p.

HAUTERIVE (Ernest d'), *La police secrète du Premier Empire*. Bulletins quotidiens adressés par Fouché à l'Empereur. 3 vol. in-8°. Perrin.

HELYOT et BADICHE, *Dictionnaire des Ordres monastiques* (encyclopédie de Migne).

HUE (Dr François), *Histoire de l'hospice général de Rouen*. Rouen, A. Lestringant, 1903, 1 vol. in-8°.

ISAMBERT, *Recueil général des anciennes lois françaises*. Paris, Le Prieur.

LA GORCE (Pierre de), *Histoire religieuse de la Révolution française*. Paris, Plon, 5 vol. in-8°.

LANZAC DE LABORIE, *Paris sous Napoléon*. Tome IV. La Religion. — Tome V. Assistance et Bienfaisance.

LARREY (Baron), *Madame Mère (Mater Napoleonis)*, essai historique. Paris, Dentu, 1892, 2 vol. in-8°.

LAUNAY (Adrien), *Histoire générale de la Société des Missions étrangères*. Paris, Téqui. 1894, 3 vol. in-8°.

LÉCESTRE. *Lettres inédites de Napoléon*. Paris, Plon et Nourrit.

LEGOUX (Mgr), *La Bienheureuse Marie-Madeleine Postel, fondatrice de l'Institut des Sœurs de la Miséricorde, dites aussi, des écoles chrétiennes*. Société Saint-Augustin. Desclées.

LÉVY-SCHNEIDER, *L'application du Concordat par un prélat d'Ancien Régime. Mgr Champion de Cicé, archevêque d'Aix (1802-1810)*. Paris, Rieder, 1 vol. in-8°, XIV-604 p.

LYONNET (Abbé), *Histoire de Mgr d'Aviau du Bois de Sansay, archevêque de Bordeaux*. Paris, Lecoffre, 1847.

— *Le cardinal Fesch, archevêque de Lyon*. Paris-Lyon, Périsse, 1841, 2 vol. in-8°.

MADELAINE (P. Godefroy), *Essai historique sur l'abbaye de Mondaye*, Caen, Leblanc-Hardel, 1874, 1 vol. in-8°, VI-524 p.

MADELIN (Louis), *La Rome de Napoléon. La domination française à Rome de 1809 à 1814*. Paris, Plon, 1 vol. in-8°, 727 p.

Maillaguet (Abbé), *Le Miroir des ordres et Instituts religieux en France*. Avignon, Amédée Chaillot, 1865, 2 vol. in-8°.

Marco de Saint-Hilaire, *Napoléon au Conseil d'État*. Paris, Victor Mayer, 1843, 2 vol. in-8°.

Maugeure (Abbé), *Sainte-Ursule et ses légions*. Société Saint-Augustin. Desclées, 1 vol. in-8°.

Mélanges de philosophie, d'histoire, de morale et de littérature (Suite des *Annales catholiques* et des *Annales littéraires et morales*). Paris, Adrien Leclère, années 1807 et 1808.

Moniteur universel (Collection du).

Morey (Abbé), *Anne de Xaintonge et les Ursulines du Comté de Bourgogne*.

Napoléon, *Correspondance*.

Pelet de la Lozère, *Opinions de Napoléon sur divers sujets de politique et d'administration* recueillies par un membre du Conseil d'État. Paris, Firmin Didot, 1 vol. in-8°.

Penaud (Abbé G.), *Le confesseur de la foi Étienne Denis. curé d'Azerables, fondateur de l'ordre du Verbe incarné*, Paris, Victor Palmé, 1885, 342 p.

Perron (R. P. Stanislas), *Vie du R. P. Coudrin, fondateur de la Congrégation des Sacrés-Cœurs de Jésus et Marie*. Paris, 1900, 1 vol. in-8°.

Poirier (Abbé A. D.), *La R. M. Saint-Benoît (Charlotte-Gabrielle Rainfray), fondatrice et première supérieure générale des Ursulines de Jésus*. Tours, Mame, 1 vol. in-12, xv-536 p.

Postel (Abbé V.), *Histoire de Sainte Angèle de Merici et de tout l'ordre des Ursulines*. Paris, Poussielgue, 1878, 3 vol. in-8°.

Pouan (Chanoine), *Un siècle des Annales de la Présentation (1744-1843) pour faire suite à la vie de la V. M. Marie Poussepin*. Bar-le-Duc, 2 vol. in-8°, 1903-1906.

Pouget (P.), *Vie de Mlle de Lamourous, fondatrice et première supérieure de la Maison de la Miséricorde de Bordeaux*. Lafargue, 1857, 1 vol. in-12, x-450 p.

Raimbert (A.), *Guide de la vie religieuse*. Tome II. Congrégations de femmes.

Régnaud de Saint-Jean d'Angély (Collection de), *Avis et rapports de l'ancien Conseil d'État*. 46 vol. in-8°. Recueils factices. Bibliothèque du Sénat.

Ricard (Mgr), *Le cardinal Fesch, archevêque de Lyon*. Paris, Dentu, 1883, 1 vol. in-8°, xiv-392 p.

Rigaud (R. P.), *Vie de la bonne sœur Élisabeth Bichier des Ages, fondatrice des Filles de la Croix dites Sœurs de Saint-André*.

RICHAUDEAU (P.), *Les Ursulines de Blois ou Deux cent trente ans d'un monastère*. Paris, Lecoffre, 1857, 2 vol. in-12.

ROCQUAIN (Félix), *L'État de la France au 18 Brumaire*. Paris, Didier, 1874, 1 vol. in-12, LXXV-426 p.

ROEDERER (Comte), *Autour de Bonaparte*. Paris, Daragon, 1909, 1 vol. in-8°.

RONDEAU (Chanoine), *Histoire du monastère des Ursulines d'Angers*. Angers, Grassin, 1 vol. in-12, XVI-420 p.

ROUSSEAU (Henri), *Le réveil religieux au lendemain du Concordat. Guillaume, Joseph Chaminade*. Paris, Perrin, 1 vol. in-8°, XXVII-392 p.

ROUSSEL (René), *Le monastère de l'Annonciade céleste de Dijon*. Saint-Dizier, 1923, 1 vol., 128 p.

SELLIER (R. P.), *Vie de Sainte Colette, réformatrice des trois ordres de Saint-François*. 2 vol. in-12. Périsse frères, 1885.

SEVESTRE (Abbé), *Histoire de la Constitution civile du Clergé en Normandie*. Paris, Picard.

TAINE (H.), *L'Ancien Régime et la Révolution*.

TOUPIN (Chanoine), *Histoire de la V. M. Marie-Philippine de Vier, fondatrice de la Congrégation de Sainte-Marthe*.

UZUREAU (Abbé), *L'Anjou historique* (Collection de).

VAUDON (Chanoine), *Histoire générale de la Communauté de Saint-Paul de Chartres. Enseignantes — Hospitalières — Missionnaires*. Paris, Téqui, 2 vol. in-8°.

VAUTHIER (Gabriel), Les Congrégations religieuses sous l'Empire. *Revue des études napoléoniennes*. Tome XI.

VERDALLE (Abbé de), *Vie de Marie, Marguerite de Lézeau, fondatrice de la Congrégation de la Mère-Dieu. Histoire des Orphelines de la Légion d'honneur*. Paris, Ambroise Bray, 1869, 2 vol. in-12.

TABLE DES MATIÈRES

CHAPITRE V

Les Trappistes (fin).

CHAPITRE VI

Les Pères de la foi.

CHAPITRE VII

Les Pères de la foi (suite).

CHAPITRE VIII

Les Pères de la foi (suite).

CHAPITRE IX

Les Pères de la foi (fin).

CHAPITRE X

CHAPITRE XI

La Compagnie de Saint-Sulpice.

CHAPITRE XII

La Société des missions à l'Intérieur.

CHAPITRE XIII

Les Associations pieuses.

CHAPITRE XIV

Les confréries de Pénitents.

CHAPITRE XV

Les Frères de la Doctrine chrétienne.

CHAPITRE XVI

Application générale des lois révolutionnaires dans les Pays réunis.

CHAPITRE XVII

Les Essais de reconstitution des Congrégations sous la Restauration.

DEUXIÈME PARTIE

LES CONGRÉGATIONS DE FEMMES

CHAPITRE I

Avant et pendant la Révolution.

CHAPITRE II

La Résurrection des Congrégations féminines.

CHAPITRE III

Les Religieuses hospitalières à travers la Révolution.

CHAPITRE IV

Les Religieuses hospitalières (*suite*).

CHAPITRE V

Le chapitre général des Religieuses hospitalières.

CHAPITRE VI

Les Congrégations enseignantes.

CHAPITRE VII

Les Congrégations enseignantes (*suite*).

www.ingramcontent.com/pod-product-compliance
Lightning Source LLC
LaVergne TN
LVHW010926180726
843502LV00004B/882